中韩养老模式比较研究

杨超　秦力　主编

九州出版社
JIUZHOUPRESS

图书在版编目（CIP）数据

中韩养老模式比较研究 / 杨超，秦力主编. -- 北京：九州出版社，2022.7
ISBN 978-7-5225-1041-5

Ⅰ. ①中… Ⅱ. ①杨… ②秦… Ⅲ. ①养老－社会服务－服务模式－对比研究－中国、韩国 Ⅳ. ①D669.6 ②D731.686

中国版本图书馆CIP数据核字(2022)第117317号

中韩养老模式比较研究

作　　者	杨　超　秦　力　主编
责任编辑	曹　环　赵恒丹
出版发行	九州出版社
地　　址	北京市西城区阜外大街甲 35 号（100037）
发行电话	(010) 68992190/3/5/6
网　　址	www.jiuzhoupress.com
电子信箱	jiuzhou@jiuzhoupress.com
印　　刷	河北赛文印刷有限公司
开　　本	787 毫米 ×1092 毫米　16 开
印　　张	17.25
字　　数	190 千字
版　　次	2022 年 7 月第 1 版
印　　次	2022 年 7 月第 1 次印刷
书　　号	ISBN 978-7-5225-1041-5
定　　价	98.00 元

本书编委会名单

主　编：杨　超　秦　力

编　委：郭　星　孔　伟　李艳丽　王中强　李　景　刘长飞　翟秀海
宋　娟　王建珍　于明江　包海英　孙士玲　杨　克　许彦博
高广智　岳　强　温召玮

序

应对人口老龄化已经成为国家战略。中国共产党第十九次全国代表大会指出，“构建养老、孝老、敬老政策体系和社会环境，推进医养结合，加快老龄事业和产业发展”。这一战略举措与中国人口的老龄化问题密切相关。2020年，全国人口中60周岁及以上人口2.6亿人，占总人口的18.7%。预计到2025年，六十岁以上人口将达到3亿，中国将成为超老年型国家。老龄化将对中国社会产生深刻的影响，一方面，老龄化社会，家庭养老问题突出，加重了经济负担，独居老人和空巢老人增多，社会稳定受到挑战；另一方面，老年服务、老龄产业作为朝阳产业，带来新常态下产业结构调整的机遇，也是发展第三产业的引擎。为此，回应老龄化挑战、抓住老龄化机遇成为当代中国社会发展的迫切问题。

韩国深受中华文化的影响，同时在应对人口老龄化问题上积累了丰富的经验。这对于中国应对人口老龄化有着积极的借鉴意义。受传统孝道文化影响，韩国政府于1992年制定了一系列税收优惠政策鼓励居家养老。2000年韩国逐渐开始倡导社会化养老模式，大力发展日间照料等社会化养老机构。2008年7月，韩国正式实施《老年长期护理保险法》，构建了相对完备的老年福利体系。除了福利性养老模式外，韩国的银发产业也快速发展。2005年颁布《低出生老龄社会基本法》、

2006年发布《老龄亲和产业振兴法》大力推进了老年产业体系的创建。韩国福利养老模式与产业化养老模式并行，有效地应对人口老龄化带来的挑战，并促进了韩国经济的发展。

临沂大学法学院社会工作（银发产业经营与管理）专业于2014年正式对外招生，是国内首家本科（中外合作办学）银发产业管理专业。由于国内专业目录中尚无银发产业经营与管理专业，而老年群体研究也与社会工作有较大交叉，故将本专业设置在社会工作专业名下。合作方韩国江南大学于2006年在韩国开创了银发产业经营与管理专业，该专业连续五年得到了韩国教育部共计约6000万人民币的支持，是韩国重点学科建设一流专业之一。该专业设置老年社会工作、老年学概论、银发金融概论、银发金融资产管理、银发产业营销、银发产业与创业、老年人健康管理等专业课程，旨在培养银发产业链中具有创新精神、研发能力、实践能力的银发产业专业管理人才。老年福利与产业是本专业的主打特色。每年毕业生的毕业论文选题也围绕韩国养老模式展开，集中于中韩养老模式的比较研究。多年的积累形成了可观的主题论文。在征得论文作者和指导教师同意授权后，我们选取了其中部分相关的主题论文编辑成册，以期为当前中国老龄化议题的研究和实践提供必要的参考。本书分为上下两篇，分别讨论了福利性养老模式和产业化养老模式。养老行业的发展日新月异，养老实践也是层出不穷，加之作者水平有限，书中难免存在一些不足，敬请广大读者批评指正。

最后，衷心感谢临沂大学社会工作系师生的大力支持。

杨超　秦力

2021年6月1日

目 录

第一章　中韩社区养老模式

韩国社区居家养老服务多元化供给研究

在人口老龄化背景下，养老问题显得尤为重要。为了应对老龄化带来的挑战，韩国正在推进社区居家养老服务。为了促进社区居家养老服务的发展，政府、市场、社区和家庭作为社区居家养老服务的供给主体，应当协调合作，共同完善社区居家养老服务体系。

绪论

(一)研究背景

人口老龄化是全世界面临的严重问题之一。近年来，韩国的老龄化问题成为政府、专家以及社会各界关注的重点。韩国的老龄化开始于2000年，速度是欧美发达国家的2—3倍。老龄化程度的加深带来了经济增长水平和国家竞争力下降等问题。随着老龄化压力及家庭结构的变化，居家养老模式已经不能满足老年人对服务质量的要求，并且这种模式落后于当前社会的发展。因此，社区居家养老的方式需求呼声非常高。单一的政府或者市场供给养老服务的方式，已经无法满足实现社会公平与经济效率的双重目标，社区居家养老服务供给多元化的问题是社会关注的热点。

（二）研究意义

1.理论意义

本文对社区居家养老服务中多元化供给进行了探讨和解读。政府不再是养老服务的唯一提供者，社区、市场和家庭等共同加入社区居家养老的规划当中来，思考如何丰富和完善社区居家养老的模式。本文旨在探究如何通过多种方式开展社区居家养老服务，追根溯源，探究内外因素。明确各个参与主体所承担的责任和相互之间的关系，充分发挥社区养老服务各个参与主体的作用，以期可以为养老服务问题研究提供理论支持。

2.实践意义

研究社区居家养老服务多元化供给服务，能够在实践方面提供一些指导意义，为推动发展社区居家养老服务提供一些借鉴和指导。通过优化资源配置，将不同层次、不同结构、不同内容的资源有机融合，开启多项资源共同促进社区居家养老服务的发展，弥补政府职能的短板，推进老年福利制度建设，充分发挥市场的职能和优势，同时加强社区居家养老队伍建设，促进养老服务的发展。

3.创新点

创新点在于家庭这个主体对社区居家养老服务的贡献。单纯的家庭养老已经不能顺应和满足时代发展的需求，但是不能忽略家庭在社区居家养老中的作用。在社会化服务尚未充分发展的背景下，家人的陪伴可以为老年人提供情感支撑，子女对老人的供养能够增加老年人的经济收入，家庭的情感支持和经济支持是老年人安度晚年的重要保障。有无家庭支持以及家庭照顾能力的强弱，也决定着老年人是否需要或者需要多少社会化养老服务。目前的研究中大多只分析了政府、社区和市场在社区居家养老中的作用。其实家庭也可以通过资金支持、情感支持、参加以家庭为单位的社区志愿服务活动、帮助老人树立新的养老观念等方式促进社区居家养老的发展。

一、韩国社区居家养老服务多元化供给的现状与问题

社区居家养老服务是以家庭为核心、以社区为依托，依靠专业化的服务。例如提供照料服务、提供日托服务等，为经济和生活自理困难的居家老年人提供舒适完善的社会化服务。社区居家养老服务与过去的家庭养老和机构养老模式不同，它在原来的基础上得到改进和完善，结合了两种模式的优点，它也是发展社区服务，建立养老服务体系的一项重要内容。

（一）韩国社区居家养老服务多元化供给的现状

社区居家养老服务需要依靠社区、政府、市场和家庭共同参与提供养老服务。因此韩国社区居家养老的供给依附于这四大主体。

政府不仅在承担社区居家养老政策的出台和完善中的监督和管理的职能，而且还是社区居家养老服务中的主导者。政府一方面可以通过制定一系列的税收政策、保险制度、提供各种服务等来满足居家养老需求；另一方面也可以通过加大对养老服务建设投入资金等方式支持社区居家养老模式。政府作为整个服务体系中的主导角色，引领建设系统的社区居家养老服务体系。

韩国的“洞”就是我们所说的社区。“洞”面向居民提供福利、文化、就业、生活等各个方面的便民服务。社区在居家养老服务的提供上具有很大的优势：一是老人对社区内的居民、环境比较熟悉，可以减少老人的不适感；二是社区还可以通过国家给予的资源，提供更加优质的服务。

家庭是居家养老服务供给最直接的主体。在韩国，养老是全社会的责任，但是多数的老年人还是会选择在家里养老。这是因为在韩国人的思想观念中，家庭养老是“孝”的基本体现。所以，大部分的老年人选择居家或者在子女身边养老。虽然居家养老可以为老人提供情感支持和经济支持，但是由于经济发展等原因，居家养老已经不能顺应和满足时代的发展需求。

在社区居家养老服务的供给中，市场发挥着重要的作用。目前韩国的社区养老服务市场体系已经相对比较成熟，主要是通过养老地产、适老宜

居环境、金融服务、医疗产品、娱乐、日常用品和食品来提供养老服务。有了市场的参与，可以提高社区居家养老服务的活力，激发良性竞争，保证高质量的服务与需求。

根据韩国经济社会发展现状以及老年人的需求，社区居家养老服务供给的四大主体服务内容也是不同的。其中政府提供间接服务，社区、家庭及市场提供的是直接服务。间接服务包含养老服务政策支持、医疗保健服务支持、养老服务设施建设支持等。直接服务包含生活服务类、医疗康复护理类、精神文化类等服务，以满足老年人各样的养老需求。生活服务类是指和老年人日常生活直接相关的养老服务，主要包括家政服务（打扫卫生/洗衣）、爱心餐桌（配餐/送餐/餐券）、为空巢老人提供周期服务、为老人提供理财服务、为合法权益提供保护服务、为老人婚姻服务以及丧葬服务等。医疗健康类服务关系着老年人的身心健康，主要内容有举行健康讲座、代买药物、上门看病、提供免费药品、康复用品的出租和出售、心理咨询、身体检查、临终关怀等。精神文化类是指和老年人精神慰藉相关的养老服务，主要内容包括心理咨询、调解矛盾、健身运动、唱歌跳舞等娱乐活动，吟诵诗词、琴棋书画等文化活动，节日拜访、法律援助等活动。

（二）韩国社区居家养老服务多元化供给存在的问题

社区居家养老服务的多元化供给是发展社区居家养老服务的必经之路，但是当前仍存在一些不足，导致了整体的供给效率低。以下从供给内容、供需失衡和专业化程度三个方面分析多元化供给存在的问题。

1. 社区居家养老服务供给内容不够丰富

韩国目前提供社区居家养老服务的主体包括政府、社区、家庭和市场，这些主体应提供各种专业、日常、丰富的服务内容，比如服务福利政策实施和服务设施硬件建设、心理辅导与康复护理、社区帮助、家庭照料等服务内容。但是现实情况并不如此，多元化供给主体之间缺乏系统化的管理和评估机制，限制了社区居家养老服务的开展。就社区养老公共服务设施来说，公共服务设施的所有权、管理权、使用权偏向于谁投资、谁得益的形式，使得养老服务资源难以形成有效的协调整合。家庭和社区提供的日常服务随意性较大，缺乏正规的管理制度和评估体系，使得主动提供服务的意识减弱，服务的内容也单一。当前大部分的社区居家养老服务只能提供一些日常生活照料服务和简单的康复服务，个别化需求难以满足。

政府方面提供的多是看得见的基础性建设，没有照顾到老年人多样化的需求，造成了实际服务少的问题。市场方面，使用老年用品可以减轻生活中的不便；但是由于老年人的实际需要存在着差异，这就要求老年用品产业需要少量、多元化的生产。由于研发和生产条件的限制，目前的产品种类较少而且部分产品需要依靠进口，造成了成本高、价格贵的问题，限制了产品生产空间和研发能力，未能满足老年人个性化的需求。

2.社区居家养老服务供给与需求失衡

社区居家养老服务供求总量存在失衡。由于社区居家养老服务还处于发展阶段，在服务的供给方面还存在很多的局限，有需要得到服务的老年人没有得到服务，无法充分满足老年人的需求。在社区居家养老服务的供给中出现一种服务内容由多个主体完成的现象，各个主体之间缺乏协调配合。大部分社区能提供的服务只有老年人饭桌和送餐的服务，像日间照料托管、心理疏导等满足老年人日常照料、医疗健康和精神文化的需求却没有纳入社区居家养老服务的范围之中。对于高龄失能的老年人来说，社区内的机构大多设施简单、功能单一，难以提供照料护理、医疗康复等多方面的服务，服务的覆盖面有限，服务的内容少。

社区居家养老服务供求还存在结构性失衡。有些社区居家养老服务重复供给，例如老年人的日常生活照料可以由专业的家政公司负责，也可以由社区来负责，导致服务内容单一重复。服务的主体所提供服务的重合率越高，那么产生资源浪费的可能性就越高。然而有些服务却是极度短缺的。现阶段社区居家养老服务的服务人员短缺，导致了社区内可以提供的服务偏少。例如，在首尔地区的社区中兴建了很多的老年服务设施，但社区内需求最高的是开设小餐桌；由于社区的空间、工作人员和硬件设施有限，导致这一服务不能得到更广泛的开展，更谈不上洗澡、助餐、康复等服务项目。服务的供需失衡使得有些服务难以有效地传递到有服务需求的老年人群体中。供需失衡的问题长时间得不到解决，导致供需失衡、传递机制弱化、无法满足需求，进入供给失衡问题进一步恶化的恶性循环。

3.社区居家养老服务供给的专业化程度较低

韩国从事养老服务行业的人员社会地位、福利待遇和薪资水平偏低，存在着招聘难度大的问题，导致专业人员匮乏。当前韩国专业的养老服务教育学院稀缺，并且只有部分大学专业里面开设相关知识课程。银发产业也是一个新兴的产业，既然是新兴产业，说明发展不够成熟，出现了出路窄的情况。从银发产业毕业的学生从事相关产业的人员也是少之又少。对学科缺乏认同感和自信感，工资待遇和工作量不成正比也是造成专业人员缺乏的重要原因。

老年人对社区服务的要求呈现出了多样化、高端化的趋势，这对养老服务人员的专业性提出了更高的要求。专业的知识和系统的训练是达到要求的必要条件。老年人需要专业化的养老服务，但是现有的养老服务专业化程度并不高，缺乏专业的服务技能。目前在社区中的日常照顾人员多为志愿者，存在很大的流动性，并且绝大多数都没有经过专业的训练和培训，专业化程度不高，难以满足老年人养老服务需求。志愿者也大多为高中生和大学生，与老年人的代沟大，相较于年纪相仿的同龄人，老人与志愿者不容易亲近。除了专业工作人员和专业的服务技能不足外，还缺乏专业的评估指导。没有专业的评估指导，很难规范服务人员的行为，导致服务质量参差不齐，服务人员工作质量得不到提升。

二、韩国社区居家养老服务多元化供给问题存在的原因

韩国社区居家养老服务多元化供给问题存在的原因，可以从政府职责、社区资源、家庭供给和市场参与这四个方面进行分析。

（一）政府主体的主导作用发挥不力

一是政府政策扶持不到位。参与社区居家养老服务的各个主体中，政

府具有威信力。为加快社区居家养老服务的建设，政府需给予政策上的支持。缺少政策上的支持，无法规范社区居家养老服务和保障老年人的基本权益，推动其实现可持续的发展。虽然首尔地区出台过对运营时间超过2年的机构给予运营奖励的政策，但是出现了“雷声大，雨点小”的现象，真正落实起来有困难。社区居家养老服务体系的真正建立仅有政府的大方针政策是不够的，还需要很多具体的相关配套政策。

二是政府资金投入不足。韩国的居家养老是在政府的支持下发展起来的，因此政府的资金是发展社区居家养老服务的主要资金来源。居家养老作为目前首推的养老方式，在发展社区居家养老服务过程中，许多社区反映开展居家养老服务的资金不足。由于政府的财力有限，资金投入不足，导致养老服务体系运行中产生质量低下、养老服务普遍弱化、为高收入群体“专享服务”等问题。

三是政府监管力度薄弱。社区居家养老服务运行的好坏也离不开有效的评估和监管体系。政府是服务提供的主体，同时也是评估、监管的主体。缺少适当的评估监督体系，会导致养老服务供给内容混乱。评估和监督体系能让监督工作有规范可循，使养老服务在规范下进行，提高养老服务的质量。

四是政府没发挥好协调作用。政府在社区居家养老服务中起主导作用，但这并不代表政府什么都要管、什么都该管，政府更重要的是要促进供给主体之间的协调配合。社区居家养老的主要资金来源是政府，但是过多的政府责任会增加政府的财政负担。还有企业在进入养老服务的领域时，存在审批手续烦琐和收费多的问题，导致市场的参与性没有充分发挥。

（二）居家养老服务的社区资源不足

韩国参与社区居家养老服务的人员总体上短缺。由于对社区内养老服务要求不高，导致对从业人员的专业化要求和服务水平要求都比较低，收费也不高，服务的收益也比较低。再加上社区缺少对养老服务人员的管理机制，养老服务人员的行为有随意性，得不到规范。长此以往，使人们形成了服务人员没有提供优质服务能力的印象，造成了养老服务人员的薪资、社会地位和认可度较低的问题，进一步导致专业人员缺乏。目前高校中关于养老的专业少之又少，韩国仅有少数高校设置了养老专业；不仅缺乏专业服务人员，而且缺少相应的激励机制，服务人员的能力和潜力得不到充分的发挥，缺少工作的干劲和热情。

社区的物力资源不足。韩国社区内的养老服务设施普遍规模不大，基础设施薄弱。面对老年人日益增长的精神文化需求，存在社区内活动场所不足、空间小和活动单一的问题。目前社区内的活动场所侧重于为儿童娱乐，还有社区内的指示牌字体较小，给老年人带来不便；社区内服务于老年人的基础设施缺乏。由于特殊的生理情况，老年人对公共设施的性能要求越来越高。例如医疗设施方面，能够为老年人提供医疗服务的机构主要有医院、保健所和诊所。保健所和诊所只能承担为老年人查体和健康检查的工作，治疗的话还是只能去医院，环节多增加了老年人的看病负担。

社区的组织资源不足。社区组织普遍存在着依附性强、自治能力弱的问题，导致居民对社区事务的参与程度低。现有的组织不能有效地发动居民参与志愿活动和社区居家养老服务等活动，没能真正地融入社区中，成为老年人、社区居民、机构等参与社区居家养老服务的桥梁。这给社区居家养老服务的持续发展带来阻力。社区在开展居家养老服务的时候，常因无法提供更加专业的服务，需要社区去联系各种资源，这就会给社区带来额外的花销。并且社区联系到的各种资源对老年人的了解程度不高，不能有效地满足老年人的需求，进而导致服务供需的失衡。

（三）社区居家养老服务中的家庭供给有限

社区居家养老将家庭养老和机构养老的精华相融合，老年人居住在原本的家庭环境中，并不是完全独立于家庭之外，因此也需要家庭作为服务供给主体发挥一定作用。在社会化服务尚未充分发展的背景下，家人的陪伴可以为老年人提供情感支持，子女对老人的供养能够增加老年人的经济收入，家庭的情感支持和经济支持是老年人安度晚年的重要保障。有无家庭支持以及家庭照顾能力的强弱，也影响着老年人是否需要或者需要多少社会化养老服务。由于思想观念的影响，韩国的家庭结构正在发生变化，独生子女和空巢老人家庭增多。儿女因生活和社会上的压力，选择离家去机会更多的城市发展，家庭对老年人的生活照料减少了。但有些老年人虽然经常会感觉到生活困难所带来的不便和痛苦，不愿家人之外的人员为其提供养老服务，很少真实表达自己的真正需求。

（四）社区居家养老服务中的市场组织参与率低

韩国养老产业还是个新兴产业，属于投资回报低的产业。市场组织受到资金、政策、人才等影响，发展比较缓慢。企业都在追求利益的最大化，想用最少的投入换取最大的回报。目前市场中的大多数养老机构处于亏损的状态，实现盈余的机构只是少数。还有社区居家养老服务商的路也不好走，即使有政府的支持拨款，但是利润空间小、资金难回笼，难以实现盈利。这导致市场提供的社区居家养老服务单一。社区内的基础设施等也会影响市场的参与。例如在韩国京畿道的城南老龄社区内，有的老年人基本无法自理，需要长期照顾，需要社区内配备专门的护理、康复等设施；社区内配套设施不齐全阻碍市场进入该社区。

随着工资待遇的提高，人力成本的增加也是造成企业盈利困难的一个重要因素。如果控制了人力成本，那么随之而来的就是服务质量的下降。与公办的养老机构相比，本来服务收费高就是劣势之一，如果服务质量又降低了，很有可能形成恶性循环。

三、韩国社区居家养老服务多元化供给模式的完善对策

社区居家养老服务只有在政府、社区、家庭和市场相辅相成、共同发挥作用下，才能促进社区居家养老服务的良性运行和持续发展。

（一）明确政府的职责，建立健全配套政策体系

政府要加强政策的扶持力度。首先可以制定一系列的短期目标和长期

目标政策，结合当地的居家养老发展情况，对社会资源配置进行有效的整合和引导。为了让社区居家养老服务在执行的过程中能够有法可依、有据可循，政府需要从各个方面，如服务人员资质、服务内容和质量、服务的收费和税收等方面，制定明确的标准规范，形成有效的评估监督体系，并有效落实。

政府持续加大养老服务资金的投入力度。第一，对在投资建设工程前期需要大笔资金建设的养老基础设施，包括社区养老基础设施和城市通用公共基础设施，政府应对其建设提供强有力的帮助。第二，政府对养老服务的企业和相关非营利性质的组织给予经济补助，补助方式有减免税收、各种形式的资金补助等，从而减轻企业和组织的负担，降低其运营成本。通过这种形式将市场上的养老服务体系保持在平衡的状态。第三，给予老龄经济上的支持。政府可以为老年人提供衣食住行所需的物资的帮助，满足他们的最基本的生活需求（可以参考英国养老服务）。政府对老龄人进行分类补贴。根据老年人的需求，他们可以向提供养老服务的人提出要求，施加压力，并采用投票制等方法，使养老服务得到更全面的完善。第四，建立科学完善的等级制社区养老服务系统。目前韩国的社区养老服务现状是以政府面向社会购买的形式，大多数服务都是非营利性质，社区的养老服务系统也有所不同。这些服务方式单一，不能满足当前老龄人的多元需求，所提供的服务质量也大相径庭。因此加快建设包括政府、企业、组织、个人等多种形式的社区居家养老服务体系，对于实现不同年龄层次的老年人的需求有重要的意义和作用。

（二）扩充专业服务人才队伍，建设居家养老宜居社区

社区养老服务的质量高低决定了社区能否培养长久稳定的参与养老服务的优质人群。只有组建一支专业稳定的优秀团队，才能保证社区养老服务走向专业、稳定、多样、可持续发展的道路。因此，吸引一批相关专业的人才和大学的毕业生作为新鲜血液，注入社区养老服务团队中。同时调动下岗的、退休的、失业的相关人员参与到队伍中来，并且接受相关知识

技能拓展和训练，按批次送到相关的培训机构和专业学院学习老年服务的相关知识，提高自身的专业素养。政府公开招聘养老服务的专业人员，通过一些考试形式考核合格后进行聘用。中韩两国曾就此问题进行交流和往来沟通，两国之间架起了老年服务产业建设的沟通桥梁。

加快对卫生、教育、民政等各方面社会各种资源的优化整合。对已有的社会资源充分利用，对未被发掘的、零散的养老业转化为灵活的资源。社区闲置的教学场地以及其他闲置的场所可以为老年人所用，社区多余空间也可建设为老年人健身场所，例如老年人体育馆、活动室等。这样可以充分利用整合已有的资源，也能节省一大笔建设基础设施的资金。另外，增发服务券数量和次数，增强对老年人优惠的力度，着重给有相应需求的独居老人等。老年人一个共同的爱好就是聊天，尤其是丧偶和独居的老年人。社区应加强对老年人的日常生活的关怀，鼓励他们积极与服务工作人员聊天或陪伴外出，建立与老年人的信任关系。不仅可以采取“一对一帮扶”的方法，而且可以组织志愿者关怀活动，与老年人一起聊天、散步。对于出行不便或有残疾的老年人，服务人员可以“代购”，还可以派服务人员将他们送到活动中心参加活动。社区还可以对有宗教信仰的老年人提供活动陪同和帮助。

（三）重视家庭对社区居家养老服务的供给

子女要重视和老人的情感交流，关心老人的身心健康。家庭对社区居家养老服务需求的影响变小，与实践中家庭在养老责任上的缺位有一定的关系。一方面是照顾老人的压力，另一方面是照顾年幼孩子的压力，再加上生活压力大，使家庭对社区居家养老服务的供给造成了一定的影响。同时专业的服务人员对患有疾病和残疾的老人特别提供服务，依靠社区，以半托的服务形式，实现老年人既能享受到家人的陪伴，又能享受专业化的服务。除了为自家老人提供养老服务，各个家庭还可以参与到社区的志愿服务活动中来，为社区居家养老服务贡献力量。

家庭成员要帮助老人树立新的养老观念，不能停留在以前旧的养老观念中，营造一种健康的老龄社会的氛围。了解老年人的心声与内在需求，耐心交流与沟通。向老年人普及购买服务的意识，鼓励老年人积极反映需求，并且对服务提供的质量进行监督、提供反馈、发表意见，参与到社区养老服务中来。

（四）企业创新老年用品和市场化服务

企业应在老年用品以及服务上推陈出新，积极研究开发适合老年人的食品、生活用品、康复仪器等。如开发交流机器人帮助老年人进行心理治疗与疾病救助、开发动脑小游戏预防阿兹海默、适合老年人的衣服设计以及兼顾健康和美丽老年化妆品等。健全老年用品评价体系，采取制定标准、质量分析等方法提高产品的质量。通过开展线上和线下的购物活动，为老年人居家生活提供功能更强大的日用品，满足老年人居家养老的需求。

充分利用互联网技术，建设智慧养老产业。通过大数据了解老年人的普遍和个性化需求；根据老年人的实际情况出发，提供针对性的服务。引入养老专业的优秀人才，提升自身的经营资质和经营条件，对服务人员开展服务的效果进行评测和定期的考核。在社区居家养老服务项目的建设、运行和管理方面，通过制定标准化、规范化的服务标准，使服务机构向着规模化、专业化、品牌化的方向发展，成为社区居家养老的主力。将政府职能部门、医疗机构以及社区等连接起来，形成立体化的、全方位的系统网络，从而为老年人提供定制化的、个性化以及高效化的养老服务。

结论

居家养老是韩国老年人的主要养老方式。要解决养老问题可以借助机构养老和家庭养老以及结合两者的精华之处，建立社区居家养老模式。这是一种科学完善、创新发展的新型养老模式，更符合当代老年人的需求。对当前突出的养老问题具有积极的影响。虽然韩国人口老龄化严重，但与中国有一点相通的地方就是崇尚儒家思想。由此，中国可以吸收关于韩国社区养老服务的精华之处。首先，政府采取宏观调控，支持采用社区家庭养老服务模式，加大法律的保护力度，引领社区养老服务可持续发展。其次，通过提升社区居家养老服务模式的多样性，使养老服务的专业水平也得到同步发展。因此，我国应促进政府、组织、社区等共同加入社区居家养老服务队伍中，促进我国养老产业持续稳定发展。第三，要培育专业的高素质的养老服务人员，在高校中增设养老服务相关专业，加大对毕业生就业的政策扶持和补贴。

（作者：刘新颖　指导教师：宋娟）

养老社区活力激发路径探究

——以韩国三星Noble County为例

引言

随着人类社会的不断发展，人类寿命正在不断延长，社会老龄化现象日趋严重。由于我国独特的国情，人口基数大，我国也正在以史上最快的速度进入老龄化社会，现在已成为世界上拥有老年人口最多的国家，然而我国的经济发展速度却与老龄化速度不相匹配，衍生了许多养老问题，也威胁到了社会的稳定与和谐。面对我国严峻的老龄化现状，传统养老模式面临的挑战，一种新型的养老模式——养老社区模式从国外传入我国。具有代表性的是韩国三星Noble County养老社区，这种养老社区聚焦于激发老年群体的活力，重视老年群体的精神世界，丰富他们的日常生活，从而减少老人的孤独感和寂寞感，使他们能够度过快乐幸福的老年生活。基于此，本研究所聚焦的养老社区活力激发路径的探究，主要从分析韩国三星Noble County养老社区入手，学习借鉴其做法，结合我国实际，从中获取激发养老社区活力的启示，为老人们创造诗情画意、精彩斑斓的生活。

一、研究设计

（一）研究背景

截至2019年底，我国老年人口为2.54亿人，我国正在以史上最快的速度步入老龄社会。面对我国日益严峻的老龄化趋势，传统养老模式带来的挑战，养老问题不应仅成为子女的负担，而应成为整个社会共同关注的问题。由于政府的能力有限，企业可以从中发掘商机。而在养老产业中，最为关键的一点是怎样给老年人提供良好的养老居住环境。以三星集团开发建设的集自理、介护、介助为一体的持续照料退休社区（CCRC：Continuing Care Retirement Community）——三星Noble County养老社区为代表的新型养老模式现已成为养老产业的一种发展趋势。这种市场化、社会力量参与的养老社区能够使老年人在自理能力和健康状况变化时，依然可以在熟悉的环境中继续居住，并获得与身体状况相对应的照料服务，汇集了居家养老、社区养老、机构养老的优点，已经成为许多国家可行的养老模式。

（二）研究意义

1.理论意义

普通的养老机构基本上都能满足老人的生理需要、安全需要，但很难满足老人的社交需要、尊重需要和自我实现的需要。能够使老年人安养天年是子女的基本追求，而实现老年人的“乐活”和“善终”是子女和社会更高层次的追求。探究韩国三星Noble County养老社区是如何激发活力的，对于我国老年学理论研究具有积极意义。

2.实际意义

像精力充沛的儿童需要快乐童年一样，迟暮之年的老年人也需要欢乐的晚年生活。激发养老社区的活力，不仅能够使老年人有一个年轻的心态，丰富精神生活，促进身心健康，满足老人更深层次的心理和社会需求，减少脱离社会而产生的孤独感，还能够减轻子女和社会的养老负担，弥补传统养老模式的不足，促使全社会的活力迸发，促进我国的经济社会发展。

（三）研究内容与思路方法

1.研究内容

本文以韩国三星的Noble County活力养老社区为主要研究对象，对银发浪潮下的新型养老模式——养老社区进行了研究和探索，主要研究内容如下：传统养老模式的挑战，韩国三星Noble County养老社区的概况，韩国三星Noble County养老社区的理念，提出适合我国实际的激发养老社区活力的路径。

2.研究思路与方法

研究思路上，首先分析我国传统养老模式的弊端，以此提出激发养老社区活力的必要性；而后分析研究韩国三星Noble County养老社区的概况和理念；最后结合我国的国情，探究激发养老社区活力的路径。

研究方法上，以文献研究为主，实地研究为辅。通过知网、维普和国家社会科学文献中心等平台查阅搜集有关资料，进行整合与分析，形成自己的观点。笔者于2019年6月实地参观过三星Noble County，有了亲身的观看和体会，也为论文写作打下了基础。

（四）创新点与不足

本文的创新点在于：论文选题的研究切入点比较独特。国内大部分学者研究过经济活力、社会组织活力、社会活力等，但很少有学者研究过养老社区的活力。可以说，这是一个全新的研究领域，符合我国银发浪潮的趋势。富有活力是一个社会进步的根源，在社会众多群体中，老年群体是最缺乏活力的，以激发暮气沉沉的老年群体的活力为切入点，可以促使全社会活力的迸发，促进社会进步。

本文的不足之处在于：由于论文的选题是一个比较新的领域，论文写作中可资借鉴的文献资料也相对比较少，所以论文中可能存在笔者不成熟的想法。其次，笔者知识储备不足，对于韩国三星Noble County养老社区了解得不够深入。

二、相关概念与基本理论

（一）相关概念

1.养老社区

养老社区需在地理位置良好、风景优美的地方选址，盖建住宅区、娱乐区、休闲区等，供老年人们生活娱乐休闲，老年人们缴费后可享受社区内的服务，参加各种活动的新型养老模式。养老社区是比社区养老更先进、更适合老年人的养老模式。

2.养老社区活力

何谓活力？现代汉语词典将活力界定为旺盛的生命力。除此之外，活力还代表行动上、思想上或表达上的生动性。养老社区中的居住成员大部分为老年人，一些养老社区会在其中建立幼儿园、居民楼等实现三代人共融的景象。除此以外，社区内还建有健身馆、游泳池等，定期举行一系列活动丰富老年人的生活，使老年人重新焕发生机活力，使养老社区充满勃勃生机。

（二）基本理论

1.持续活动理论

持续活动理论属于发展心理学中延缓或习惯老化的理论。该理论的原则是要使老年人退休或者年老后仍然能够保持与社会的接触，可以继续以前的活动，不因退休后无事可做而产生失落感与落寞感。该理论注重的是老人的个体差异性，帮助老人们进入新的社会角色，重新感受到快乐和幸福。

2.马斯洛的需要层次理论

美国人本主义心理学家马斯洛提出了著名的需要层次理论。马斯洛认为，人的需要是有层次的，呈梯形状态，由低级需要向高级需要发展。需求主要包括生理需要、安全需要、社交需要、尊重需要、自我实现的需要。低层次的需要得到满足之后才能追求更高层次的需要；一个人的意识和行为，受最占优势的需要支配，出现高级需要之后，仍然存在低级需要，但对人的行为的影响会相对减弱。

三、我国当前养老模式的现状

（一）传统养老模式的挑战

中国传统的养老模式有三种：居家养老、社区养老和机构养老，这三种养老模式都面临着各自的挑战。

居家养老的挑战。第一，受计划生育政策和人口老龄化的影响，“四二一”式家庭结构成为大中城市家庭的主流，大大增加了第一代子女的家庭负担。第二，传统伦理观念出现动摇。由家庭本位向个体本位转变，削弱了家庭养老功能。第三，照顾年迈父母的子女也在步入老年时期。

社区养老的挑战。第一，社区内关于养老服务信息的供给和需求存在着不对称。社区内可能存在着大量的为老服务，但是由于宣传力度不够等，老人知晓度低、参与度低，没有满足老人的需求，同时也造成了社区资源的闲置和浪费。第二，社区居家养老服务资金来源渠道和老年人人口比例的巨大反差。社区居家养老服务资金的来源主要是政府，国家机器的运转要兼顾社会方方面面，单靠国家的财政支持不可能完全满足所有老年人的需求。

机构养老的挑战。第一，公办机构缺少床位而难以进入，高端私营机构价格昂贵而难以住得起。第二，养老机构服务水平参差不齐，机构硬件设施不健全。服务方式单一、服务内容简单。第三，养、护、医、送四大功能分离。我国养老机构功能单一，大部分不愿接收失能或半失能的老年人，老年人的康复护理、精神文化需求得不到满足，缺乏活力。

传统的养老模式在我国遇到了各种各样的挑战，无论哪一种模式都面临着活力不足的问题。一种新型的养老方式——建立活力养老社区，这是一种集居家养老、社区养老、机构养老的优点为一体的新养老方式，有可能解决我国传统养老模式活力不足的问题。

（二）激发养老社区活力的必要性

进入老年期后，老年人由于身体内部各机能的退化，体力、心力和健康每况愈下。老年期是人类生命周期中活力最为缺乏的一个时期。加之中国传统的养老机构存在着一些问题，使得老人像是被囚禁的鸟儿，整日躲在自己的一方小小天地，生活空间狭小，起居不便。老人们连基本的日常生活都不能如意，更不用说能够快乐养老，活力常在了。根据美国一项学术调查显示，在充满活力的养老社区，不仅老人的寿命会比社会平均水平高出8岁至10岁，并且医疗保健费用的支出也会减少30%。这种养老模式不仅能够满足老人衣食住行的需求，还能满足老人对高品质的精神生活、健康照护和自我价值再实现的追求。激发养老社区的活力，不仅能够改善老人的生活质量，促进老人的自我实现，帮助老人减少孤独感和沮丧感，提升对社区的家庭感和归属感，还能激发全社会的活力。

四、韩国三星Noble County养老社区的概况

（一）整体概况

韩国三星生命公益财团开发和运营着三星Noble County养老社区，引领了韩国银发产业的发展。自2001年设立以来，其一直是成功经营银发城事业的典范。该社区位于韩国首尔市南部京畿道龙仁市清明山南部的山脚下，山上树木茂盛，形成了良好的生态屏障和自然坡度，景色优美。周边是龙仁市新城居住区，紧邻学校。总占地面积约21公顷，总建筑面积约16万平方米，里面涵盖养老公寓、护理院及服务中心，健康老人、半自理老人和全护理老人都可以入住。除了优美的自然环境和便利的设施，居住、医疗和疗养服务以外，还具备文化和体育基础设施。养老公寓由两栋塔楼组成，共有550个单元，入住者以健康老人为主；护理院有180张床位，主要面向失能老人；服务中心有各种生活、娱乐、文化、体育等配套设施，并且还设有幼儿园，均可对外开放。因此，整个社区不仅有老年人常住，白天还能看到很多年轻人及小朋友的身影，呈现出三代人共融的景象。

（二）居住医疗概况

社区内的居住空间是基于人体工程学设计的，提供了最佳的生活环境，生活安全又便利；有营养师精心挑选食材，为老年人准备营养美味的餐食；以宜居式清扫和床上用品洗涤为基础，打造了干净舒适的居住环境；为每一位入住者配备社会工作师，提供更加细致周到的服务。同时，该社区还

配备家庭保健师，建立健康档案，为老人定期评估和提供医养建议。为使老年患者能够安心接受各种疾病的治疗，社区与高水平的三星医疗院、盆唐首尔大学医院等合作，提供更专业的服务。由各领域医疗团队组成的门诊部，提供定期健康检查和主治医生服务，还提供专业物理因子治疗和运动治疗。设有24小时应急应对体系，尤其是为了提前发现并预防阿兹海默症等相关疾病，首次运营脑健治愈中心，通过持续的脑训练，提高记忆力、注意力、语言能力等；利用人工智能机器人进行认知训练、美术和音乐治疗，均匀激活大脑感觉和运动领域，提供令身心都健康的综合项目。并且还设有阿兹海默症专门护理院，提供高水准康复治疗、职业治疗等多种治疗指导项目。患有阿兹海默症、中风等老年型常见疾病的人也可以像在自己家一样，退休后过上有品质的老年生活。

（三）生活概况

学而时习之，不亦说乎。在充满生活活力的文化中心，老年人可以参加各种讲座和素养活动，重新感受学而常乐，享受有品位的文化生活。在合唱、摄影、书法和旅行等各种爱好者协会活动中，老年人可以尽情享受休闲时光及与邻居在一起的快乐。另外，在与当地居民共同使用的综合体育中心内，在专业运动治疗师的指导下，老年人可参加游泳、健身、高尔夫、羽毛球等充满活力的体育运动。社区内设有托儿所和幼儿体育团，老年人可以听到孩子们的笑声，感受开心的力量。

（四）交通概况

兼具自然的清新和城市便利的三星Noble County，距离首尔市区30分钟车程，交通便利，地铁灵通站外和首尔江南地区均设有班车。另外，在眺望清明山和器兴湖的6万8千多坪宽阔的园区内，可以享受春夏秋冬四季各种美景，在散步路和登山路漫步，园内设有周末农场，每到周末，来看望老人的子女及孙辈们可以进行全家务农等活动，体验农耕的乐趣。三星Noble County的许多做法值得我们借鉴。

五、韩国三星Noble County养老社区的理念

（一）孝文化

“百善孝为先”，孝文化在我国已经有着悠久的历史，是中华民族大力宣扬的传统美德。孝文化的传统内涵包括四个方面的内容：尊敬先人（追孝），照顾父母（奉孝），成就事业（立身），行孝德行（孝行）。其中，照顾父母、对自己的父母尽孝是整个孝文化的核心；赡养父母，尽己所能地满足父母的需求是其主要内容。孝文化与家庭养老有着密切的联系，渗透在家庭生活中的方方面面。然而，由于市场经济的冲击和家庭观念的淡薄，人们越来越不重视孝文化。当前空巢老人的数量越来越多，家庭养老的功能也在逐渐弱化。不只在我国，这为韩国敲响了警钟，如何复兴已经穿越千年的孝文化，将孝文化与家庭养老重新联结起来？三星Noble County养老社区的创始人给出了答案。他投资设计建造了这所可同时容纳三代人居住生活的养老社区，社区内的适老住宅、幼儿园以及社区周围的商品住宅，将老人、子女和孩子三者联系起来，方便子女看望父母，减少老人的孤独感；老人闲暇时间接送孩子，能减轻子女的负担，同时社区内举办的一些老人与孩子之间的互动活动，很好地促进了代际交流，孩子的童真会使老人的心态变得年轻，拥有好心情，从而延缓衰老。家庭成员之间的关系也会变得更加密切，重新绽放传统孝文化的光芒。

（二）活跃老化

关于老化的层次分类不一，国际上常见的分类是四个层次，即疾病老化、成功老化、积极老化、活跃老化。联合国大会通过的《联合国老人政策纲领》揭示照顾老人的五大原则，即独立、参与、照顾、自我实现及尊严。“活跃”不仅仅代表老人能够参加各种活动，还包括持续地参与社会、经济文化及公共事务等方面的工作。即使是失能、半失能的老人，也可以继续为其家庭和社会做出贡献。而活跃老化是老化现象中的最优状态和最高层次，它是通过健康、社会参与和社会安全三个支柱来达成《联合国老

人政策纲领》的五大原则的。三星Noble County面向健康老人、失能及半失能老人，为老人提供自理、介助、介护一条龙服务。当健康老人身体机能退化变为半失能或失能老人时，可以继续入住失能半失能住宅区。此住宅区安排在高层，视野开阔，屋外景色秀丽，使失能老人在屋内也能观赏美景。同时，社区内的各种活动场所为老人提供了丰富多彩的休闲活动空间，能够提升老人的幸福感和满足感，激发对生活的热爱，实现活跃老化。

六、激发养老社区活力的路径

韩国养老社区的发展为我国激发养老社区的活力提供了可资借鉴的经验。但是不得不承认，我国养老事业的发展还处于初期阶段，加上我国是拥有世界上老年人最多的发展中国家，不能完全照搬别国的发展经验，而应该选择适合我国实际的激发养老社区活力的路径，使之具有中国特色。对此，笔者提出以下见解。

（一）养老社区与幼儿园相结合

养老社区的选址尽量靠近幼儿园，或者将幼儿园直接建在养老社区中，方便老人和孩子之间的交流互动。两类机构之间可以定期举办一些交流活动，孩子们的活力能够冲淡老人身上的沉闷暮气，而孩子也能够在与老人的接触和教育中，潜移默化地学会尊敬老人和关爱老人。这种老少融合的办法，不仅消除了老人的寂寞感和普通养老机构让人沮丧的暮气；同时借助孩子的生命力，增加老年人的社会活力，使他们能尽量轻松，充满活力地融合到整个社会的发展中。

（二）养老社区与医院相联系，医养结合

在《国家积极应对人口老龄化中长期规划》中提到“要健全以居家为基础、社区为依托、机构充分发展、医养有机结合的多层次养老服务体系”。总结国内外养老社区的发展经验多与医院建立紧密的联系。我国可从

以下几方面采取措施：第一，推动医疗卫生机构、养老机构采用多种形式展开合作，以提供多样化、多层次的医养结合服务。建立起“医联体”、医院托管等运营模式，定期为老人提供健康体检服务，汇聚医疗资源，使社区居民医疗水平和养老质量提高一个层次。同时，为每一位老人建立专属的健康档案，为出行不便的老人提供远程医疗，免除老人频繁往返于医院和养老社区的麻烦。由此，不仅能缓解医疗资源的紧张，还可以升高床位周转率。第二，在养老社区内部建立诊所、卫生所（室）、医务室、护理站，取消它们的行政审批，实施备案管理方法。对在养老社区内设置的医疗机构，符合条件的按照规定纳进基本医疗保险定点范围。第三，依据医保基金水平，主动探索将符合条件的患者病床、安宁治疗等医疗费用纳入基本医疗保险支付的范围。

（三）养老社区与志愿服务相融合

养老社区可向社会招募当地的大学本科毕业生以及无住房的单身青年。前提是要在养老社区每月完成一定的志愿服务时间，并且取得老年人的满意然后方可取得准租资格，且每月只需交管理费即可。这样，年轻人可以凭借自身的才能为老年人提供志愿服务，教老年人学习使用手机、陪老人聊天、教授各种文化、养生知识、急救知识、书画……排解老人的无聊时光。反过来，老人们丰富的人生阅历和智慧也会给年轻人以启发和指导。年轻人给老人讲时下流行的东西等新鲜事物会使老人感觉自己年轻不少；养老社区中新鲜血液的输入，也改变了老人的生活方式，跳动着活力的因子。

（四）养老社区与（老年）大学相结合

俗话说：活到老，学到老。学习会使人充实，会使人明智，会使老人的退休生活充满意义，防止与社会的脱节。因此，养老社区可以建在临近高等院校或者老年大学的地方，与大学建立合作关系，为老人提供一些课程。这样，具有相同兴趣的老人就可以发展友好关系，互相交流心得和经验，共同学习，共同进步。同时，大学还可以开设网络线上课程，方便出行不便的老人居家学习，重新提升老人的自我价值感和社会参与度，减少自卑感和落寞感。

（五）建立健全健康服务体系

老人拥有健康的体魄是实现活力养老的前提。在社区内大范围的开展全民健身活动，实行国民营养计划。加大社区内体育设施供给，加强羽毛球场、社区健身中心、体育公园、健身步道等硬件设施建设，打造社区20分钟健身圈。老人的身体健康固然重要，心理健康也非常重要，要推动开展老年心理健康与关怀服务，加强心理服务体系建设和规范化管理。养老社区与教育、健康、体育、文化、旅游、家政等幸福产业融合发展，不断提供能够满足老年人需求的健康养老、同辈旅游、娱乐活动等服务，提升老人的幸福感和满足感，努力让老人拥有好心情。

（六）提高科技创新能力

发展劳动力代替或加强技术。适应劳动年龄人口减少的趋向，大力开发物联网、云计算、人工智能、机器人等新技术、新设施，施行智能服务机器人后发赶超举动计划，增强智能服务机器人研发和运用，培养壮大自主品牌智能服务机器人的市场规模。增强老年辅助技术研发和使用。加大老年辅助器材及产品研发创新，优先开发老年人护理照料、生活辅助等老年辅助科技产品。优化老年辅助产品设计，提升实用性，为老年人功能退化缺损提供智能科技代偿，辅助、替代人力照护，以技术创新增强老龄群体的社会参入。汇聚移动互联网、大数据、云计算等新一代信息技术。通过互联网系统记录老人身体健康状况，建立电子病历、医护档案系统，健康信息共享机制，方便子女了解老人的身体状况以及医护方案和内容。

（七）大力发展养老服务业

专业的养老服务人员能及时了解和发现老人身体的不适，进行干预，使老人生活得更舒心。因此，要积极构建为老服务的人力资源队伍，加快速度培养养老护理员队伍，加快推动老年医学等学科专业建设与发展，壮大老龄产业从业队伍，加快培育为老服务的社会工作者、志愿者队伍。

（作者：王佳洁　指导教师：杨超）

以高校为依托的养老社区服务模式探究

绪论

（一）研究背景

我国当前已经进入“未富先老”的老龄化阶段，截至2018年，我国65岁以上的人口达到1.49亿，占总人口比重的8.9%，老年抚养比为15%。从1999年进入老龄化社会到2017年的18年期间，我国老年人口净增1.1亿，预计到2050年，我国老年人口数将会高至4.87亿，占总人口的34.9%。面对严峻的养老服务问题和挑战，我国在《服务业创新发展大纲（2017—2025）》中指出：“全面开放养老服务市场，加快发展居家和社区养老，支持社会力量开办养老服务机构，鼓励发展智慧养老。”随着经济的发展和社会的变革，由于家庭的小型化，养老机构资金匮乏和人员缺乏以及设施不健全等原因，传统的养老服务模式已经不适应我国老龄化社会的发展趋势，发展适合我国国情的新型养老服务模式成为新时代缓解我国养老压力的迫切需要。

（二）研究问题

面对国内严峻的老龄化现状，究竟何种养老模式能够缓解老龄化带来的冲击呢？经过研究美国、韩国等国家的养老产业模式，我们发现UBRC模式对于缓解这些压力和问题具有一些积极作用，那么UBRC模式到底是什么？国外的发展经验有哪些？它在我国适用与否？我们就此展开研究。

UBRC（University-Based Retirement Community）所代表的是一种大学关联型退休者社区模式，它是由CCRC（Continuing Care Retirement Community）也就是一种持续照顾退休社区发展而来的。换句话说，UBRC是CCRC的升级，该模式强调把长期照顾退休社区与高校进行连接，整合高校的资源来满足老人多元复杂的需求。UBRC模式主要有五个主要的结构：老年人、大学、本地的链接型住宅、企业和地方自治团体。UBRC模式对五个结构发挥着重要的作用。例如，老年人在大学退休社区中，可以预防快速老化，保持自身活力，维持身心健康，抑制医疗费用的增加，促进代与代之间的交流，维持家庭稳定，满足求知之心，促进身心的生活化等；对大学的作用主要表现在增加学校学生，维持大学收益稳定，增强代际交流等；本地链接型住宅很好地把老人和大学连接起来，使老人在日常生活中参加活动更加的便捷安全；UBRC模式增加了地方自治团体的活性，从而带动区域的活性化，使劳动力雇佣增加，提供了一些就业机会并且增加了税收，带动区域经济发展；对于企业来说，在教育、医疗、住宅、环境、金融、交通等方面促进了新的商业创造。

UBRC模式是集CCRC和高校的双赢模式。该模式可以向大学提供收入，而且向老人提供满足终身教育需求的方法；它通过与那些包括学校、同学和转学部的居民结交关系而发展起来；可以为老年人提供大学的健康管理服务、老人希望学习的专业知识、参与授课和在校园里文化活动参与的机会。

（三）研究意义

首先，以高校为依托的养老社区，可以通过各类活动保持老年人身体、精神和脑力的活跃，从而对老年人的身心健康有很大的帮助。它可以满足老年人更深层次的心理和社会需求，减少与社会脱节而产生的孤独感，通过终身学习，也给他们提供了智力上的锻炼，从而减少其记忆力的衰退和预防老年痴呆症。

其次，相对于我国传统的家庭养老、机构养老和社区养老的养老模式，UBRC养老模式是一种更加综合有效的养老模式，它可以弥补传统养老模式中存在的不足，是对我国养老模式的扩展。

最后，国外丰富的实践经验和理论研究，为我国的养老事业提供了宝贵的知识经验，充实了我国养老研究的知识库存，对于我国老年学理论研究具有积极意义。

一、国外UBRC模式发展经验

（一）国外UBRC模式发展背景

首先，老年人专用的集合居住区造成了属于老年人自身的封闭和孤立的环境，这种情况很有可能发展成为社会所排斥的问题。其次，随着婴儿潮时期人们活跃程度的老化和终身教育重要性的强调，大学作为退休村开始受到人们潜在的关注。再次，退休者中有很多人迁居到他们的前职场或者学校所在的大学区等的迁居居住地，而大学为了满足退休人员的要求，增加了各种课程和程序；而且很大一部分老年人，他们有自己稳定并且较高的收入，开始越来越多地追求可以让身心变得活跃的环境，所以他们离开了高尔夫球场附近的退休村，前往城市和大学校园。

（二）美国UBRC模式

“以大学为依托的养老社区（University-Based Retirement Community，UBRC）”一词是乔治·梅森大学高级住房管理方案创始人安德鲁·卡莱（Andrew Carle）在2006年提出的。

在美国，以高校为依托的养老社区发端于20世纪80年代中期，近年来越来越受到欢迎。

在这十几年的发展历程中，美国发展出了几种不同的UBRC模式社区，它们分别是：第一，大学资助不在校区内的养老社区，橡树吊床（Oak Hammock）社区，以佛罗里达大学为例；第二，大学出资并在校园内部的养老社区，以拉塞尔学院里的拉塞尔村（Lasell Village）为例；第三，大学与养老社区的协议合作模式，以肯德尔汉奥机构（Kendal at Hanover）

和达特茅斯学院（Dartmouth College）为代表；第四，公私合营的方式，以弗吉尼亚大学的柱廊社区（The Colonnades）为代表。

（三）韩国UBRC模式

相较于其他国家，韩国的UBRC模式主要以医疗保健为主，其中以The Classic 500顶级养老公寓最为有名。

The Classic 500是位于首尔市主城区的老年公寓。它是大学财团进行开发运营的。该项目位于首尔市，隔着汉江以南区域便是富人聚集的江南区，且处于地铁2号线和7号线交汇处，并且其周边遍布乐天百货、易买得超市、艺术中心等，交通和生活都极为方便。

The Classic 500老年公寓紧邻韩国知名大学建国大学。其法人是建国大学财团，因此与建国大学在很多学校配套上进行资源共享，尤其是建国大学医院与公寓仅一路之隔，多数养老地产项目所困惑的医疗问题也便迎刃而解。它主要提供以下几个方面的服务：（1）提供生活服务，有House Key评价服务、24小时呼叫中心和邮政快递服务等；（2）房屋设计，去除室内通用设计的门槛，将客厅和厨房合并在一起，使路线最小化，方便老人生活起居；（3）提供健康护理和智能家居服务。根据老人个人的情况，提供适合个人的健康、运动、营养管理项目（由建国大学医院教授组和营养管理师提供）；紧急情况发生时，可运用动作感应传感器和应急装置；老人可以24小时与医疗中心进行视频通话，以提供必要的帮助；室内可开通出入门、一键开灯和关灯的智能标签；还可以预约园区内的数码电视等设施。（4）生活服务设施，包括健身中心、游泳馆、室内高尔夫练习场、图书馆、SPAR等中心设施。

（四）日本UBRC模式

日本是亚洲国家中最先进入老龄化社会的国家，也是世界上少子化和老龄化状况最严峻的国家之一。在1970年，日本65岁的老年人口占总人口比例的7.03%，到2013年，这一比例上升到25.08%，即4个日本人中就有一个65岁以上的老人。经过几十年的发展，日本的养老模式和养老产业已经趋于成熟，对于我国养老具有重要的借鉴意义。

在日本，UBRC是在社区养老的基础上逐步发展起来的。以比较典型的关西大学为例，在这里老年人可以和年轻学生一起参加大学课程和研讨会，与教师学生沟通交流，发表自己的意见和看法，充分发挥自己的价值。研讨会的形式有两种：一是运营“千里山项目”，在关西大学千里山校区举行的讲座和研讨会，以课外活动项目为中心；二是在社区内举办讲座和研讨会，并以学生和工作人员为中心开展活动项目。最有特点的一处是关西大学优先雇佣大学生到老年住宅进行工作，而工资费用是用奖学金的形式支付给学生来支援他们的学业。

二、发展适合我国国情的UBRC模式

（一）我国发展UBRC的可行性

据不完全统计，中国目前已经有50多所大学城，这些大学城内普遍都有完善的硬件设施，如体育馆、图书馆、文化中心等，而且一些大学也配有老年大学部。从古至今，中国都有尊师重教的优良传统，而新一代的老年人具有不同于以往老年人的新特征。现代医疗的发展使他们的青年期延长，身体、认知、外表相对于以往老人会显得更加年轻；会享受乐趣，他们有超越过去老人的感性和价值，并对他们青年时期经历的文化有独特的情感；比较自我，他们会重视自我开发和交流来自我实现；他们经济稳定并且有充裕的时间。随着经济的发展和社会的变革，由于养老机构资金的匮乏和人员的缺乏以及设施不健全等原因，传统的养老服务模式已经不能再适应我国未来老龄化社会的发展趋势，传统的家庭养老面对诸多挑战。发展适合我国国情的新型养老服务模式，成为新时代缓解我国养老压力的极具前景的新的尝试。

（二）可能存在的问题和挑战

虽然UBRC社区在美国和韩国发展飞速，但是我们国家有自己的国情，

不可盲目照搬别国的做法。例如，我国虽然大部分家庭已经步入小康，但是还有一些贫困家庭，老人身体不好而且子女也往往不在身边，这类贫困老年人群体负担不起UBRC社区较高的费用。在这一点上无法做到公平对待，而且像韩国所做的顶级老年公寓的做法是否适用于中国，还需要从土地成本、开发成本、运营成本与综合收益之间能否形成合理的投资回报进行进一步评判。不管是美国还是韩国，类似的UBRC社区不仅依托大学，还要有依托的医疗资源。中国能否在城市主城区医院附近进行养老公寓的开发运营，还需要评价在同类区域商业、酒店、写字楼等物业的收支比较。虽然说目前一部分老年人的养老观念已经改变，但是还有一部分的老年人群体秉持传统的养老方式，UBRC模式的养老社区在中国是否有很大的市场我们还需要进一步评估。

（三）对我国养老社区发展UBRC模式的启示

通过对美国、韩国和日本这三个国家UBRC模式的分析，我们可以得到这样一个结论，对于一个成功的大学退休社区来说有四个因素至关重要。

1.临近大学

与大学保持密切的联系。

2.健全的财务规划

养老社区运营商和大学之间有明确的财务关系，将养老社区管理交给更加专业的公司和机构是个明智的选择。专业的财务公司经验丰富而且还能避免单方介入财务而造成的尴尬问题。

3.短期照顾和长期护理相结合

社区内应当包含独立自理、介助、介护一体化的持续照顾环境，并配备相应的医疗资源，保障老人的健康状况。社区内设立医疗站点，有专门的医生和护士值守，针对老人常见的心脑血管病等疾病，有系统有效的应对措施。社区内最好有设备齐全的健身中心或者是健身设施，保障老人有较好的健身环境。当然，必要的健身指导教练也是很有必要的，可以防止老年人在锻炼的时弄伤自己。

4.保证一定的校友基础

UBRC社区中至少要有10%是本校的校友或是教师员工，他们对学校有一定的情感投入，也会自发的为学校和社区宣传，可以建立起较高的客户忠诚度，保障长期的入住率。

（作者：徐子秋　指导老师：杨超）

社区医养结合养老模式发展思路探析

——韩国器兴社区医养结合养老模式的启示

绪论

（一）研究的背景

自我国进入老龄化社会以来，我国人口老龄化程度不断加深。近年来，我国政府颁布了一系列养老政策。2013年，我国出台相关政策，将养老服务的重点指向了医疗卫生与养老保障的有序结合，大力培养医养结合的相关机构。我国卫生计划委员会、民政部、老龄办紧随其后，于2015年制定出《关于推进社区医疗卫生与养老服务相结合的指导意见》，首次将社区医养结合写进规章制度。文中明确提出，我国要建立符合我国的基本国情的医养结合模式；预计到2020年，要实现医疗卫生服务与养老服务的有机结合，资源共享，最终构建起一种同时囊括城市与乡村、功能设施齐全，同时具有连续性的综合型医养结合网络体系。

在政策的鼓励下，全国多数地区积极开展社区医养结合的实践。根据国家医疗卫生与健康委员会最新发布的统计数据，到2017年7月，我国的医养结合相关组织、机构，其数量已达到5814个，其床位数量已达到121.38万。

在各地区的积极实践中，我们看到社区医养结合的养老模式很好地分担了亟待解决的社会性养老问题；但也不可否认仍然存在很多问题。首先，就社区医养结合的数量来看，在我国老年人口攀增、老龄化程度不断加深的背景下，社区医养结合养老模式仍然是远远供不应求，不能满足所有的养老需求。有数据显示，现有的养老机构中，医养结合型养老机构仅有大约4%，并且医养结合型养老机构绝大多数为公立机构，民营机构的数量更少。所以说，在我国养老需求日益增加的背景下，社区医养结合发展的潜力巨大，供给空间还有很大。其二，就我国社区医养养老服务的发展阶段而言，社区医养结合实践的全方位开展，可以说是从2013年国家出台相关政策之后推进的。由此可以看出，社区医养结合养老服务模式正处于初期发展阶段，也是从政策设计向具体模式探索转变的阶段。由于处于发展的初级阶段，一方面现有理论不够完善、专业人才缺少等问题凸显；另一方面，养老行业中龙蛇混杂，设施、层次、服务等差异大，相关部门的监管难度大，专业人才的招揽及维持力度小。这一现状给社区医养结合养老服务的进一步发展造成了困扰。

（二）研究的意义

现阶段，我国不但老龄化现象日益严重，且老年人的经济收入尚未达到满足其养老需求的水平，出现了一种“未富先老”的社会现象。再加上，老年人身体机能下降，抵抗力越来越差，一些老年病也随之找上门来。而患病老年人，甚至半失能以及失能老年人的治疗和看护问题，成为困扰着家庭和社会的一大难题。加之在“百善孝为先”的传统观念的影响下，有人排斥养老机构。在这种社会大环境下，社区医养结合养老模式应运而生。这种养老模式能很好地满足老年人的医疗与养老需求，缓解家庭养老的压力。但是我国社区医养结合养老模式，作为一种新生事物，目前处于发展的初期阶段，还有很多问题亟待解决。相比较而言，我国与韩国均受孔孟思想的影响，加之韩国老龄化进程发展较早，社区医养结合比较成熟，本研究旨在通过对韩国器兴社区医养结合的养老模式的案例分析，对我国社区医养结合养老服务的发展思路进行探究。

（三）国内外研究综述

1.国外研究综述

相对我国而言，发达国家的老龄化进程更早、更快，他们在应对老龄化方面已经有了比较全面的实践，相关的医养结合论述也比较成熟，为解决养老问题制定了许多应对之策。

（1）郑志永在《有关老年人福利设施服务的分配结构的研究——以韩国和日本的养老收费设施标准为中心》一文中写到，老年保健院和特别养护老年院应当配备专业的康复设备和适量的护理人才，与一般普通医院分别开来，以更好地满足老年人的医疗服务和日常护理要求。

（2）成基月在《免费养老，疗养设施看护》一文中，从社会环境、政府政策方面指出，社区养老服务中政府的参与尤为关键。韩国社区医养结合养老模式之所以在七十年代前后发展迅速，与当时崔规夏政府的大力支持是离不开的。应当完善医养结合的相关法律法规，建立长效投资机制，加强医养结合人才建设，引导社会力量的参与。

（3）崔恩景、权昭贤、金爱珍、朴俊祥、朴再秀、李胜男在《城市社区老人们的健康情况与养护水平之间的关联性》中认为，保健所在为不能完全自理的老人提供疾病诊治、住院诊疗以及医疗护理上有突出贡献，尤其是在医疗保险制度的扶持下，保健所的低收费标准更是效果明显。

（4）"介护"模式。日本社会中有接近四分之一的60岁以上的老年人，为应对如此庞大的老年群体以及快速的老龄化的社会现状，日本创造性地提出了"介护"模式。"介护"模式包含两重含义，一是个人护理，二是家政服务。可以说"介护"模式是集"关怀"和"护理"二者为一体的。所以其服务内容包含了家政服务、饮食、身体清洁等方面。在"介护"模式的实践过程中，"介护保险"应运而生。2000年《介护保险法》正式通过，由此"介护保险"在法律意义上得到肯定。

（5）长期护理保险制度。1995年，德国开始实施《护理保险法》。该法律制定的护理保险，适合长期卧床不起的老年人，服务内容包括康复管理、护理和体育锻炼等，以便长期卧床不起的老年人，在养老机构或家中能够得到更好的照顾。

（6）瑞典是一个具有高福利型政策的国家，较早就开始了老龄工作。自1932年起，瑞典政府开始逐步建立一种"从摇篮到坟墓"的普惠型的福利制度，在社会养老方面，瑞典实行的是具有高福利性质的保障政策。值得一提的是，联合国于2003年将瑞典评定为全球最适合养老的国家。瑞典的退休养老金不单单包括基本年金，还包括了补充年金。也就是说，瑞典公民在65周岁退休之后，就不需要再缴纳任何保险费用；不但如此，他们还可以领到高达96%的基本年金。除此之外，政府承担低收入人员退休后的生活保障。低收入人员退休后，可领取住房补贴和医疗服务方面的保障，甚至能享受低价甚至免费的医疗服务。

2.国内研究综述

随着中国老龄化问题日益严重，国务院于2005年转发了由卫生计划委员会、国家老龄办、民政部等部门出台的《关于促进社区医疗与养老服务相结合的指导意见》。其中明确提到，我国要建立符合我国的基本国情的医养结合模式。预计到2020年，要实现医疗卫生服务与养老服务的有机结合，以实现卫生、保健、养老等方面的资源有序共享。学者逐步加深了对社区卫生保健和养老服务的研究。许多学者从不同角度进行了研究，取得了一系列成果。

许思涛、陈岚、刘科宇在《德勤中国》杂志中发表《探索健康养老的“最后一公里”：中国医养结合趋势展望》一文。文中指出，养老产业经过近几年的发展，其民营养老产业的发展模式逐渐清晰起来；但是机构中的银发产品有逐渐“地产化”发展的趋势，居家和社区中的银发产品有“家政化”发展的趋势。究其原因是医疗属性的缺失。所以患病、失能、半失能老年人的生活需求很难得到满足。因此，社区养老市场的下一步发展方向应当放在养老需求的匹配问题上，根据老年人不同的身体情况、经济水平，提供不同的银发产品与服务。

山东社会科学院经济研究所刘卫东指出，在社会养老问题上，政府应当积极发挥其宏观调控的作用，牵头立法，以符合我国国情的为基本原则，结合各地实践经验，制定出有关社区医疗卫生与养老服务结合的地方性规章制度。特别是社区养老服务中的医疗方面，要设立严格的标准制度，明文规定其医疗服务的具体内容、收费标准，促使社区医养结合养老服务趋于制度化、规范化，让优质、便利、性价比高的社区医疗服务和养老康复服务惠及更多的老年人。此外，也应当学习国外社区养老的经验，取其精华，去其糟粕，结合我国具体国情，逐步建立起符合我国国情的社区医养结合养老服务体系。

中国社会科学院经济研究所副所长朱恒鹏认为，医养结合的重点在于“医”。国内医养结合养老服务发展的困境，实质是由于医疗部门的羸弱，导致患病老年人、半失能老年人以及失能老年人的就医方便性的需求没有得到满足，应当为其提供便利的门诊服务以及上门服务。

赵晓芳在《中国农村卫生事业管理》一书中发表了《健康老龄化背景下“医养结合”养老服务模式研究》一文。文中表示，目前我国医养结合养老服务存在的一些问题，例如养老机构水平参差不齐、医疗养老资源对接困难、医养结合养老队伍建设滞后等。

（四）研究方法

1.文献研究法

文献研究法一般分为三步：首先是搜集和整理文献，然后对此文献进行研究，最后形成对事实的科学认识。本文主要通过对国内外相关文献的搜集，对相关案例的分析，加以本人的理解，对社区医养结合问题进行研究。

2.案例分析法

案例分析法是结合实际，选取典型案例为素材，对其进行客观的分析、解剖的过程。本文以韩国器兴区医养结合模式的案例作为参照，以我国目前大部分的社区卫生服务中心建设现状为载体，参照并借鉴韩国器兴社区的设计优势，为我国的社区医养结合养老发展提出建议。

3.实地调研法

实地调查法是用以探讨社会现象的一个过程。这一过程中，首先要秉承客观的态度，采取科学的方法，对选取的某种社会现象在确定的范围内进行实地考察，并且搜集大量资料加以统计和分析。本文选取对韩国器兴区一些养老服务中心进行实地调研，进行了解从而获得最直接的资料。

一、社区医养结合养老模式的主要概念与理论基础

（一）主要概念阐释

1.社区养老

（1）社区养老的概念

社区养老是指以社区为依托，通过吸收志愿者、建立养老机构、互帮互助组织等方式，为社区老年人提供上门服务或者托老服务的一种养老方式。具体来说包括：为满足老人衣食住行基本需求的生活护理服务，为实现老有所医而提供的老人医疗服务和为满足老人精神文化需要的精神文化服务。

（2）社区养老的形式

社区养老在政府与社会各界的鼓励与推动下，经过近十载的发展，已经从仅仅满足社区老年基本生活需求的层次，发展到能够满足社区老年人的精神文化需求这一更高层次的阶段。目前正逐步落实全方位、多层次的衣食住行乐为一体的互助服务与设施服务相结合的社区服务内容。主要形式有以下四种。

社区家政服务中心。社区家政服务是由社区公示家政服务的范围，通过开通专线电话或者下载网上客户端进行预约和评价，实行由社区到家门的服务。由社区来提供原来由家庭承担的事务性工作，这一服务体系包括保姆护工介绍、卫生整洁、维修护理等内容。

社区医疗服务中心。在社区设立医疗服务网点，负责社区内人员的小病治疗和采药服务，并通过网络建设家庭病房并进行记录，实现“小病去社区，大病去医院”。对老年人开设保健站，实行义务查体制度、巡诊制度，开展老年医疗教育活动，普及老年保健知识。

社区文体活动中心。本着“老有所为，老有所乐”的原则，从各个社区的实际出发，结合老年人的身体情况，建设适合老年人的活动场所，并积极开展老年群众文化活动，丰富老年人的精神生活。

社区老年公寓。由于人口老龄化程度不断加深，家庭模式逐渐趋于小

型化，社区服务的需求量不断增加，社区老年公寓能够对家庭照顾有困难的老年人或独居老年人实行集中化管理，为其提供更好的生活照料及医疗康复服务。

2.医养结合

（1）医养结合的概念

在欧洲，“医养结合”被视为是“整合照料”（Integrated Care）的一部分。在美国，“医养结合”被认为是“长期照护”（Long Term Care），其重点在提供医疗和养护服务，合理整合社会资源，实现最大化利用。在我国，2015年国务院办公厅转发了由卫生计划委员会、民政部、老龄办联合出台的《关于推进社区医疗卫生与养老服务相结合的指导意见》，首次将社区医养结合写进规章制度。文中明确提出，我国要建立符合我国的基本国情的医养结合模式。预计到2020年，要实现医疗卫生服务与养老服务的有机结合，资源共享，构建起医养结合机制体制。医养结合在我国作为一种新型的养老服务模式，处于动态发展中，在学术界尚未有统一的定义。随着医养结合的不断实践，大量的学者就此展开研究，并就医养结合这一新兴的词汇，给出了自己的解释。在现有的相关资料中，主要有三种不同的认识：一种是以李依儒为代表，认为医养结合是将医疗服务纳入原有的养老体系之中的；另一种以王浩为代表，认为医养结合是将医疗资源与养老资源相结合相整合的模式；还有一种是以张阳为代表，认为医养结合究其根本与国外盛行的长期照护是一样的。具体来说，前者的观点是医养结合养老模式是指以基本养老服务为基础，重点提高老年人医疗服务质量。第二种则以“医疗机构与养老机构多方整合”为主要内容。后者则认为，医养结合养老模式在本质上与长期照护是等同的。本人认为，医养结合作为一个新生事物，其概念不是一成不变的，而是处于一种动态发展之中的，随着医疗、养老等资源的不断升级与更新。基于此，本文认为医养结合作为一种新的养老服务方式，强调通过医疗康复服务与生活照护服务的结合，走医养一体化路线，综合医疗、康复、养老、养生等功能，将医疗康复和生活照料融为一体，满足老年人的医疗诊治以及保健养老的要求落到实处。

（2）医养结合的特征

服务内容多样化。首先，医疗方面来说，它包括了医疗服务、诊疗记录服务、康复服务、健康检查服务、医疗诊治服务、大病筛查服务等等。其次，在养老方面，它包括了长短期托老服务、文体活动服务、上门家政服务、生活照护服务、心理疏导服务等等。它有别于传统养老、医疗机构，创新性地将二者结合起来，为老年人提供多样化的服务。

服务对象由身体健康、生活能够自理或者基本能够自理的老年人群体，扩大至整个老年人群体，特别是长期患病的、半失能、失能等需要持续性医疗护理服务的老年人群体。医养结合养老模式能满足其医疗及康复护理的需求。

服务主体的多元化。医养结合将医疗与养老相结合，其双方资源能够得到有效整合、利用，使得承担起不同职责的服务主体得以有效结合，成为具有完善的医疗服务与养老服务的新型机构。

服务方式多样化。依据国务院2013年出台的《关于加快发展养老服务行业的若干意见》的相关规定，医养结合的实现形式有以下三种：养老机构内部增加医疗设施、医疗卫生机构内部开展养老保健科室、养老机构与医疗卫生服务机构联合。

3.银色产业

银色产业，或者称之为“老年产业”“银发产业”。银色产业是市场经济发展下的产物，或者说是适应市场经济发展的表现。韩国政府于2006年颁发了《老龄亲和产业振兴法》，从此“银色产业”（senior industry）一词得以正式启用。银色产业是在尊重市场竞争的原则下，由民间部门组织，为生理上老化，社会、经济能力下降的老年人提供能够保持和促进其身体健康、精神健康的安全产品及服务的综合型产业。在该法的界定中，服务对象为65岁以上的老年人。韩国学者金泰坤认为，银色产业是指以老年人为对象的商品服务与制造、销售为目的的活动。其在《养老保险的改革过程和问题点》一文中指出，由于老龄人口的急剧增加和退休金制度的扩充，加之公共机构对高龄者服务政策中委托银色产业等原因，银色产业的需求剧增。

（二）理论基础

1.马斯洛需求层次理论

亚伯拉罕·马斯洛，作为美国著名的人格理论学家，于1943年出版了《人类激励论》一书。该书首次提出了“需求层次理论”，也称之为“马斯洛需求层次理论”。该理论包括五个层次的具体需求，从低到高排序，分别为生理需求、安全需求、社会或情感需求、对尊重的需求和自我满足的需求。马斯洛认为，这五个基本需求不仅是从低到高的顺序，而且只有在满足低水平的需求时，才会有高层次的需求。具体来说，生理需求是基本的、低水平的需求。它包括最基本的生活需求，如食物、衣服、住房和交通。安全需求是仅高于生理需求的低级要求，具体来说，是确保现在和将来的身心不受到伤害的需求；社会或情感需求是比安全需求更高一层次的需求，它需要友谊、爱和联系；对尊重的需求是一种比社会或情感需求更高一层次的需求，具体表现为，社会成员希望得到他人和社会的尊重；自我满足的需求是位于其他四个需求的之上的，是最高水平需求，它是指发挥潜能，实现最终理想。

随着时间的悄然流逝，位于生命的长河中不同阶段的人有着不同的需求。就老年人来说，由于年龄的增长，其自身抵抗力下降，身体健康水平也慢慢减退化，由此产生了多样化的需求。对于失能、半失能的老年人来说，首先是生理需求。由于患有老年病或是行动不便等原因，其对医疗、护理的需求是第一步的，他们希望能够得到专业的医疗护理，保障其晚年生活。其次，不容小觑的是其对安全的需求，他们希望在自己的生理需求得到满足的情况下，能够处在一个相对稳定的，有着医疗诊治功能的养老服务区域之中满足其对安全的需求。可见，在确保失能、半失能的老年人的基本生活得到保障之后，更多的是要为其提供医疗方面和精神方面的服务。而对于身体并无大碍的老年人来说，他们对社交的需求、尊重的需求和自我实现的需求是强烈的。由于年龄的增长，虽然劳动、创造能力不及青壮年，但是他们身体并无大碍，对社交、尊重、自我实现的需求并没有太大的减弱，所以也望能够积极地参与到社会生活中去，继续发挥余热，实现自己的价值。所以，如何积极调动老年人的优势，帮助老年人发挥余热，实现自己的价值，获得他人及社会的尊重，是社区医养结合养老服务中值得深思的问题。

当前我国社区医养结合的工作主要面向的是老年人的生理需求、安全需求、社交或情感需求，较少地区已开始面向尊重需求而提供服务。但是，在满足老年人自我实现需求的层次方面的养老服务方面是缺失的。

2.福利多元主义理论

福利多元主义，也称为混合福利经济，是由英国学者沃尔芬德于1978年在《志愿组织的未来报告》中创造性提出的。沃尔芬德认为，社会福利的提供者不单单是国家政府，也应当包括志愿者与志愿组织。罗斯详细阐释了福利多元主义的定义，并将其论述公开发表在《相同的目标，不同的角色——国家对福利多元组合的贡献》这一文章中。罗斯与沃尔芬德的想法不同，他认为福利的提供者不仅只有国家、志愿者、志愿组织，还应当有家庭、社会的共同努力。后来，伊瓦斯又对罗斯的观点加以补充，提出福利的四分法，即社会福利的提供者应当四部分承担，分别是市场、国家、社区和民间组织；并且提出民间组织在社会福利中发挥着不可忽视的作用。

当前我国的社区医养结合养老服务形式，符合社会福利多元主义的实践原则。但人口老龄化日渐严重的形势对养老和医疗体系提出更高的要求。我国老龄化问题主要是老年人口数量大，老龄化速度快，对比发达国家，我国还存在着未富先老的现状，加之老年人对养老服务需求的多样化，多元福利制度的改革迫在眉睫。具体来说，政府、社会、医疗组织、养老组织等相关单位都应对其负责，需要各相关单位协同行动，为构建起高效有序的社区医养结合养老体系尽一份力。

二、我国医养结合养老模式的现实需求与环境分析

（一）现实需求

1.人口老龄化趋势不断增长

21世纪，我国进入了全面老龄化时代，且人口老龄化形势日渐严峻，根

据国家老龄办发布的数据，截至2018年底，我国60岁以上人口达到24949万人次，与2017年的24090万人次相比，净增859万人次，60岁以上老年人口所占比重上升0.6个百分比，达到人口总数的17.9%；其中，65岁以上的老年人口达到16658万，与2017年的15831万人次相比，净增827万，65岁以上老年人口所占比重上升0.5个百分点，达到总人口数的11.9%。

2019年国家统计年鉴最新数据显示，自1995年以来，我国65周岁以上的老年人口数量不断增加，且老年人口占总人口的比重也在不断攀升。截至2000年，这一比例已经达到7%，我国进入了老龄化社会。截至2018年底，这一比例已经高达11.9%，老龄化程度不断加深。根据老龄办的相关数据，截至2018年末，我国有超过2.49亿的60岁以上的老年人。其中，患慢性病的老年人占到总群体的80%上；且年龄超过80岁的高龄老人接近2400万。这说明，在60岁以上的老年群体中，高龄老人、患慢性病老人、半失能、失能老人所占比重高，明显呈现出高龄化的特点。

2.社区医养结合养老模式的发展现状

近年来，随着国家大力实施以社区为基础的医疗养老模式，以及一系列鼓励性政策和法规的出台，全国各地掀起了一股推广社区医养结合养老模式的新潮流。到目前为止，各地区积极开展医养结合养老的实践活动，结合各地区的经济发展水平和医疗卫生条件，秉承因地制宜的原则，展开了医养结合实践，并积累了大量的实践经验。社区卫生医养结合已成为解决养老问题的重要措施。目前来说，我国社区层面一般有以下三种具体养老服务模式。

第一种是养老机构与医疗机构就养老服务展开合作，双方签订合作协议，并开设贯通养老与医疗机构之间的绿色通道。这一模式简单便捷，形式多样，能够实现资源的有效互补。具体来说，当入住养老机构的老年人患病需要就医时，通过养老机构与医疗机构之间搭设的绿色通道，可以确保患病老年人在最短时间内，转到与所在养老机构合作的医疗机构中去；当患病老年人在医疗机构中得到救治，身体痊愈之后，再次通过搭建的绿色通道回到养老机构中，在养老机构中进行后续的疗养。但是养老机构与医疗机构之间的关系比较松散，可能会出现制度法规约束不够的情况，责任界限不清的问题。费用上，通过医保能够实现部分自付。

其次，养老机构内增设医疗服务机构，如康复院、护理院等独立养老服务机构内增设医疗服务。为推进养老机构内增设医疗卫生服务的发展，国家陆续地出台了一系列支持性政策。国家卫生健康委员会于2013年11月颁布了《养老机构医务室基本标准（试行）》和《养老机构护理站基本标准（试行）》两项基本准则，准则中明确规定了养老机构内设立的护理站和医务室的配置标准与收费标准。两年后，卫生健康委员、民政部、老龄办联合，又出台了《关于推进医疗卫生与养老服务相结合的指导意见》。文中指出，截止到2020年，要实现医疗卫生服务与养老服务的有机结合，资源共享，让入住养老机构的老年人都能得到相应的医疗卫生服务。总体来说，在这种养老模式下，老年人在一家机构就可以得到所有的服务，实现了资源的有效利用，具有效率高的优点。但是，这种模式的准入门槛比较高，必须是具有相当强的经济实力、相当优惠的支持性政策以及社会影响力的机构才可以完成。

最后，医疗卫生机构内开展养老服务。具体来说有两种实现形式，一种是医疗机构引进养老服务。在医疗机构内部，开展全方位的老年人健康咨询、疾病诊疗、临终关怀等项目；另一种是，传统的医院转型为新型老年康复医院、老年专科医院等，专门为老年人提供疗养、康复等连续性养老服务。这种模式由于依托于医护背景，在社区非常受欢迎，尤其是失能失智老人。

（二）环境分析

1.政府环境

自2012年党的十八大召开后，在相关政策的扶持下，我国开始实施“健康中国”的战略。战略将推进医养结合的发展作为一大重点，鼓励各地区从实际情况出发构建起养老、敬老的政策体系。老龄事业和老龄产业得以迅速发展。截至2018年底，我国已建有746.4万张养老服务床位，与2012年的382万张相比，增长了95%，接近翻了一倍。

2.市场环境

根据2019年《社会服务统计公报》的相关数据，到2018年底，我国目前拥有的各类养老床位共计746.4万张。据国家统计局数据，截至2018年底，我国60岁以上人口数量为24949万人。由此计算得出，每千名老年人口拥有的养老床位实际上仅仅为29.9张，这一数值远远低于发达国家老年人均养老床位5%到7%的平均拥有水平。

据中国社会统计年鉴数据显示，截至2018年底国家核心CPI涨幅回落，其中家庭服务、养老服务和医疗服务价格分别上涨5.6%、4.6%和4.3%。这说明家庭服务、养老服务和医疗服务在当代大背景下市场发展势头良好。

3.社区环境

中国社会统计年鉴数据显示，2018年规模以上的居民服务、修理和其他服务业中，收入增长较快的部分为医疗卫生服务和社会工作服务，医疗卫生服务同比增长10.8个百分点，社会工作服务同比增长12.6个百分点；此外，家庭服务业收入和医院营业收入的增长速度也很迅速，分别增长了23.2个百分点和12.4个百分点。有关社区医养结合方面的消费额呈现较快增长，这说明当前医养结合的社区环境势头良好。

三、韩国器兴社区医养结合养老服务体系现状

韩国于20世纪进入人口老龄化社会，仅17年后便进入老龄社会。由于深受“孝道”思想影响，对父母、祖父母有孺慕之情，赡养父母、和父母共同生活的文化依然存在，这使得韩国的养老模式大多是以家庭和社区为单位的。在经过了一系列养老实践后，韩国重点发展社区医养结合养老服务，因其既能改善国民健康水平，又能缓解医疗保险的财政压力，已成为现阶段解决养老问题的重要手段。

（一）器兴社区居家医养结合养老服务的发展现状

1.器兴区保健所设老年专科模式

在韩国，保健所的社区护理事务受保健福利部议政局社区医疗科的指导和监督。韩国的保健所按照其所属的各个道、各个市的状况，大致可以

区分为以下三种：大都市型、中小都市型和农村型保健所。本研究中涉及的器兴区保健所位于京畿道龙仁市器兴区，属于大都市型的保健所。器兴区保健所内提供专科老年服务，有以下三个科室：社区保健科、健康教育科和医药科。社区保健科主要提供社区康复项目，为就诊的老年人提供健康增进服务，包括为老年人进行定期医疗检查、健康护理等项目。健康教育科的主要职责是进行健康增进，具体来说就是为老年人筹备、开设健康知识教育活动等。医药科，顾名思义它承担着药品安全以及有效使用的职责。社区保健科、健康教育科和医药科三个科室相辅相成，相互促进，构成了保健所老年专科服务部门。老年专科部门中的事务由专业护士来承担。专业护士分为全科注册护士（RN-Generalist）以及开业护士（RN-Nurse Practitioner）。全科注册护士是指通过专业执照考试并取得注册护士执照的；开业护士在这里专指保健、家庭护理、精神护理领域的。

目前，保健所为以下两类对象提供养老服务，一种是直接到保健所访问的老年人，根据其特定的需求，为其提供专业服务；另一种是对社区居住的健康老年人和居家的患病老年人，为其提供上门访视服务。另外，保健所为老年人提供的服务主要包括健康评估和咨询、传染病管理、慢性病人的治疗康复、口腔管理以及健康增进等。

由于韩国银色产业市场规模的不断扩大，银色产业对专业人才的需求量也随之上升。就保健所专业人才的定向培养方面来说，韩国从政府到社会、企业、学校都为此付出诸多了努力。首先，老年护理人员的从业有严格选拔考核。设置有护理人员资格证考试，参考人员无年龄与学历要求，考试需要参考人员通过理论学习和实习两大部分的考评才能获得资格证书。资格证书分为两类：一级护理员与二级护理员。一级护理员是辅助老年人进行身体活动的；二级护理员则是为照顾老年人日常生活方面的。其次，韩国各高校联合社会力量，积极开设相关专业，培养专业人才，例如首尔大学、中央大学、延世大学等都设有社会福利系；江南大学、庆熙大学、崇实大学等都设有银色产业系。其中，位于器兴区的江南大学被称为培养银色产业专业人才的先导大学，培养了一系列兼具银色产业知识与实践经验的人才。

此外，为帮助身体状况良好的老年人自我实现的需求，韩国保健福利部还开设了韩国老人人力资源开发院。鼓励老年人参与社会活动，与各地保健所结合，在老年专科中的健康教育科，为有工作能力的老人开展老年人教育，使其能够继续工作，满足其自我实现的需求。

2.器兴区医养结合的家庭养老模式

将高龄医疗卫生服务工作延伸至家庭是器兴区医养结合养老服务中比较成熟的一种形式。在我国，也有社区医生定期走访家庭，为患病或行动不便的老年人提供巡诊、护理以及建立病情档案等的养老模式。与我国不同的是，韩国面向老年人的家庭护理机构主要有以下三种：社区所属的家庭护理、医院所属的家庭护理和非营利民间组织的家庭护理。具体到器兴区的家庭护理提供者是器兴区家庭护理、江南医院的家庭护理以及非营利民间组织的家庭护理。器兴区所属的家庭护理又包括通过器兴区保健所、乙基洞保健站、米迦保健诊疗所而实施的家庭护理事务；江南医院所属的家庭护理主要通过江南综合医院、365怀一廷韩医院、艾普莱斯医疗院；非营利民间组织团体包括宗教团体、自愿团体、福利机构。

在韩国，养老保障问题的重中之重被认为是医疗问题。为保障养老医疗问题的具体落实，韩国在国家层面颁布了一系列的法律法规。1963年，出台了《国民健康保险法》，就国民健康保险的范畴、缴费标准及给付方式做出了基本的规定。1977年开始实施《健康保险事业法》，其中明确指出，健康保险适应单位为五百人以上的企业或单位；到1998年，开始把五人以上的企业或单位的人员与农村居民，均指定为适用对象。如今，医疗保险制度发展成为全体国民提供“实物给付”及“现金给付”的健康保险事业。其中，“实物给付”是指为全体国民提供疾病诊断、门诊治疗、康复治疗等服务，它是医疗保险制度的基础。“现金给付”是指补偿国民诊治的医疗费。值得一提的是，家庭护理的费用由第三方按比例报销。具体来说，保险机构支付50%，政府支持30%，使用者本身仅支付20%即可。若使用者为中低收入阶层，则使用者付费比例降低10%，由政府承担；而使用者若为单纯低收入或者无收入的穷人，则免费。

据1991年新修订的《大韩民国保健所法》规定，65岁以上的老年人、慢性疾病患者及疗养困难患者都在家庭护理的服务对象内。社区为老年人提供的家庭护理主要包括健康咨询、定期检查、心理疏导、排泄护理以及给药等。

此外，20世纪90年代以来，从事社区老龄家庭护理的专科护士有了严格的选拔标准。首先要从事临床护理工作十年以上，且专修家庭护理专业一年（或600小时）后执业资格考试合格；或者具有硕士学位，从事临床护理工作三年以上，且顺利通过资格考试。除此之外，专科护士还需要每年接受一次全国统一的在职教育，且时间不得少于12小时。

3.器兴区小规模老年人护理疗养模式

随着老龄化程度的不断加深，器兴区有养老护理需求的人员数也随之增加，但是相关护理人员紧缺。为解决养老需求与相关护理人员之间的矛盾，小规模的老年人护理疗养模式开始盛行。详细来说，其是由专业护士独立经营的合法的老年人疗养中心。从规模上来讲，其入住老年人在十人以下；从人员配置上来讲，有专业护士一名，生活辅导员两到三名，物理理疗师一名；收费价格方面，一般根据当事人之间的协议与合同收取费用。例如，东佰小学附近的皇家顿曼诊所，就是其中一个；其已成为有价值的老年幸福伙伴。这种模式是老人在预算资金不足的情况下的首选。

4.器兴区医疗机构与养老机构联合养老模式

为了使养老事业得到良性发展，器兴区医疗机构与养老机构之间建立起了紧密的联系，从而满足老年人在各种情况下的不同需求。社区各医疗机构与养老机构之间的联系如下：保健所、家庭护理事务所中老龄者情况恶化时就近送至综合医院；综合医院中老龄者需要家庭护理时送至家庭护理事务所；家庭护理事务所中患者居住区无家庭护理机构或当访问人力不足时，老龄者需到就近保健所；而保健所中老龄者在康复期病情恶化，又需要较高级的护理技术时，可选择家庭护理事务所；当对象为独居老人、残障老人、享受福利待遇者时，可选择保健所和福利设施。

（二）SWOT模型分析器兴社区常见的医养结合服务模式

上述介绍了器兴区保健所内设置医疗机构提供医养结合服务、家庭养老模式提供医养结合服务、小规模老年人护理疗养模式提供医养结合服务以及器兴区医疗机构和养老机构联合提供医养结合服务这四种器兴区医养结合服务模式。本论文按照服务主体的不同，大致将上述提及的医养结合服务模式归类为以下三种类别：在保健所内设置医疗机构，其主导主体为保健所，也就是说是由医疗机构主导的；家庭养老模式，其主导主体是家庭护理专科护士，其来源既有医疗机构，又有养老机构，所以属于医疗机构与养老机构协同服务的类型；老人护理疗养模式，其主导主体是独立经营的合法的疗养中心，为养老机构主导的。下面基于医疗资源的利用效果及SWOT模型，对不同主体为主导力量的医养结合服务形式进行分析。

1.由医疗机构主导的模式

保健所内设置医疗机构参与医养结合服务，医疗机构内有专业的护理人员，具有专业的临床经验，了解老年人的心理需求，有利于为老年人提供专业化和综合性的养老服务，使其能接受具有连续性的医疗服务和养老服务。但是养老服务具有公益性，收益较低，同时风险较大的问题，机构内存在缺乏动力开展医养结合服务的问题。

保健所内设置医疗机构参与医养结合服务，其实质是强化医疗机构为老年人服务的功能，提高医疗资源的利用率。其发展的优势是有政府的补助与支持，政府的相关政策为这种医养结合服务模式提供了发展的机会；但是也存在滥用甚至欺诈医疗保险的现象。

2.由养老机构主导的模式

小规模老年人护理疗养模式是由专业护士成立的独立运行的养老机构。从人员配置上看，有专业人士的介入，能为老年人提供有针对性的康复治疗服务；从价格方面来说，专业小规模的护理疗养，性价比高，在价格方面占优势；另外，由于是机构规模小，加之与专业护士签订相关合同，私密性高。值得一提的是，国家政策也支持和鼓励专业护士成立独立运行的养老机构。但是，小规模老年人护理疗养模式提供医养结合服务，其专业护士人员数偏少。虽可以提供专业性强的疗养模式，但是一旦发生紧急情况，专业护士在医疗服务的提供上显得力不从心。

3.由医疗机构和养老机构协同主导的模式

医疗机构和养老机构协同主导的医养结合养老模式，可以有效地将医疗与养老资源结合起来，发挥其双重功能，将同时满足老年人的医疗需求和养老需求。医疗机构与养老机构有效联合省去了老年人多方跑、办手续的麻烦。但是，由于该模式涉及两个服务提供主体，在双方整合、利益分配等方面还需要进一步协商。

五、我国社区医养结合养老模式探析

（一）医疗机构主导的社区医养结合养老模式

社区专业医疗机构主要有以下三种，综合型医院、社区卫生服务中心及个人承办的医疗诊所。为促使医疗机构主导的社区医养结合养老服务能够长期有效地进行，本文认为可采取的具体措施有以下几个。首先，综合型医院，如综合医院、中医医院等大型的医院，在社区以及周边有较高的知名度、认可度，在医疗卫生服务方面具备专业人才、先进的技术。综合型医院应下设老年病科，由专门的老年病专科医生组成团队，为老年人提供医疗支持；设立保健康复科为患病的老年人及病后需要长时间康复护理的老年人提供医疗康复护理、托老服务；另外，老年人的心理健康和生理健康一样应当引起重视，心理科的专业介入为老年人提供心理疏通辅导。社区卫生服务中心是由政府组织的基层卫生机构，以全科医生为骨干，以社区为范围。在社区医养结合养老方面，社区卫生服务中心不单单要提供为老年人基本的医疗诊治、健康检查等的服务，健康教育服务也至关重要。如开展健康知识教育，使社区居民特别是老年人对常见的老年病有所了解，打好“预防针”。此外，个人承办的医疗诊所，为医养结合社区养老提供一种新的思路。个人承办的医疗诊所由专业医生组成，可以提供社区内小规模的医疗卫生服务。其访者分为两类，一类是直接到诊所访问的老人，根据其特定的要求提供服务；二是对有健康需求的老年人提供上门访视服务，其专业性、专门性高，能更好地顾及每一位就访者。

（二）养老机构主导的社区医养结合养老模式

养老机构是为老年人提供集中居住和照料服务的机构。具体来说，养老机构包括养老院、敬老院、福利院、老年公寓等。构建养老机构主导的社区医养结合养老模式，要遵循"以社区服务为依托，机构养老为补充"的基本方略。将社区作为出发点和落脚点，积极与养老机构发展合作，建立和完善社区与养老机构合作的相关法规与机制体制，增加对社区养老服务工作的投入，将社区养老服务工作落实好，切实满足老年人的养老服务的需求，弥补家庭养老的不足。具体来说有以下内容：倡导养老机构专业护士走进社区，教授社区卫生站护理人员相关知识，提高其在社区护理水平；由社区向养老机构租赁相关的护理器械，养老机构派专业人员给予指导与定期检查；在签订保密合同的前提下，社区卫生组织可在必要时将社区老年人电子病历卡实现与养老机构的对接，避免其两头跑的尴尬局面；同时，养老机构也要做好承接社区老年人的入住的准备，与社区之间构建起便捷高效的对接渠道，以满足社区老年人多样化的养老需求。

从20世纪60年代起，韩国政府推行一系统国民健康保险法，经过数年的实践，现已形成完善的社会保险体系。养老机构采取"三方"付费制，大大降低了国民的经济压力，满足了老年人的长期照护需求。反观我国，医保制度虽然看起来很完美，但是依然存在着不足之处。就养老机构主导的社区医养结合服务来说，医疗保险可以在社区卫生组织中使用，但是在养老机构中却不能灵活运用。所以，应建立一种长期、高效、针对老年人的长期照护保险制度。由政府牵头，建立相关制度，搭建针对老年人的公共信息服务平台，确保老年人得到有针对性的照护服务，也能避免医疗服务资源的浪费。老年人长期照护保险制度，一方面有效缓解了老年人入住养老机构时的经济压力；另一方面能将医疗服务引入到养老机构之中，为传统的养老机构的发展注入新活力，为老年人提供更加优质的养老服务。

（三）医疗机构与养老机构联合的社区医养结合养老模式

医疗机构与养老机构联合提供社区医养结合养老服务的模式是指由提供养老服务与提供医疗服务的相关组织、机构开展合作，双方签订合同，为社区提供医养结合养老服务。它的实现形式有两种，一是双方联合运营，二是委托第三方承接。为了让医疗机构和社区之间建立长期、友好的战略合作伙伴的关系，具体措施有以下几个：首先，对养老机构进行远程医疗，将综合型医院的丰富医疗资源覆盖到社区卫生服务中心、养老院等。灵活运用“互联网+”的技术，构建社区老年人的健康档案，并对其进行动态化管理，有利于医疗机构对其的全面了解，方便及时诊治，并为社区卫生服务中心和养老院开通绿色通道，方便其预约就诊，实现医疗与养老的紧密联合。其次，社区应当完善基层医疗卫生服务网络及老年综合评估系统。具体来说就是，社区卫生服务组织为老人提供健康教育、疾病诊疗、医疗签约等多样化服务；而老年综合评估中心评估老年人的医养需求，确保有需要的老年人可享受医疗护理服务。这样一来，丰富了养老服务的内容，让在家养老的老年人也能够享受到医疗服务。

医疗机构与养老机构联合的社区医养结合养老模式，将现有的养老资源和医疗资源充分利用、优势互补，促进了社区医养结合养老服务内容的落实。

（四）完善我国社区医养结合养老模式的具体对策

1. 注重人才培养，加强社区专业护士队伍建设

我国社区医养结合养老模式的发展，离不开专业人才的支持。目前我国社区中护理人员以医生和流行病专科人员为主，专业护士匮乏。应当加快培养社区专业护士的步伐。这就需要相关医学院开设老年学相关的护理专业，培养专业护士和银发产业学相关人才。社区现有护士再教育，也是培养专业护士的一条途径，对其进行职业再教育，提高其专业素养，通过考试者颁发

相关证书，专业护士持证上岗，为老年人提供更优质的养老服务。

2.引进多方力量，拓宽融资渠道

社区医养结合养老模式的发展，需要政府的鼓励与政策支持；但是政府不是其发展的唯一推动力量，还需要有社会力量的参与。社区医养结合养老模式的健康发展需要政府、社会、家庭的共同努力。

首先，需要充分发挥政府的宏观调控职能，调动政府在推动社区医养结合服务的发展方面的“领头羊”作用。加快制定我国社区医养结合的相关法律法规与行业规范，促进产业的健康良性发展。由于医养结合问题的特殊性，其参与部门众多，包括卫生部门、社保部门、司法部门等等。这就需要政府加以协调，使得各部门协同作业，共同努力，促进社区医养结合养老模式的健康发展。

其次，需要充分发挥市场在资源配置中的决定性作用，引进社会力量。近年来，社会上出现了政府购买服务的新潮，由政府出资购买社会上的医养结合项目，社会各方应当积极参与，承包政府购买服务，为参与医养结合服务注入新活力。另外，社会上的志愿者、志愿组织、非营利组织也在医养结合养老实践中表现突出，应当充分调动其积极性，使其在养老服务中发挥更大作用。

此外，为保障社区医养结合机构能够长期、稳定发展，医养结合机构自身的信用能力是很关键的，应当建立医养结合机构信用能力评价体系，使其信用状况公开透明。这样既促进了机构本身的信用建设，也吸引了社会资金，对其多方面融资有推动作用。

3.完善政策支持，健全法律保障

社区医养养老服务模式的健康稳定发展，离不开相关政策的支持、法律的保障。首先，从政策方面来说，一方面要加大对社区医养结合的扶持力度；另一方面也要明确其服务内容，制定严格的行业准入标准，提高行业整体水平。其次，从法律保障方面来说，一方面由于社区医养结合项目中有涉及上门服务的部分，那么当工作环境变成家庭时就存在一定的风险性，须出台相关的法律法规，以保护患者及工作人员的合法权益不受侵犯。

另一方面，社区医养结合养老服务需要调动的相关部门有很多，这就需要相关的法律法规明确各部门之间的责任，促进社区医养结合养老服务的健康发展。

小结

近年来，我国人口老龄化程度不断加深，但是社会上现有的养老服务不能满足所有养老需求。社区医养结合养老服务的出现，创新性地将医疗和养老资源结合到一起，能有效解决社区老年人的养老问题中医养分离的困境，是应对人口老龄化、满足多样化养老需求的新方法。作为一个新兴事物，其相关的理论研究不是很全面，对医养结合养老服务这一新模式还处于实践之中。我国与韩国地理位置相近，历史文化渊源深，深受儒家孝文化的影响，均注重养老问题。本文首先从我国社区医养结合现状入手，分析其现实需求与环境分析。然后着重分析了韩国器兴社区的保健所、家庭养老模式、小规模护理疗养模式及养老机构与医疗机构联合模式。韩国器兴区的医养结合养老服务具有一定的典型性，本文用SWOT模型分别总结了各模式发展的优势、劣势、机遇与挑战。最后提出我国社区医养结合的模式探析，本文将其分为医疗机构主导的、养老机构主导的及医疗机构与养老机构联合主导的这三种养老服务模式。并就各个模式展开了具体措施详述，最后提出综合建议。

医疗和养老都是社会热点问题，社区医养结合养老模式，创造性地将二者结合起来，为解决我国目前的养老困境指出了一条新思路。但这一模式不管是从理论上来说还是从实践上来说都还处于初期起步阶段，面临着重重困难，还需要进一步的实践探索。本文通过对韩国器兴区医养结合养老模式的深入研究，结合我国国情，对我国的社区医养结合养老之路的发展，提出了意见，希望对我国的社区医养结合养老模式的未来发展能有一定的参考价值。但由于本研究是在韩国器兴社区这一个案中进行的研究，并且由于器兴保健所对一些数据保密，有的论述还不够完善。希望本研究能够为我国的社区医养结合养老服务提供参考。

（作者：崔莹　指导老师：翟秀海）

第二章　中韩机构养老模式

我国新型公寓养老模式浅探
——基于对韩国银发老人塔模式的借鉴

绪论

人口老龄化及其所带来的问题已成为全球大多数国家所面临和担心的问题。而我国拥有庞大的人口基数，人口老龄化问题的加深将直接影响我国经济的可持续发展。但挑战的背后也存在机遇，人口老龄化也为老龄产业的发展带来了机会，在拉动老年经济的同时，又解决好老年人的服务需求，这对我国的长久发展意义重大。

（一）研究目的

通过对韩国银发老人塔模式的成功经验的介绍，不断尝试和实践，学习和引进服务和理念更加先进的养老模式，借鉴成功的经验，为我国的养老模式的完善提供助力，以此适应传统养老模式因“供力不足”而无法满足老年人对养老和医疗保障服务需求增加的趋势，以此补足养老模式的短板与弊端，弥补传统养老模式的不足，满足多变的养老需求，为老年人提供更好的养老模式选择。

（二）研究意义

1. 理论意义

通过对中韩现行养老模式进行对比，从客观层面上挖掘出我国现行养老模式存在的不足。希望通过介绍新型公寓养老模式，拓宽我国银发住宅产业的发展思路，并且利用其发展优势特性，结合我国现实的基本养老状况，探索出一种新型的、本土化、大众化养老模式，为我国养老模式的自主创新提供探索经验。新型公寓养老模式所融入的先进的养老服务理念，也可为我国银发产业的发展提供了重要的理论支持。

2. 实践意义

通过介绍韩国银发老人塔模式的先进经验和先进理念，发掘我国现有的养老模式的不足之处，凭借该新型养老模式的独特和创新之处，引起社会关注与支持，推动我国传统养老模式的“更新换代”，促进我国养老产业持续良好的发展，为我国养老模式的完善提供经验借鉴。

一、新型公寓养老模式的含义及特征

（一）新型公寓养老模式的含义

传统的公寓养老模式是以高档公寓为载体，为老年人提供基本医疗和优质服务的养老模式。相较于其他传统养老模式，具有明显的优势，作为一种既可以让老年人居家养老，又能使老年人享受到社会化服务的老年住宅形式，其属于机构养老中的大范畴。但是高额的消费将庞大的中层消费群体限制在外，加之服务理念单一落后，其劣势逐步显现。

新型公寓养老模式是在传统公寓养老模式的基础上，进行升级与改造而产生的一种新型养老服务模式。它既包含传统的家庭养老模式和传统的公寓养老模式的元素，又并非这两种养老模式的简单组合，而是一种创新性养老模式。这种模式是专门为老年人建造的生活设施齐全、医疗保障服务完善的老年居住形式，服务人群扩大到了中上层收入群体，并且提供多样化的文化娱乐、护理家政等优质服务，充分体现服务的人性化。

新型公寓养老模式是由银发住宅产业所衍生出的新型养老模式。最起初的萌芽是一种名为“共居”型的居住方式，类似于美国的Cohousing模式（合作共居模式），同时又是早期的公寓养老。即退休的老人集中在一起生活，互相照顾，相关的医疗、补助等服务由政府或社会提供。这种理念最早是由北欧在19世纪70年代提出的。直到20世纪80年代北美及其亚洲的部分国家和地区才开始陆续发展起来。经过三十多年的发展，现如今在韩国的新型公寓养老模式的发展已经进入了成熟阶段，在亚洲位居前列。目前我国还是以居家养老和机构养老为主。2013年国务院《加快发展养老服务业的若干意见》中提出的“医养结合”养老模式，改变了过去一直存在的“只养不医”的情况。但是相较于其他国家成熟的发展现状，我国在新型公寓养老模式的发展道路中还需积极借鉴其他国家成熟的发展经验来发展有中国特色的新型公寓养老模式。

（二）新型公寓养老模式的特征

新型公寓养老模式较于其他养老模式的优势在于采用了CCRC连续保护体系型老人居住环境（Continuing Care Retirement Community）、UBRC大学退休社区（university based retirement communities）、AIP就近养老原则（Aging in place）等先进的养老服务理念，为老人们提供最大的便利，提高了老年人养老生活的质量。

与居家养老模式相比，新型公寓养老模式的特征在于能够提供优质医疗保障服务。居家养老是我国自农耕社会起就产生并一直延续到今天的传统养老模式，是中华民族弘扬优秀文化传统的载体。所以居家养老仍然是我国社会当前和今后相当长时期的主要养老模式，其作用不容忽视。但是随着养老形势的逐渐严峻，养老需求变得复杂多样，尤其在医疗保障方面，近年我国老年人口慢性病平均患病率为74.80%，以此推算目前有1.4亿的老人患有至少一种慢性病；从2013年开始，这个数字再过八年将扩大到三亿。所以想要达到理想的养老效果，必不可少的就是优质医疗服务的提供，而新型公寓养老模式相较于居家养老模式拥有完善的医疗服务体系，能够提供优质的医疗服务，老年人可以得到及时就医，看病吃药都极为便利，这也成为新型公寓养老模式的特征之一。

相较于传统的机构养老模式，新型公寓养老模式的突出特征在于融合了居家养老模式且能提供专业、系统、人性化的服务。与机构养老相比，该模式发挥着居家养老的优势，使老人能感受到“家”的感觉，满足了老人的心理需求。同时注重人性化服务，不仅室内建设和服务体现出人性化特点，而且对于设施外观也要求人性化设计。不同于一般的养老院或者敬老院，人性化服务落到实处。最后，注重对服务人员的素质培养，还以高薪专业化服务人才代替廉价的低素质服务人员，以专业的服务态度去对待老年人，力求提供专业化的服务。

与以房养老模式相比，新型公寓养老模式的特征更加明显。以房养老模式是应对老龄化的一种新型养老保障模式，备受社会关注。但是从严格意义上来说它并不是一种养老服务模式，仅仅是一种支付手段。相较于以房养老模式，新型公寓养老模式可以向老年人直接提供所需服务，是一种直接行为模式而不是通过提供给老人物质条件以寻求服务的间接行为模式。

二、韩国银发老人塔模式的典型案例

世界各个国家在面临老龄化所带来的问题的同时也在不断发展着符合本国国情养老对策。例如日本的“银发住宅建设计划”（Silver Housing Project）以及德国的结伴养老式老年公寓养老模式等。韩国因为和中国有着浓厚的历史渊源，在传统思想与文化方面有着许多相似之处，所以韩国的成功经验对我国更具有借鉴意义。

韩国的银发产业的发展程度在亚洲位居前列，运用了美国先进的银发养老概念、就近养老原则（Aging in place）以及连续保护体系型老人居住环境（Continuing Care Retirement Community）概念，居家养老和公寓养老合二为一，开发出韩国自己独具特色的韩国公寓养老模式—韩国银发老人塔模式（Senior tower）。

韩国银发老人塔模式在韩国政府的大力支持下发展迅速。20世纪90年代，韩国开始向西方国家包括日本学习银发产业的先进理念以及经营方式。不久之后正式引入银发住宅产业项目，开设了韩国第一家银发老人塔——首尔老人塔。1981年颁布的《老年人福利法》规定，为提高老年人福利事业的效率，民间企业或个人可以经营和建立有偿老年人的福利机构，韩国企业也积极参与到开发该模式的项目之中。韩国几大著名财团旗下都有与之相关的产业项目，参与到老年人居住和照护领域的发展。例如国民银行的银发老人生活体验馆，三星集团开发的老年村园区以及松岛医院旗下的加阳银发老人塔。1995年韩国制定了有偿老年人福利机构建筑资金融资制度，拨款1000亿韩元作为国民年金基金。有偿养老院及有偿老年人福利住宅机构可获得上限为50亿韩元的融资。2006年制定《老龄亲和产业振兴法》并成立专门机构——“老龄亲和产业支援中心”，推行老年长期照护保险制度，通过一系列措施，引导韩国银发老人塔模式逐步发展。

中韩因为地缘关系的原因，自古以来就有着深厚的历史渊源，同样受儒家的宗教观点影响，拥有相似的文化传统和习俗，都是强调以家庭为中心的“孝”思想。韩国起初以家庭养老为基本养老方式，但是随着新型公寓模式的引进和韩国银发老人塔模式的普及，韩国的养老模式开始向高层次方向发展，并取得了显著的社会成效，其中最具有代表性的典型案例为加阳银发老人塔。

第一，地理条件优越。加阳银发老人塔位于韩国江西区，临近汉江，背靠市立森林公园，环境优美，景色宜人，植被覆盖率高，空气清新，环境污染小。公寓外三百米拥有地铁站和公交车站，交通发达。

第二，先进理念指导。加阳银发老人塔的服务模式融合了连续保护体系型老人居住环境CCRC（Continuing Care Retirement Community）理念、就近养老原则AIP（Aging in place）理念，根据CCRC理念的指导，参照美国M诊所（Mayo clinic）的综合性医疗体系建立了加阳医疗保障中心，完善了养老医疗的服务体系。同时在AIP理念的指导下，将居家养老模式融合进来，极大满足了老人们的心理需求，从而提高老人们的满意程度。附近社区非入住的老人也可以通过缴纳相应的医疗、服务费用享受银发老人塔所提供优质服务，服务范围扩至周边。

第三，人性化设计。室内装潢自由化，老人可以根据自己喜欢的室内风格进行装修，提升心理适应感。考虑到老年人身体机能和心理特征等特点，室内功能还包括安全性和私密性两种特点。房间采取无障碍设计，房间里可能让老人受伤的地方全部采取“钝化处理”。另外，房间还装设生命检测系统，可以实时了解老人的生命体征和健康状态。

第四，配套设施具备完善。附近有大型超市、医院、银行等基础设施，室内楼层配备电梯，地下一层配备电影院、图书馆、汗蒸房、游泳馆、健身房、康复室、美术室、书法室、咖啡厅等娱乐休闲设施。地上二层是医疗救助服务中心，提供24小时医疗救助服务，按时体检，能够清楚地了解老人们的健康生活情况。除硬件配置齐全外，软件配置也相当丰富。地下二层具备阶梯教室和大型会议厅，周六周日都会举行文艺公演或者中小学生志愿演出。机构还提供海外旅行项目，由附近的旅游社团代理。

第五，专业化服务。设有专门餐厅，提供订餐、做饭、送饭的服务。洗衣房会定期上门收取老人们换洗的衣服，清洗整洁之后会立即送回老人手中。另外，每层都设有护理值班室，能够及时接收到老人的求助，公寓里按老年人比例配置保健医生、营养师及护理人员，护理人员经过专门培训，具备基本职业素质，定期组织为老人检查身体。此外，注重对老年人老后生活的设计规划也是重要的特点之一，由专业的老后生活商谈设计师为老年人提供服务，按照老年人所提出的需求，提供相应的信息情报，经济规划等，按时接收信息反馈，了解对象者的动态生活情况。

第六，经营方式多样。采取租售相结合的方式来满足不同老年人的入住需求，支持“以房养老”的支付方式，减轻了老人们的经济负担和压力，为了中层收入群众提供了入住机会。通过销售实现住宅面积的一定比例的回收，另一部分通过租用以及度假等使公共服务设施的投资得到回收。出售房屋或产权、房屋出租以及以产权酒店的形式出售房间的方式实现盈利经营，经营方式开启了“三方并举”的先河。

三、韩国银发老人塔模式对我国新型公寓养老模式发展的启示

（一）韩国银发老人塔模式对我国的启示

1.政府积极引导，放手发动民间企业参与

韩国政府对于银发老人塔模式的发展发挥了重要的作用。韩国政府从1990年引进美国新型公寓养老模式之后，不断创新升级，并形成现在的韩国银发老人塔模式。并将该模式的发展规划列入国家法律之中，通过立法来促进银发老人塔模式的迅速成长，为银发老人塔模式提供更广阔的发展资源。《老年人福利法》《低生育老龄社会基本法》《老龄亲和产业振兴法》《老年人长期照护保险法》等法律的制定改革和完善养老保障体系、加强福利制度保障、建立老年住宅开发与建设的多方支持来源，保障老年人的基本生活，改善老年人的居住环境。同时，韩国政府还积极鼓励民营私企参与支持银发老人塔模式的发展。三星集团、现代企业、国民银行、松岛医院、首尔中心医院等都加入新型公寓养老领域。各企业之间形成竞争关系，不断促进韩国银发老人塔模式的升级与完善，提高了其服务质量，降低了其服务成本。

2.模式创新、理念先进

韩国银发老人塔模式的最大的创新之处就是将家庭养老模式与公寓养老模式相融合，利用两者的突出优势，使公寓养老模式成功升级为新型公寓养老模式。这样不仅能使老人感受到家的感觉，又能提供给老人优质的医疗护理等服务。同时，韩国银发老人塔模式运用的CCRC（Continuing Care Retirement Community）理念为医疗保障服务体系的形成和完善，提供了重要的理论指导与经验借鉴，帮助医疗保障系统达到连续性、及时性的特点，为老人提供更加方便及时的医疗服务。AIP（Aging in place）理念的运用将居家养老的优势发挥到了最大化，它的作用体现于给老人提供家的感觉。虽然并

不是在家养老，但是其人性化服务让老人逐渐适应公寓的生活，达到心理上的慰藉感。

3.医疗保障服务体系高度完善

韩国银发老人塔模式最重要的特点就是拥有高度完善的医疗保障服务体系，这也正是韩国银发老人塔模式取得成功，老人纷纷选择该养老模式的最大原因之一。它所具备的医疗服务具有及时性、就近性、完整性等特点。及时性体现在老人发生意外或者健康上出现问题可以到机构内医疗保障中心及时取得帮助。就近性体现在入住用户享受医疗服务的同时，非入住的附近居民也可以在该医疗保障中心进行就诊，不仅方便入住用户，对非入住用户也提供极大的便利。完整性体现在医疗设施齐全，专业的医疗服务团队，能够应对不同程度的突发情况。而我国“医养结合”模式正在试行，还处于发展的初级阶段。这正为我国将推行的“医养结合”模式提供借鉴经验。

4.科技和智能产品的大量投入

韩国银发老人塔普遍采用韩国的高端养老科技，韩国三星集团生产的高端养老科技产品普遍投放于室内设施之中。比如智能化管家系统，将老人日常的喜好特点和生活习性编入智能程序，老人回到房间后无须亲自动手，由智能管家系统按照预定程序进行操作；窗帘的开关、照明程度、室内温度等都可由智能管家系统代替执行，为行动不便的老人带来最大的便利。再比如生命检测系统，韩国是继日本后亚洲第二个将该系统运用到养老服务当中的国家。该系统可以24小时持续检测老人的生命体征，通过热感动态检测，可以及时发现在室内出现意外的老人，并向护理站进行警告。韩国银发老人塔模式与科技相结合，为老年人的生活提供极大的便利，将养老服务推向更高的高度。

5.服务人员职业化、专业化

我国养老机构的服务群体大致上由社会工作者和护工构成。现阶段我国社会工作者面临着人才流失、专业化程度低以及角色定位不明确三大问题；护工方面主要也是专业素质问题为突出问题。韩国养老机构的服务人员的吸纳分为三种途径。第一种，养老机构对韩国社会福祉学科、银发产业学科等人文社会学科的应届大学毕业生、硕博生进行直接招聘，学历必须是大学本科以上，经过一年实习才可以持证上岗，属于机构正式职员。第二种，面向社会招收高等人才，通过选拔、面试、审核以及实习决定是否聘请。第三种，招收临时志愿者，分为校内志愿服务与社会有偿服务。校内志愿服务是机构通过与大学合作，组织相关志愿者参与志愿服务。社会有偿服务是指面向社会招收有偿志愿者（包括本科学历以下），必须持有相关机关提供的证明或者持有其他养老机构的推荐信才能参与志愿服务。由此可见，韩国养老业的服务人员凸显了专业化精神。

6.打破层次限制，拓宽受众面

我国的中层人口基数庞大，养老服务需求量大，在追求高质量服务的同时，又受经济能力限制。而韩国银发老人塔的突出特点之一就是为中层收入人群提供了选择机会，韩国银发老人塔模式属于高端养老服务模式，但相较于传统的高端养老服务模式受众面更广泛。传统的高端养老服务模式因为其高昂的支付费用，仅限于上层收入群体入住，而比重更大的中层收入人群却被限制在外，无法享受到优质的养老服务。为此韩国银发老人塔模式结合“以房养老”、租售结合的经营方式，极大减轻了中层收入群体的经济压力，为入住提供了更大的便利。

（二）我国发展新型公寓养老模式的可行之处

1.科技创新发展趋势良好

我国从党的十六大开始就已经制定出国家科学和技术长远发展的规划，一直在强调科技创新的发展。近几年，民生科技产业成为亮点，政府更是在老年产品的创新和开发中投入大量的资金和技术。这符合我国新型公寓养老模式所需的科技智能化的要求。

2.“医养结合”养老模式已成为大的发展趋势

党的十九大报告中明确提出，“医养结合”养老模式是实施健康中国战略的重要组成部分。以2015年11月18日国务院转发的《关于推进医疗卫生与养老服务相结合的指导意见》为起点，“医养结合”从理论层面走到了实践舞台；面对老龄化社会的挑战，制定科学合理的“医养结合”养老模式是主要的工作思路。在我国现如今的大环境下，发展以医疗和养老为主导的新型公寓养老模式是顺应时代发展要求的，是拥有生长条件的。

3.庞大的中层收入人群基数

新型公寓养老模式的创新之处就是打破了层次限制，将受众面扩展到了中层收入群体，以中层收入人群为主力军。目前我国中等收入人群达到3亿之多，大致占全球中等收入人群的30%左右。可以看出我国的中等消费人群所带来的消费能力是巨大的。对于新型公寓养老模式来说，中国的市场比其他国家的更加广阔和富有发展前景。

4.“以房养老”在我国有先天的发展优势

新型公寓养老模式之所以能够打破层次限制，为广大中层收入群体提供选择机会，最大原因是支持“以房养老”。我国自古以来就对“住”带有极大的重视。2013年中国住房拥有率就达到了90.8%，城市拥有率为87%，农村拥有率为95.8%。这说明几乎人人都有自己的住房，这也正为“以房养老”提供发展基础。

（三）我国发展新型公寓养老模式可能遇到的阻碍

快速的人口老龄化和老年人日益增长的养老需求，对于我国本土化新型公寓养老模式来说是个大机遇。目前我国的新型公寓养老模式刚处于起步阶段，自身存在着许多不足的同时，也面临着不少的阻碍。

1.对新型公寓养老观念的陌生和理解偏差

现阶段我国的传统公寓养老模式的普及率很低，分布不均，仅有极少的东部发达城市有该模式的存在。可想而知新型公寓养老更是少之又少，大部分老人并不理解新型公寓养老的概念。这种信息的闭塞阻碍和影响了老年人及其家庭对入住老年公寓的选择。加之传统机构养老低质的服务以及恶劣的生活环境普遍给老人们留下不良的印象，所以很少有人去主动了解新型公寓养老模式的情况。

我国受传统的儒家思想“孝”“养儿防老”的影响，以家庭为中心养老理念根深蒂固。子女将老人送到养老机构生活被认为是一种“不孝”的体现，造成舆论诟病，以至于大多数老人只能选择居家养老的传统养老方式，拒绝其他更高质的养老方式。

2.从业人员缺乏专业素质

我国近年来创办的老年公寓原型都是敬老院、养老院等经过“改装”变为现在的老年公寓，只注重到改善硬件配置，而忽视了软件配置也应该与时俱进，服务质量和服务人员素质低是主要的特征。我国的新型养老公寓模式的发展现在正处在起步阶段，尚未形成完善的服务管理体系和相关的人才培养体系。我国除部分高端养老产业会招收高素质人才之外，普通的养老机构基本上雇佣的都是无学历或低学历在家待业的人员，缺乏系统性知识理论以及实践技巧上的学习，不太容易全面准确地了解到老人的需求。而老年人不仅仅有食和住等物质的需要，更重要的是精神和心理的需要。所以老年公寓从业人员服务质量的好坏，将对新型公寓养老模式的发展产生决定性影响。

3.资金和政策援助少

中央发布《关于加快实现社会福利社会化意见》文件明确指出我国长期以来养老、社会福利由国家和集体包办，存在资金不足、养老机构少以及服务平较低等问题。有些相应的政策虽已制定，但在老年公寓的房屋买卖产权年限上界定模糊。这使投资的资金的回收周期成了未知数，因为风险大成为开发商不敢开发的重要的原因。产品的寿命当然对其本身买卖的价格产生了较大的制约作用。所以缺乏适当的政策上的鼓励，也难以引起开发商的投资兴趣，致使许多建成的老年公寓普遍存在资金投入不足，管理不善等问题。

四、推进我国新型公寓养老模式发展的措施建议

（一）积极宣传，改变传统养老观念

首先应该大力宣传新型公寓养老模式概念和理念，可以通过报纸、杂

志、电视、网络等主要的媒体向社会传播这种新的养老模式，引起社会关注增加群众对于新型公寓养老模式的认知与理解。其次，应该开展社区宣传，针对老年人这一群体和老人子女进行近距离沟通，区分好该模式与其他几种传统养老模式的不同，介绍新型公寓养老模式的合理和先进之处，以求达到老人和子女对新型公寓养老模式的最大认识和了解，避免对该模式产生不必要的误解。同时，改变传统养老观念，有助于更好地促进我国社会养老发展的进程，可以让更多的老年人享受到优质的养老生活和服务，安享幸福晚年。

（二）发挥政府的引导作用，制定相关法律

政府应该加强对民营企业、私营企业的引导作用，制定相关政策以鼓励企业能够积极参与我国银发住宅产业的发展，促进我国新型公寓养老模式的成长与进步。同时为企业提供更多资源信息，让企业能够充满活力、鼓足干劲，在该模式发展过程中形成竞争，促进我国新型公寓养老模式的良性发展。

为保证新型公寓养老模式更快更好的发展，应该通过立法来确立新型公寓养老模式的发展地位。通过立法来进一步完善我国高龄产业的发展体系，规范我国新型公寓养老模式的发展方向，达到“少走歪路”的效果。

（三）拓宽经营方式，开启“三方并举”

为了减少企业或开发商的投资回收周期，更快实现盈利，新型公寓养老模式的经营方式应学习韩国型公寓养老模式的经验，开启“三方并举”的先河：即出售房屋或房间的产权、出租房屋的使用权以及产权酒店方式销售房间（产权酒店是一种把投资和消费二者融合在一起的方式）三种形式，使企业和开发商能够保持活力，积极参与新型公寓养老模式的发展进程之中。

（四）完善服务体系，提供高水平的专业化服务

1. 建立完善的“医养结合”养老模式

完善的医疗保障服务体系是养老产业发展过程中重要的特点之一。“只

医不养”模式已经无法适应现在复杂多变的养老需求，各种养老机构都在寻求发展“医养结合”模式的机会。判断一个养老机构的好坏首先关注的是是否拥有独立的医疗服务体系，是否具备完善的医疗保障技术。现阶段越来越多的老年人把目光投向拥有优质医疗服务的养老机构，所以减少新型公寓养老模式在发展中所受到的阻力，“医养结合”模式有必要涵盖其中。

2.培养高素质服务人才，提高专业化服务水平

建立规范的人才培养机制，制定详细的人才培养计划。通过专门学习医疗护理、社会心理、人际关系学等知识，培养高素质的养老服务产业人才，使服务人员能够以专业角度看问题，能更加了解老年人的心理，更加明白老年人的需求，以此为老年人提供更加优质的服务。

结语

本文从韩国银发老人塔模式入手，通过与我国传统现行的养老模式对比以及介绍分析其典型实例和成功的发展经验，对应传统养老模式的不足，并挖掘出新型公寓养老模式所在优势；同时根据我国现实国情，为我国新型养老模式的发展提供有利依据。借鉴国外新型公寓养老模式的成功经验和优势，提出对我国发展新型养老模式的对策和建议，以此来促进我国养老事业的成熟发展，为我国更多的老年人提供更好的养老服务，以达到更加优质的养老生活。

（作者：毕圣彬　指导老师：王建珍）

我国城市养老机构新模式探索
——基于韩国养老机构的启示

随着中国老龄化程度的不断加深，养老问题日渐成为影响到国计民生的大问题。由于我国20世纪实行的计划生育政策，如今我国多呈现单一化的家庭结构，传统居家养老结构难以为继。这迫切需要改变传统的养老模式，采取机构养老模式缓解养老问题，缓解社会养老压力。

绪论

（一）研究背景

随着老龄化的不断加剧，养老问题已严重影响了我国的经济发展。《世界人口展望2019》显示，我国已经进入老龄社会。2018年，我国60岁及以上老年人口规模为2.49亿人，占总人口比重达到17.9%。

一方面，中国人口基数大，政府政策倾斜，具备世界上最有潜力的养老市场。但是机构养老模式起步较晚，经验不足，养老机构在实践运营等方面暴露出很多问题，造成了养老资源的浪费，严重限制了机构养老模式作用的发挥。另一方面，韩国因为比我国更早应对老龄化问题，积累了丰富的养老经验。韩国的养老机构较早的探索实践，也发展到了世界一流的水平。同时，韩国与我国的文化传统相近，国际交流也相对频繁，有利于我国养老机构的借鉴学习。

（二）研究意义

本研究的理论意义上，第一，通过对中韩两国机构养老模式的对比研究，发现两国机构养老模式的优势与不足，探索出适应我国国情的养老机构发展模式，为以后我国养老机构模式的研究奠定一定的理论基础。第二，探索适应我国国情的机构养老模式，有利于推动养老制度建设，完善我国的养老体系。

本研究的现实意义：第一，有利于推进机构养老模式的发展，本文通过对韩国先进养老机构的分析，结合我国国情，提出了适应我国养老机构发展的模式和建议。第二，有利于养老机构服务质量的提高，满足机构老年人的需求。第三，有利于改变中国传统养老观念，提高社会对机构养老模式的认可度。

（三）研究内容与方法

1.研究内容

本文主要以研究中国养老机构模式为主，通过文献研究、实地考察，再结合自身所学，对中国养老机构模式进行了探索。本文分为三个部分，第一部分是韩国城市养老机构案例分析。以三星noble county为例，着重分析了借鉴韩国养老机构的原因和该机构的问题与优势。第二部分的内容是我国城市养老机构的优势与不足，首先通过现实数据分析我国城市养老机构的发展优势，主要是市场潜力大和政府政策倾斜，然后主要通过红杉资本的数据，从老人、子女、机构自身三个主体入手分析了我国城市养老机构发展面临的问题。第三部分是我国城市养老机构模式的选择和建议，是通过前两部分得出的结论。首先在城市养老机构模式的选择上，应选择以医养结合模式为主的养老模式。其次对我国城市养老机构的发展，提出了四点建议作为补充。

2.研究方法

文献研究法。通过去学校和县图书馆借阅相关书籍资料和网上登录官方数据库，收集和整理资料，并对该资料进行了整合筛选，结合我国国情和自身的认识对机构养老模式进行了总结。

实地考察法。通过实习期间对三星noble county的实地考察，深入了解了研究对象和发展过程，特色优势及其不足。并将其筛选整理成资料，应用到论文当中。

3.创新点与不足

创新点：第一，通过中韩两国的对比，分析借鉴韩国养老机构的问题和优势，再结合中国国情和养老机构的发展现状，探索中国城市养老机构未来的发展道路。第二，针对当前严峻的老龄化问题，提出了对策和建议，探索中国养老机构发展模式，具备一定现实意义。

不足：由于自身知识水平有限和经验的缺乏，论文存在很多不足。第一，对韩国养老机构举例仅列举了一家机构，难以体现韩国发达的机构养老模式。第二，对中国养老机构问题的分析仅从主体分析了三个方面，没有突出机构自身的问题。第三，提出对策不够新颖，缺乏研究性。

一、相关概念与基本理论

（一）相关概念

机构养老。机构养老是指以社会机构为养老地，依靠国家资助、亲人资助或老年人自备的形式获得经济来源，由专门的养老机构，统一为老年人提供有偿或无偿的生活照料与精神慰藉，以保障老年人安度晚年的养老方式。

医养结合养老模式。医养结合是指将“养”与“医”相结合，养老机构功能与医院功能相结合，将养老资源与医疗资源相结合，将养老机构对老年人的看护照料和现代医疗技术相结合。该模式不仅满足了老年人日常生活需求，还满足了老年人的健康需求，是国家近些年大力提倡的模式。

（二）基本理论

1.延续理论

强调老年人的内在品性、爱好上的延续性和外在物理与社会环境方面的延续，以便老年人能更好适应机构生活。

2.“选择—优化—补偿”理论

通过采取一定的方法抵消老年人因身体退化产生的负面影响，旨在缩小老年人的行动范围，以此将老年人的精力放在少数有能力掌控的事物上，在这些事物上发挥出最佳功能，以此进行补偿。

二、韩国城市养老机构案例分析

养老机构是指一些为老人提供住宿和日常起居照护的社区服务机构，工作人员分为社工、护士、医生、义工及助理员等，主要围绕老人身心状态、生活能力、照护需求等提供服务。养老机构由于其市场定位或服务内容的不同也有很多类型，如专门针对失能半失能老人的疗养院和专门针对健康老人的养老机构等等。根据经营者的不同，养老机构有些是非营利组织、慈善机构，更多的是商业经营。由于养老机构模式的特点和优势成为当今世界上受推崇的养老模式，也是中国政府近些年在全国范围内大力推举的养老模式。

根据韩国国家统计局发布的《世界和韩国状况与展望》，预计到2045年，韩国65岁以上的老年人口比例超过37.0%，超过日本（36.7%）；截至目前，韩国的老龄化人口比例以全球最快的速度增长，从2019年的14.9%增长到2067年的46.5%；预计到2045年，韩国将成为世界上老年人口比例最高的国家。总抚养比（韩国每100名人口中年轻人和老年人的抚养人口）预计将上升至世界最高水平，从2019年的37.6%增加到2067年的120.2%。这说明韩国老龄化程度比中国更深。但正是在这种严峻的环境下，韩国的养老产业得到了飞速发展，值得我国的养老机构学习探索。

（一）选择韩国养老机构参考的原因

1.造成韩国老龄化加速的原因与中国类似

（1）人口结构特点类似

韩国从战后到20世纪60年代初期出现了类似于中国出现的婴儿潮。韩国的这些婴儿如今在职场上已经正式到了迎接退休的时期。几年后，他们将进入高龄层，为韩国带来大量的老龄人口。

（2）生育率类似

韩国生育率是全球较低的水平。据《2019年世界人口综述报告》，韩国的合计生育率为1.323，在全球200个国家地区中，排名倒数第七。这与中国逐渐下降的生育率相符合。

表1：全球生育率最低的国家（地区）排名

排名	国家（地区）	每个妇女平均生产数（人）
1	中国台湾地区	1.218
2	摩尔多瓦共和国	1.23
3	葡萄牙	1.241
4	新加坡	1.26
5	波兰	1.29
6	希腊	1.302
7	韩国	1.323

（3）寿命延长类似

由于优质的医疗基础及保健系统的完善，韩国人平均寿命正在迅速增加。根据世界卫生组织发布的《世界卫生统计2018》显示，韩国男性和女性的平均寿命分别为79.5岁和89.6岁，位列世界第九，属于全球高水平。尤其是韩国的医疗诊疗及基础是全世界最发达的水平。今后的平均水平延长寿命的可能性比其他国家更快。同现今中国人口寿命大幅提升的状况相一致。

2.中韩两国文化和生活习惯相近

中国和韩国自古以来就密切交流，中国文化在韩国文化的许多领域都产生了巨大的影响，包括艺术、书面语言、宗教和政府管理等。在韩国1958年去汉字化之前，韩文中还充斥着汉字。时至今日，仍有很多韩国老人会写汉字。另外，韩国文化深受儒家思想的影响，儒家思想推崇的群体和谐、尊重长者的权威、家庭和睦、重视友谊和尊崇祖先等传统与中国文化相类似。

在生活习惯方面，尽管经历了半个多世纪西方习惯的影响，韩国人仍与中国人比较类似。饮食上他们使用筷子，主食以米饭为主，菜肴口味上也与中餐相近。

因此，韩国在与中国相近的文化背景和生活习惯下衍生出的养老理念和模式也比较适合中国老人。这意味着韩国养老机构的模式时也更容易得到中国人的理解和认同。例如，西方养老机构因为个人主义比较强盛，父母与子女之间比较独立，父母在养老机构疗养时，对子孙的情感需求相较于中韩两国老年人更少，子女也很少去探望父母。所以西方养老机构在父母与子女交流方面的理念和活动服务比较薄弱，而韩国养老机构在父母与子女交流方面则比较丰富，因此也更加符合中国老年人的需求。

3.两国关系密切，经济往来频繁

韩国和中国两国经济之间的相互依赖程度不断加深，都发展为彼此之间最重要的国家之一，通过经济合作获得的成果是两国人民有目共睹的。自1978年改革开放以来，中国已连续36年实现了近10%的高年增长率。韩国一直是中国经济增长的最大受益者。从1992年到2014年，韩国的平均出口增长率为28.1%，是整体出口增长率（10.1%）的三倍。结果，中国在韩国出口商品中所占的份额从1992年的3.5%上升到2014年的25.4%。在全球金融危机期间，2009年全球经济出现负增长，尤其是在发达国家，但中国经济增长仍超过9%。因此，韩国一些企业家甚至提出了“只有中国才能拯救资本主义”。最近，尽管两国就经济以外的问题是有些许争议，中国经济增长放缓。但是中国仍然是韩国在贸易、投资和旅游业方面排名第一的国家。

所以，韩国大部分企业乐于与中国企业进行交流合作，各行各业之间都有密切的联系。因此，中国的养老机构学习和引进韩国养老机构模式与理念，相较西方一些发达国家，门槛是比较低的，过程也是比较通畅的。

（二）韩国城市养老机构三星Noble County的优势

三星Noble County是隶属于三星生命的韩国首家CCRC养老社区，是三星生命财团于2001年5月针对老龄化社会和创新老年生活新文化设立的集居住、医疗服务、疗养文化和体育健身为一体的，世界一流水准的养老社区。该机构是韩国示范性养老机构，有以下优势：

1.设施开放，打破传统养老机构封闭式格局

三星Noble County采用了让老人和年轻人一起生活，一起充满活力的开放型社区设计理念。在社区内除建设养老居住设施外，还建有文化中心、运动中心、购物中心等一些开放设施。在优先保障老年人使用前提下，还向周边居民开放。另外这里还设置了一个幼儿园，老人、年轻人和儿童之间可以在这里进行互动。节假日期间还经常设计很多老人和子女可以共同参加的活动项目，加深老人和子女的联系。通过这些举措，三星Noble County建立了一个由三代人组成的综合社区。这种创新促进了世代之间以及与当地社区之间的互动，使已往死气沉沉的传统养老机构充满了生机活力，并且有助于提高公众对老年群体的关注度，弘扬东方敬老文化。

2.自然环境优越，交通便利

三星 Noble County位于首尔南部的龙仁市，高速公路约30分钟车程，方便亲人探望。同时，整个社区位于龙仁市清明山的山脚下，自然环境优越，形成了天然氧吧，并且还设立有山间漫步道，方便老人散步。在便捷热闹的城市生活氛围中，做到了闹中取静。三星Noble County还设有周末农场，一到周末，前来看望老人的子女及孙辈们可以进行全家务农活动，使部分义务性探望老人的子女变为主动性探望兼度假。

3.健全的设施和优异的服务质量

三星 Noble County的养老公寓（地上20层，地下3层，两栋建筑物）经过精心设计，充分考虑了老人的需求。例如室内无门槛、防滑砖，重要路径上的扶手，使用卤素炊具，以避免燃气灶具的危险，以及紧急情况下的呼叫按钮。老年食堂考虑到居民的口味和健康需求，提供大约600种饭菜，以提供各种美食。只使用最好的食材、精心的卫生控制和饮食服务保证使老年人满意。其他服务包括每周两次的房屋清洁、床单的洗衣服务，以进一步简化家政服务。

三星Noble County设立了文化中心来满足不同老年人不同的兴趣爱好。

文化中心可供周边居民使用，包含各种各样的设施，以及图书馆、艺术室、卡拉OK室、会议室、银行、旅行社、理发店和美容院，使居民可以追求各种兴趣和爱好以及日常生活。此外，运动中心是全国CRCC最好的运动中心，设有室内游泳池、健身中心、室内运动场（羽毛球场、乒乓球等）和高尔夫球练习场。

4.医疗护理水平高

三星Noble County是典型的以医养结合为主的模式，也就是今年中国政府向养老机构提倡的模式。老年人面临的最大的问题就是健康问题。因此，三星Noble County在社区内开设了一家诊所，提供定期的健康检查和专业治疗，并设有内科、外科和康复等专业部门。护士每天24小时待命，在需要进一步治疗时，尤其是在紧急的情况下，可以迅速联系三星首尔医院、首尔大学医院等一些签订合作合同的医院，建立绿色通道，确保老人就医畅通无阻。

三星 Noble County还设立了针对失能半失能老人的疗养院。对于因阿尔茨海默氏病、麻痹、瘫痪和其他健康问题等原因而难以独立生活的失能半失能老人，可以提供24小时专业护理服务。根据住户的喜好，可以选择疗养房间，可以挑选医疗设施甚至是护士，以确保老人在享受护理的同时享受最佳体验。

（三）韩国城市养老机构三星Noble County面临的问题

三星Noble County虽然具备很多优势，但是我国养老机构也不能直接照搬，因为该机构模式存在不适应我国国情的地方，有以下几个方面：

1.收费较高，面向上层群体

三星Noble County因为定位于高端养老社区，所以费用相对较高，因此主要面向高收入群体的老年人。三星 Noble County分为普通收费和高端收费，费用包括入住押金和每月生活费。

由表2可见，仅仅是普通收费当中最便宜的收费标准，月费用仍旧达到215万韩币（约人民币1.25万），住房押金更是达到2.1亿韩币（约人民币126万）。如此高的消费标准并不是韩国普通家庭能够负担得起的。我国的人均收入水平比韩国低，多数人在选择养老机构时更加看重实惠。因此，我国养老机构要更加明确机构定位，考虑机构周边人均收入水平，以保证周边居民能够且愿意负担费用。

表2：三星Noble County收费标准

面积（m²）	押金（亿韩元）	单身（万韩币）	一对（万韩币）	租金
30	2.1—2.7	155	246	60
32	3.0—3.4	164	254	60
36	3.0—4.1	173	263	60
40	3.0—3.2	187	277	60
46	4.2—5.2	206	296	60
50	4.6	216	306	60
52	4.9—5.3	218	309	60
56	5.0—6.4	228	318	60
70	6.5—7.5	261	352	60
72	5.5—9.7	266	356	60

2.容纳人数有限，客户流失严重

三星Noble County为了保证其贵族式的服务质量，只能容纳较少的人数。两栋公寓楼仅仅可以容纳553户。排队等待进入的老人更是数不胜数。很多老人由于排不上队，无奈只能进入其他养老机构，造成了客户的大量流失。中国人口数量是韩国的25倍，老年人口基数更大。因此，相较于韩国，我国更需要的是可以大批容纳老人的养老机构，确保效率的提升。

3.建造成本较高，维护费用高

三星 Noble County 项目占地面积22公顷，总建筑面积16万平方米，面积广阔，土地成本高。在中国寸土寸金的城市当中，一般的养老机构开发团队更是难以负担。因此，我国资金有限的开发团队应在选址上长远考虑。例如可以选择在以后方便进行扩张的地方，先运营小型高效的养老机构，收益稳定后再进行扩建。另外，三星 Noble County设置的医疗中心、运动中心、文化中心以及提供的高品质食材和专业的护理团队，也造成了社区建造成本和维护费用的高昂。所以我国养老机构应明确自身定位，不盲目追求奢华的设施，做好资金预算。在完善老年人刚需的设施前提下，再逐步提升设施数量和服务水平，确保机构的高效运营。

三、我国城市养老机构的优势与不足

我国老龄化程度目前虽不及韩国，但是老龄化速度却比韩国更快，老年人口也比韩国更多。所以我国的城市养老机构发展空间巨大。

（一）我国城市养老机构的发展优势

中国受文化传统的影响，以居家养老为传统，子女在为老年人提供经济保障和照护服务等家庭支持方面发挥着重要作用。但中国在计划生育和改革开放后，以小家庭为中心，经济的迅速腾飞，流动性增强以及家庭亲属联系的弱化、个人主义的扩散、已婚女性的经济活动增加，依靠传统居家养老的养老方式已经变得非常困难。尤其是城市地区受计划生育和改革开放的影响比较大，大部分家庭以独生子女为主。这意味着依靠子女提供养老支持的居家养老方式难以为继。因此，城市社区养老机构的市场潜力巨大。

1.城市地区老年人口多

高力国际研究发现，中国养老市场潜力巨大，尤其是在国内的一线城市。在北京、上海及广州这三大城市中，65岁以上人口数量高于全国平均水平，并且逼近美国、英国及日本的水平。

2.城市地区经发达，人均收入多

根据国家统计局统计的相关数据显示，城市地区收入，尤其是一线城市收入遥遥领先。

表3：2018年中国城市年人均可支配收入排名

城市	排名	元
上海	1	64813
北京	2	62361

续表

城市	排名	元
深圳	3	57544
苏州	4	55476
广州	5	55509
杭州	6	54348

3.城市地区观念进步，对养老机构的接受程度较高

中国受传统儒教影响，很大一部分群体认为送父母进养老院等于不孝，害怕别人的流言风语。因此很多人心理上非常排斥养老机构，更不愿意将父母送进养老机构。但是城市地区人口受教育程度较高，而且生活节奏较快，大多数人无暇照顾父母，因此城市地区对养老机构的认可度比较高。

4.符合中国时代发展潮流，政府政策支持力度巨大

2016年12月，中国国务院办公厅印发了《关于全面放开养老服务市场提升养老服务质量的若干意见》，提出全面放开养老服务市场。2017年8月，印发《关于运用政府和社会资本合作模式支持养老服务业发展的实施意见》，鼓励社会力量通过独资、合资、合作、联营、参股、租赁等方式，参与公办养老机构改革等等。2019年4月，国务院办公厅印发《关于推进养老服务发展的意见》。《意见》提到，养老服务机构符合现行政策规定条件的，可享受财税优惠政策。政府对养老方面的政策几乎每年都在更新，可见政府对养老机构的扶持力度很大。

（二）我国城市养老机构发展面临的问题

当前城市养老机构发展潜力巨大的同时，也面临存在很多问题。这些问题长期得不到解决，将严重影响我国养老机构的普及和服务质量的提高。

1.老人因素（老年人需求的差异性）

（1）情感需求

根据红杉资本《2019年中国城市养老消费洞察报告》中显示，超过60%的老年人最想要的晚年生活是子女陪伴在身边，有很深的情感诉求、渴望被关注和被照顾。有44%的老年人将生活重心放在帮助其子女照顾下一代身上。

表4：老年人情感需求

需求类型	百分比
子女陪伴	60%
照顾后代	44%
其他	27%

（2）娱乐需求

老年人的日常兴趣爱好多达10余种，看电视是他们的共同爱好；玩智能手机（15%）和旅游（18%—20%）成为受访老年群体的新宠，这一特点在50—70岁的受访老年群体中尤为明显，超过平均水平2倍以上。

表5：老年人娱乐需求

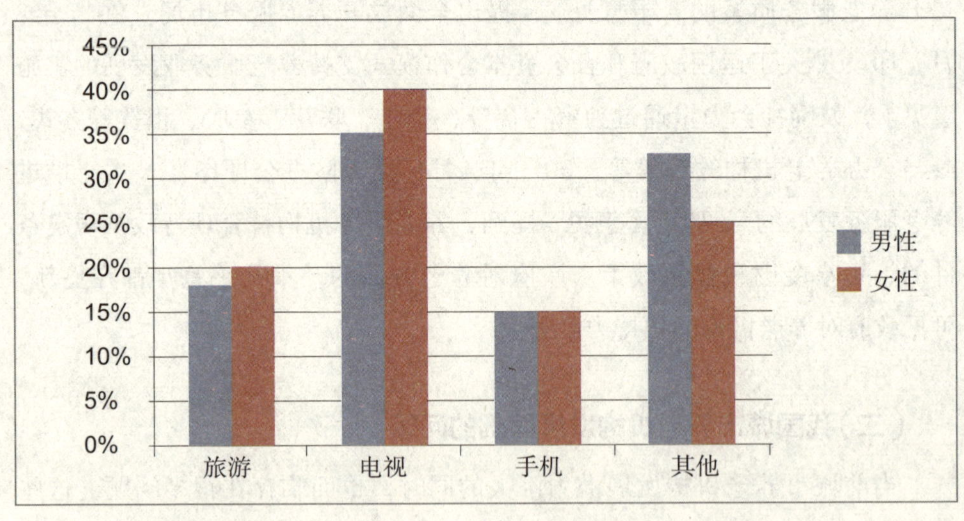

（3）消费需求

老年人的消费需求比较多样，其中在健康领域的开销比较大，体检类和保健品类在老年群体消费比例最高的五大类养老产品中分别占到23%和15%。由此可见，老年人非常重视自己的健康状况。

表6：老年群体消费比例最高的五大类养老产品

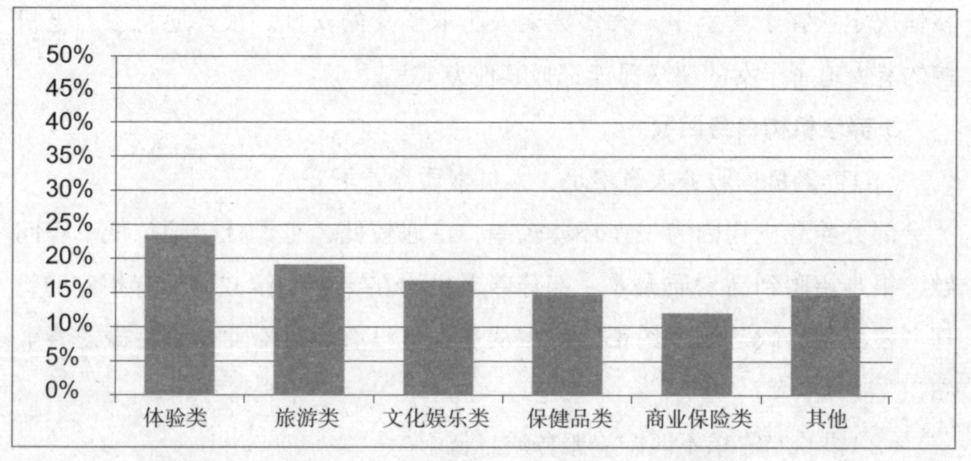

2.子女因素

（1）对养老院认可度仍然较低，更加倾向于居家养老模式

《2019年中国城市养老消费洞察报告》中显示67%的受访子女群体，最希望让自己的父母在家养老，亲自陪伴和照顾。仅有10%的子女愿意选择养老机构养老。

表7：子女对养老模式的选择比例

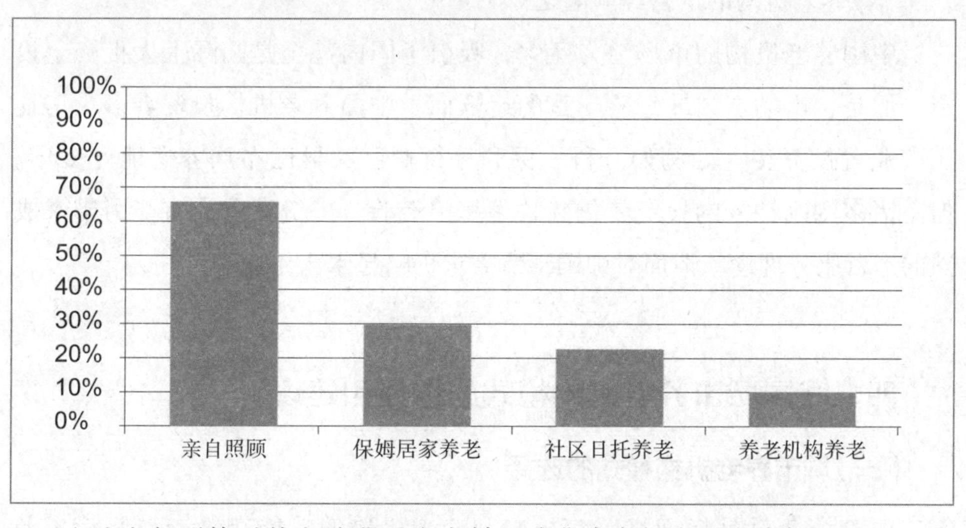

（2）老年群体对养老消费无力支付，消费决定权由子女掌握

无论是选择养老院、老年社区，又或是上门看护等老年护理服务时，整体决定权在子女手中，大多数老人听取子女的安排。很多愿意去养老机构的老人迫于子女的要求只能选择其他方式。

3.养老机构自身因素

（1）养老机构服务人员不足，人员素质参差不齐

部分养老机构因为工作环境较差，待遇较低，工作社会地位低下等问题，很难招聘到高素质人才。部分养老机构在养老工作方面没有相应的管理考核机制，缺乏制度约束。不少从业人员没有经过专业培训，缺乏专业知识。

（2）供给与需求不匹配，服务质量低下

我国目前城市养老机构发展很快，服务范围不断扩大。例如老年学校、运动馆等新兴服务的设立不断满足了老年人的需求。但对于老年人的刚需，例如医疗，食住等方面的发展仍然满足不了老年人的需求。这些用大资金设立的服务项目虽然可以提升养老机构形象，但是服务内容比较单一，在实际运行当中没有考虑到不同老年人的不同需求，其使用率并不高，也造成了比较严重的浪费。

（3）养老机构的运营经验匮乏

中国养老机构的市场潜力巨大，吸引了国内甚至是国际上大批资金投资。但是，市场上欠缺经验丰富的运营商。中国养老机构投资者多为房地产产业者投资转入。例如万科、保利等行业巨头早已布局养老地产多年。但是诸多刚刚转入的投资者仍然缺乏相关经验。外资运营商有能力带来成熟的经营服务理念，但面对中国消费需求仍略显水土不服。

四、我国城市养老机构模式的选择和建议

（一）城市养老机构模式的选择

医养结合就是指把将医疗机构和养老机构的功能相结合，医疗资源与养老资源相融合，把生活照护服务和医疗康复服务融为一体的新型养老

模式。

我国要建设以医养结合模式为主的养老机构。从古至今，老年人的健康问题始终是中国老年人面对和子女关心的最大问题，也是养老机构必须着重解决关注的问题。实行医养结合的养老模式，有利于对老年人疾病的救治，也有利于老年人日常健康的管理，符合中国人的观念，更能够得到公众的认可。

建设医养结合模式为主的养老机构，需要政府的支持和机构自身的努力。政府要向社会大力宣传医养结合模式的优势，同时放宽以医养结合模式为主的养老机构的市场准入门槛，并实施减少赋税或资金支持等优惠政策。对于正在筹备转型的传统养老机构，要多加鼓励支持，并承诺转型后给予优惠政策。对于因资金问题而无法转型的养老机构要积极进行补贴，同时国家鼓励银行放低对养老机构贷款利息以及支持社会各界融资。对于无法或拒绝转型的传统养老机构，要尽快加以约束取缔。养老机构要理解认可医养结合模式的优势，引进培养先进的医疗护理团队，加快设置医疗护理器械。建立老年人健康管理评级机制，根据老年人的健康状况级别，提供不同的关注与照护。多考察以医养结合模式为的主示范性养老机构，并结合自身机构情况进行迁移，加快医养结合模式的落实速度。

（二）城市养老机构发展的建议

1.加快培养养老专业人才，提高从业人员待遇

专业人才是提升养老机构服务质量和专业程度的关键所在。专业人才无论对于医养结合模式的落实，还是老人幸福指数的提高都是非常有帮助的。目前，我国的养老队伍专业化水平远远不及发达国家，仍旧处于需要不断完善和发展的阶段。因此我们需要大力推进养老队伍专业化的进程。

首先，国家要建立完善养老行业标准和职业准入门槛。发达国家为了保障养老机构的专业水平设立了一套严格行业标准和准入制度。我国由于起步较晚，更不能忽视这些建设。国家可以通过凭证上岗、规定上岗的最低实践时间、设立专业评级标准、考证难度逐级提升等方式来保障养老行

业人员的专业水平。

培养专业化人才的关键环节在于高校教育。要想实现养老队伍的专业化，应充分发挥好高校教育的引导作用。可以通过校企合作、减免学费、奖学金等优惠措施，吸引学生选择养老专业，保证专业人才数量。通过完善课程体系，使学生充分掌握理论知识。还要注重实践，高校可以与养老机构进行合作，安排学生到养老机构进行实践，建立实践成绩评级标准。成绩优异者养老机构可以直接聘用。优化学生就业渠道，使高校培养出的学生可以迅速输送到需要人才的养老机构。

高校主导专业人才的供给，养老机构要避免专业人才的流失。现实中，由于社会认可度低，待遇水平低等因素，养老机构人才流失状况非常严重。因此，养老机构首先要加强工资方面的资金投入，提高从业人员的待遇和福利，建立绩效评价机制，激发从业人员的积极性。加快改善从业人员的就业环境，营造舒适、整洁的工作氛围。机构要建设好考核机制，使从业人员不断提高自己的专业化水平。

2.加快设施建设，着重提升老年人情感需求方面的服务质量

老年人的需求是多种多样的，养老机构设施的完善和服务质量的提升，可以有效满足老年人的需求，提升机构老年人的幸福指数。现阶段，一些养老机构由于资金匮乏、投入不足造成养老机构功能缺失，难以满足老年人的需要。还有养老机构盲目追求豪华的设施而忽视了老年人真正的需要，造成了机构资源配置的浪费。

为了充分保障老年人的需求，国家要设立机构设施必备清单。清单包含老年人必需的设施和质量标准，并强制要求养老机构配备。同时，设立专门考察人员抽查回访。对于资金匮乏的养老机构，可以适当进行补贴。还要完善法律法规，规范行业服务标准，以此保证机构的最低服务质量，禁止机构不作为、乱收费。

养老机构要充分了解老年人的需求。由于我国养老资源匮乏，养老机构优先保障机构床位，在此基础上改善老年人住宿条件。同时，可以设立体育中心、棋牌室、阅读室等设施，尽可能满足老年人多方面的娱乐需求。

另外要更加注重老年人情感方面的需求。机构要多进行老年人的心理疏导，通过各种活动鼓励子女多探望老人。有条件的机构可以设置幼儿园、亲子农场等，加强老人与子女的联系。员工和老人并不仅仅是服务和被服务这种简单的关系。机构还要设立员工评价机制，老年人对员工的评价占主导部分，评价要注重员工对老年人的情感关怀，以此，来提升机构服务中的"人情味"。

3.注重宣传，提高社会对养老机构的认可

目前社会对送老人去养老机构比较排斥，认为养老机构脏乱差、从业人员虐待老人，因此子女不愿将老人送往养老机构，老人大多也不愿进入养老机构养老。

对此，国家要大力宣传养老机构的优势，通过新闻媒体引导社会舆论认可养老机构。养老机构一方面要注重宣传自身的优势，营造自己的特色，吸引社会的视线。另一方面，要提升自己的服务质量和居住条件，使老人愿意居住，使子女放心送老人居住，获得社会的认可与信赖。

4.创新融资方式，建立资金风险防范机制

由于中国养老行业起步较晚，经验不足，很多新生养老机构出现资金短缺状况，甚至有些机构面临倒闭的危机。如果这批养老机构倒闭，将会造成资源的浪费。因此，国家一方面要鼓励社会资金涌入，确定行业最低资产标准并缴纳保证金。对于养老机构开发商要核实其资产和资质。另一方面，可以通过降低水电费等措施，为养老机构节省开支，减少成本。机构也要创新融资方式，大范围多渠道吸收社会资金。同时，在建设养老机构前做好风险评估，不盲目投入资金，以此减少后续运营的风险。另外机构要建立资金风险防范机制，防范机构资金运转风险。还要优化资金使用渠道，在保证服务质量的同时，节省开支，做到开源节流。

结论

在我国老龄化进程不断加深的形势下，单一式的家庭结构会承担非常大的养老压力。机构养老模式作为在世界各国发展都比较成熟的养老模式，要承担比其他养老模式更多的任务。

虽然在政府的大力推广和社会多方的参与下，我国的养老机构确实得到了飞速的发展，但是由于我国人口数量多，国情比较复杂，未来养老机构的发展仍将面临很多难题和挑战。例如，传统文化衍生出的养老观念、地区发展不平衡、供给与需求不匹配、专业化水平较低等问题，这些都需要养老机构在发展的过程中去积累经验，逐步解决完善。我国养老机构要充分借鉴吸取国外经验，取长补短，因地制宜，探索出适应中国国情的机构养老模式。

（作者：张鸿宇　指导老师：秦力）

韩国机构养老服务设施的发展历程及其启示

人口年龄结构不断趋于老龄化已经是世界性的发展趋势，未来社会的主体将会是老年人。“421家庭”时代和“空巢家庭”时代的到来，使机构养老逐渐成为人们关注的焦点。机构养老设施就是为老年人提供居养、护理服务的养老设施，包括老年护理院（老年养护院）、养老院（社会福利的老人部、敬老院等）、养老公寓（老年公寓）和日间照料中心（托老所）等。近年来，我国机构养老服务设施迅速发展，由于机构养老相对于我国来说是新兴产业，在发展过程以及运营服务过程中面临许多挑战。

在韩国，65岁以上人口称为老年人。2000年，韩国65岁以上人口占韩国人口总数的7%，韩国开始步入老龄化社会。在2017年8月，65岁以上人口就已经超过人口总数的14%，比预想中早一年进入老龄社会。韩国如此高速进入老龄化的原因在发达国家中也很难找到。现如今在传统家庭的抚养功能逐渐衰退，老人抚养问题不再单纯依赖于家人的情况之下，韩国在全国范围内大力发展机构养老服务设施，并在发展中逐步建立完善老人福利相关的政策法规。本文首先综述韩国机构养老福利设施的发展历程，其次讨论韩国机构养老设施的特点与不足，最后为改善我国机构养老服务设施提出建议，促进我国机构养老设施的发展。

一、韩国机构养老服务设施的发展过程

（一）养老服务设施的出现

韩国机构养老服务设施属于韩国老人福利设施中的一种。老人福利设

施是为了解决老人因疾病或残疾、住宅、经济、家庭关系等生活上的困难，以及家庭抚养能力有限等原因导致不能在家庭中继续生活等问题的老人居住形态。为了解决这类问题的居住形态，可以定义成为了能让老人们度过健康的老后生活而持续提供保障的设施。从老人福利设施现有的形态来看，它是随着《老人福祉法》的提出，逐渐制度化的养老设施、老人疗养设施、收费养老设施和老人福祉会馆。

1960年末，随着韩国产业化、城市化、家庭化等现象的出现，老人问题成为社会问题。韩国于1979年制定了《老人福祉法》。20世纪90年代，政府开始关注老人居住政策，1989年《老人福祉法》经过全面的修改，加入了成本养老设施、收费老人疗养设施和成本及收费老人福利住宅，引入老人休闲设施的概念。在1993年再修订中，修改了老人福利设施属于国家或非营利组织的规定，放宽政策，允许民间企业或个人参与福利事业。这为韩国今后老人福利事业的发展打下了坚实的基础。1994年7月30日韩国颁布《老人福祉法施行令》，同年8月25日对实行规则进行了修改，并于10月7日制定了有关老人福利事业的处理方针。此外，在1997年的《老人福祉法》修订案中，将老人福利设施的类型分为居住、医疗、休闲设施，伴随着老人相关法律的成熟，韩国的养老服务设施逐渐出现在人们面前。

（二）机构养老服务设施模式的探索——以CCRCs和UBRCs为例

韩国老龄化的速度与其他国家相比更加迅速，预计2026年韩国将进入老年人口占人口总数20%的超老龄社会。随着年龄的增长，老年人身体和认知能力开始逐渐下降，因此对居住环境的适应变得困难。恶劣的居住环境会对老人的健康和自立生活的满足感等所有方面产生负面影响，因此需要全方面思考并接触老人居住福利问题。现在老人大多喜欢选择在固定的地区和自己的家中生活，即原地养老（aging in place）。最适用这个理念的养老服务设施的模式就是CCRCs（Continuing Care Retirement Communities）持续照料退休社区。

CCRCs是个统一的居住团体，居住团体内拥有独立居住设施、看户型疗养设施等多方式居住设施，可以根据入住者健康状态的不同，选择适合的设施居住。即在身体健康的状态下入住，到临终为止可以一直住在同一个居住团体内，这样就不会因适应新环境而产生心理负担。在较早开始老龄化的西方国家，以老人的健康和休闲以及服务层面的长期护理为目标，早就提出了和CCRCs一样的老人专用集合居住团体的方案。

韩国为了使急速增加的老龄层能够成功并积极的老化，迫切需要开发像原地养老（aging in place）一样的老人居住环境。现在韩国CCRCs是由老人福祉住宅和老人疗养设施一起构成的，在以首尔为中心的首都圈可以看到一部分CCRCs模式的机构养老服务设施。

老年人专用居住环境CCRCs是根据提供连续性保护的概念，为独居老人所提供居住以及居住设施。受这种概念的影响，一些像这种和CCRCs一样的在特定共同体的人们，他们退休后生活地点的选择发生变化，也有很多退休人员会回到他们以前工作或上学以前的居住地继续生活。像这种以大学为基础的连续保护体系型老人居住环境UBRCs（University-based Continuing Care Retirement Communities），和大学间有一定程度的联系，可以向居住者提供大学的一些课程和活动。乔治梅森大学的Carle指出了开发这种UBRCs所需的五个基本指标：第一，要在大学附近；第二,二者之间的项目运营必须有正式的同意；第三，可以为充满活力的老人到痴呆老人提供多种多样的活动项目；第四，要在网络上公开财政支出和使用情况；第五，至少有10%是与大学相关的人。由CCRCs概念研发出来的新型UBRCs大学连接型居住团体，在韩国还处于发展状态。由于房价地价以及面积等原因，首尔的一些知名大学正在对UBRCs模式积极的开发试验中。

（三）韩国机构养老服务设施的成熟时期——以The Heritage为例

CCRCs是为了使居住者居住在可以独立生活的公寓以及两三项日常活动需要帮助的居住者而存在的居住设施和疗养设施。CCRCs可以为患阿尔茨海默症等特殊疾病的老人提供特殊的看护设施，居住者在身体及精神健康状态低下时，也不需要强制搬家，可以说CCRCs是提供一辈子照顾的地方。因此韩国国内积极对这种CCRCs设施建筑计划上的特性、地区社会和社区间的联结、服务以及项目等方面进行相关的研究。

The Heritage就是以CCRCs模式为基础建立的一种机构养老服务设施。2009年开业的营利性服务设施The Heritage是位于韩国京畿道城南市盆唐区的城市近郊型设施。因位置较为偏远，除地铁以外，交通有些不便，所以The Heritage拥有自己运营的班车。机构旁边有同一集团运营的医院，附近有盆唐区首尔大学附属医院、盆唐市政府、大型购物中心等。这些便利设施离The Heritage只需要10分钟路程，具备了城市基础设施齐全与自然相结合的特点。在The Heritage独立居住的住宅区和疗养区分别单独运营。

1. 独立住宅区

The Heritage从地下2层到地上4层一共有390个房间，房间面积有52.24—203.68平方米等多种居住面积可供选择，从居住区到社区的任何楼层都有电梯或天桥，它们将整个社区链接为一个整体。社区内有生活支援中心、银行、财务法律商谈室、投币式洗衣机、各种各样的兴趣室、文化讲座室、会议室、手工工艺室、桑拿、健身房、高尔夫球场等等生活便利设施，以及医疗健康服务、生活便利服务、生活娱乐活动等各种服务设施和项目。The Heritage虽然与其他老人福祉设施相比价格昂贵一些；但除公司育养区以外，其他区域已经全部住满了居民。

2. 疗养区

2009年开张的疗养区总共280个房间，开设了从单人间到4人间等多种居住房间。这里拥有像酒店一样的氛围和舒适的室内环境，设有休息室、咨询室、康复治疗室、公共浴室以及食堂等便利设施。疗养区的医疗健康服务，将每天的会诊治疗与医院的诊疗住院、门诊治疗预约服务、大学附属医院3个机构相连，可以在任何紧急情况下迅速做出应对措施。这里还根据入住者的身体健康状况提供一对一的医疗看护服务，使居住的老人们能够得到最全面的照顾。

二、当前韩国机构养老设施现状评析

（一）韩国老人机构养老服务设施的现状

从2007年到2014年，韩国老人居住福祉设施从398所增加到443所，但是截至2015年减少到427所。工作人员从2007年的16579名，增加到2014年的20110名，又减少到2015年的19909名。其中，虽然养老设施的需求最多，但是设施总数量从2007年的387所持续减少到2015年的265所。从老人共同生活家庭的设施数来看，相对于2008年减少了21所，在2014年增加到142所，截至2015年又再次减少为131所。老人福祉住宅从2007年的14所到2015年逐渐增加为31所。

以2015年12月31日老人居住福祉设施的地域分布为准，老人人口最多的地区是京畿地区1318881名，其次是首尔、釜山、庆北、庆南地区。设施数量京畿地区最多达151所，接下来依次是忠北、庆北、全南、江原道地区。老人共同生活家庭的设施集中在京畿地区，有51所。在釜山、大邱、光州、蔚山等大都市地区，却没有老人共同生活家庭的设施。老年人福利住宅在首尔设施数量最多11个，其次是京畿地区有10处，除此以外的其他地区处于没有老年人福利住宅的状态。

（二）韩国机构养老服务设施的特点

1. 法律制度层面

韩国设有居住工资。所谓居住工资是指根据国民基础生活保障法和居住发薪法，综合考虑受惠者（中收入的43%以下）的收入、居住形态、居住费用负担水平等因素，提供居住稳定所需的租金、修缮维修费、支付额外的生活费的制度。这笔钱属于租赁家庭支付租赁费，租赁工资的支援对象是居住在他人的住宅，并支付租赁合同（包括租赁车辆）、支付租赁费的家庭。

2. 国家政策层面

韩国国家在居住方面提供了多种政策支援。例如住宅改良支援政策，住宅改良支援是由中央政府、地方政府、民间等多种主体进行。从中央政府层面施行的住房改良相关制度，可以提供国土交通部的居住实物补助、住房环境改善住房支援、支援残疾人住宅改造支援、改善老年居住改善事业、农村改造资金等支援及救助。

3. 运营管理层面

第一，在机构居住的老一代人聚在一起生活，他们经历过相同的时代变迁，都承受着身体、精神上的变化，因此老人之间很容易产生认同感。第二，老人们通过机构计划组织的活动，合理利用休闲时间，也可以利用机构内多种休闲、兴趣和运动设施，自由选择自己喜欢的活动，这样可以摆脱孤独感，选择适合自己的生活方式。第三，在机构内，老人们可以得到定期体检、营养管理等基本的健康管理和健康咨询服务，根据老人居住类型的不同，老人们还可以接受系统的医疗服务。机构内的应急措施可以及时应付随时可能到来的紧急情况，使老人在心理上有安全感，能够稳定的生活。第四，根据老人居住的类型，机构可以提供各种便利设施，比如银行、旅行社、便利店等。与现在普通居民住宅的市场价值和维护管理费以及家政、运动、健康管理、文化活动等支出的费用相比，在机构养老服务设施居住更能提高家庭费用支出的使用效率。换言之，机构养老服务设施比起现在的普通居住住宅来说更经济实惠。

（三）韩国机构养老服务设施的不足

从运营管理层面来看。第一，在机构养老的大多是同一年龄段的人，这样会减少与其他年龄段的人们间的交流，加剧了与时代间的差异。第二，机构一部分服务设施是收费运营的。和住在该地区的普通居民住宅中相比，购买或租赁机构住宅所需费用以及附带设施和服务费用的追加，生活费可能会比较高。第三，机构因为有各种室外活动空间的计划，老人居住的社区可能位于离市中心较远的市郊地区。第四，机构一般把重点放在各种共同活动上，缺乏隐私的可能性很高，并且共同生活中的规则可能会给居住者带来不便或压力。

三、我国机构养老服务设施现状及其存在的问题

（一）我国机构养老服务设施现状

根据2000年民政部等十一个政府部门公布的《关于加快实现社会福利社会化的意见》（国办发〔2000〕19号）指示，我国各级政府以及相关部门要扩大对社会福利事业的支持，为营造一个社会福利性社会创造有利的条件。之后，我国的老人福利设施开始迅速发展。

2000年，我国老人福利设施的床位在120.6万张，与20世纪90年代初期没有太大差距。截至2011年，我国社会各地区构建的老年福利机构达到了40000多个，给200多万的老年人提供了重要的生活保障。2000年以后成立的老人福利设施达到82.9%，其中民营老人福利设施所占比率最高。2014年年底，老人福利设施的床位为551.4万张，比2000年增加了5倍。从地区来看，中部和东部地区的老年人福利设施比较多，民营老人福利设施也比西部地区多。城市和农村的分布中，农村老人福利设施不是很多，城市的民营老人福利设施比农村多。在老人福利设施的运营方面，整体投资时间较长，收益较低。48.1%的老人福利设施可以维持均衡运营，32.5%的老人福利设施是财政赤字，而可以盈利经营的老人福利设施仅仅占19.4%。

中国老龄事业发展“十一五”规划中指出，要从我国的国情出发，健全老龄工作体制，建立适应家庭养老和社会养老的社会福利体系，突出强调了老人福利设施作为养老设施角色的重要作用。但是当前我国政府或民间企业在老人福利设施的设立和运营过程中，仍然存在不符合国情和老人需求的情况。因此，政府有必要制定相应的政策和改善方案，促进老人福利和老人居住福利设施的持续发展。

（二）我国机构养老服务设施存在的问题

1. 法律制度层面

我国老人福利设施的成立和管理的依据是《老年人权益保障法》。目

前我国老年人养老服务标准相关的政策文件按发布实施日期先后分别为：《老年人建筑设计规范》（JGJ122-99）、《老年人社会福利机构基本规范》（MZ008-2001）、《城市居住区规划设计规范》（GB5018-2002）、《老年人居住建筑设计标准》（GB50340-2003）、《城镇老年人设施规划规范》（GB50437-2007）、《城市公共设施规划规范》（GB50442-2008）、《社区老年人日间照料中心建设标准》（建标143-2010）、《老年养护院建设标准》（建标144-2010）、《养老机构安全管理》（MZ/T 032-2012）、《养老机构基本规范》（GB/T29353-2012）、《老年人能力评估》（MZ/T 001-2013）。

《老年人建筑设计规范》（JGJ 122-99）中出现的养老设施，在政府发表的其他意见、通知、计划、规范中使用了不同的名称。由于名称不统一，导致老人福利设施的概念变得模糊，因此在老人福利设施的成立和运营过程中，以及政策的施行过程中出现了名称混淆的问题。《老年人社会福利机构基本规范》（MZ2008-2001）最早将养老设施类型划分为社会福利院、养老院、老年公寓、护养院、护老院、敬老院、托老所、老人服务中心等，并对养老护理员人员配比和工作职责做了规定，但对设施的规模要求不够明确。2015年修改的《老年权益保障法》第42条提出，制定养老服务设施建设标准，对老人福利设施实行分类管理，但至今为止没有关于老人福利设施的细化分类。

2. 国家政策层面

《关于鼓励民间资本参与养老服务业发展的实施意见》提出，鼓励民间资本参与机构养老服务，对养老服务业的营利性和非营利性特性的民营企业单位等，落实政府的税费优惠政策。《财政部、国家税务总局关于对老年服务机构有关税收政策问题的通知》提出，对一些福利性、非营利性的老年服务机构，暂免企业所得税，以及老年服务机构房产税、城镇土地使用税、车船使用税。这意味着政府只强调福利性和非营利性的老人福利设施。《关于加快实现社会福利社会化的意见》中规定，对包括老人福利设施在内的社会福利机构使用的电费、水费、电话费等给予当地最低价格的优惠。

《外国投资者在华设立营利性养老机构从事养老服务等有关事项公告》

规定，与外国投资者合资成立的营利性老年福利设施，将享受与国内营利性老年福利设施同等的税收等优待政策和行政事业性收费减免政策。在国土资源部关于印发《养老服务设施用地指导意见》通知中，在原有的住宅小区内增加非营利性老年福利设施时，可以不增收土地价，如果转变为营利性老年福利机构则需要支付相应的费用。

3. 运营管理层面

我国在进入高龄化社会的初期阶段，老人居住福利设施一般规模都比较大。例如，1990年成立的大兴区庞各庄镇社区社会福利中心，全院占地面积超过50亩。

另外，从机构的运营层面来看，只有通过出售，才能实现投资资金的回收和设施的长期运营发展。另一方面，我国规定入住机构的是60岁以上的老人，但实际老人居住福利设施的入住年龄却与规定存在差异。特别是在一些民营机构没有限制入住年龄，导致老年人居住福利设施与普通公寓没有什么区别。依据《养老服务设施用地指导意见》，老人福利设施的地基面积要在3公顷（30000㎡）以下，如果有医疗、保健、康复等附带医疗设施则不得超过5公顷。

四、韩国机构养老服务设施对我国的启示

（一）法律制度层面

比起老人福利设施的发展，养老设施名称的统一是更为紧迫的问题，因此政府有必要在权威规定条例中进行公示，将机构养老设施统一化命名。另一方面，还有必要将老人福利设施和老人居住福利设施的功能细化，具体到居住、医疗、休闲、保护、就业支援等服务机构。

为了避免没有住宅的“婴儿潮”一代生活资金不足，政府有必要借鉴韩国的房地产政策，引入适合我国国情的“住宅养老基金制度”。因此，我国的高龄老人将有经济条件入住提供包括医疗服务在内的多种服务老人机构和养老服务设施，从而促进民营机构养老服务设施的活性化。

（二）国家政策层面

首先，我国机构养老服务设施鱼龙混杂，服务质量也参差不齐，有必要制定服务监督政策，保证机构的高服务质量，使老年人有好的居住体验。

其次，我国政府一方面要提高机构养老服务设施技术、人力、营销等的政策扶持力度，优化机构养老服务设施发展环境，明确非营利性民营老人服务设施、营利性民营老人服务设施及外国投资者（外商）设立的营利性老年服务设施关于税费及对土地使用的优惠政策。另一方面要积极推动政府扶持与社会资本参与相结合，加强机构养老服务设施的宣传，提高机构养老服务设施的认知度，制定利好政策鼓励与引导企业加快机构养老服务设施发展。

（三）运营管理层面

为避免老人产生与社会的脱节感，机构可以与学校合作，发挥老人的余热，让老年人走进教室，讲述自己的人生经验；在组织活动时，要适当地安排共同活动，给老人留出自己的隐私空间。考虑到老年人行动不便以及与子女维持纽带关系等因素，我国有必要发展成市中心型老年人居住福利设施，避免配套服务设施的再建设，减少运营成本以及收费标准，降低老年人的生活费提高生活质量。另外，政府还应扩大支持城市型老年居住福利设施的支援政策，改善对我国老年人居住福利设施从业人员的工作条件，从而提高工作服务人员的专业性。扩大公共老人福利设施、民营老人福利设施的运营权利，改善落后的设施和服务项目，进而提高入住率。

结语

我国人口老龄化现象严重，人口的老龄化程度正在加速加深。根据国家统计局数据显示，2017年，全国人口中60周岁及以上人口24090万人，占总人口的17.3%，其中65周岁及以上人口15831万人，占总人口的

11.4%。60周岁以上人口和65周岁以上人口都比上年增加了0.6个百分点。随着我国居民经济水平的提高与老年消费理念的转变，老人福利设施将展现巨大的发展潜力。

韩国在第二次世界大战及朝鲜战争之后，随着产业化、医疗技术、经济的发展，开始出现“人口老龄化”现象。特别是1955年至1963年出生的“婴儿潮”一代进入老年后，人口老龄化现象日趋明显。韩国高速度老龄化的发展使老人机构养老相关的各种法律、制度、政策及设施等比我国领先一步，其较成熟的理念和经验以及不足之处都可供我国借鉴和反思。本文通过研究韩国机构养老的不足与特点，分析了我国机构养老服务设施的问题，总结出了我国政府在法律制度层面、国家政策层面、运营管理层面的改善方案，以推动我国机构养老服务设施事业的发展。

（作者：卢敏　指导老师：王守颂）

中韩老年人服务管理比较研究

绪论

（一）研究的背景

21世纪是经济飞速发展的时代，也是老龄化时代。发达国家和一些发展中国家相继进入老龄化社会。社会养老问题就成为全社会关注的重要话题。根据1956年联合国《人口老龄化及其社会经济后果》确定的划分标准，当一个国家或地区65岁及以上老年人口数量占总人口比例超过7%时，则意味着这个国家或地区进入老龄化。根据这一划分标准，我国于1999年正式进入老龄化社会。

人口老龄化问题已经成为21世纪困扰人类社会发展的重要问题之一。较于韩国来说，我国对老龄化的认识和发展水平还不够全面。同属于东亚的韩国和我国在很多方面上都有惊人的相似。例如，人口的老龄化的问题，中韩两国老龄化的进程都普遍较快，使得两国在老龄化问题上都要面临着新的挑战。自20世纪60年代后，韩国老年公寓的发展与完善对我国相关的老年服务设施建设提供可以借参考的经验和启示。

（二）研究的意义

当前中韩两国老人的数量不断增多，随着人口老龄化程度的加深，在满足老年人居住的服务管理方面存在着诸多的差异。目前国内学者的研究视角主要集中在对不同境遇下的老年人精神生活需求上，而从老年人的视角去研究老年人居住中心的管理服务方面却显得薄弱。本文通过以韩国首尔老年居住公寓为个案展开研究，结合国内一些老年服务管理设施，分析了目前中韩两国在满足老人居住管理服务方面存在的差异和中韩两国的不足，探讨了专业社会工作介入、不断创新养老服务方式等措施建议。不仅有利于为老人营造一个更好的晚年生活，也对进一步推进中国老年服务管理的发展具有重要的意义。

中韩同属于亚欧大陆，深受东方儒家文化的熏陶，在思想意识、孝道意识、养老模式、家庭观念等方面都有一定的共性。中国刚刚步入老龄化社会，其发展速度与韩国初入老龄化发展的程度类似，韩国较早进入了老龄化社会，老年服务管理较之中国更为成熟，韩国在这方面经验值得我国借鉴和学习。所以研究中韩两国的老年人公寓（社区）的服务发展对于我国今后老年公寓服务和管理具有指导意义。

（三）基本概念

1.人口老龄化

随着经济水平的增加，科学技术的发展，医疗水平的进步，人类的平均预期寿命也出现了增长。韩国称65岁以上的人口称为老年人口，而我国则称60岁以上的人口为老年人口。

国际上通常看法是，当一个国家或地区60岁以上老年人口占人口总数的10%，或65岁以上老年人口占人口总数的7%，即意味着这个国家或地区的人口处于老龄化社会。这包含两个含义：一是指老年人口相对增多，在总人口中所占比例不断上升的过程；二是指社会人口结构呈现老年状态，进入老龄化社会。

2.老年公寓

老年公寓是专门为老年人建造的住宅，以老年人的特殊身体状况为出发点和落脚点，建造符合老年人身体状况居住生活的公寓式老年住宅。一种综合管理住宅类型，公寓内具有医疗保障设施、餐饮服务、清洁卫生、文化娱乐等全方位一体的设施。

（四）研究方法和研究内容

1.研究方法

（1）文献研究法：通过查阅国内外的论文、期刊、著作和文献等，在其中找出和本课题有关的内容，经过自己反复的阅读和整合展开研究。

（2）比较分析法：把我国和韩国的老年公寓服务管理的经验相比较，为我国老年公寓服务管理提供宝贵的经验。

（3）社会调查的方法：为了取得更真实更有说服力的第一手材料，笔者以韩国首尔老年居住公寓为个案进行了调查和研究。通过社会调查，取得更有利于课题研究的资料。

2.研究内容

由于我国和韩国存在地域差异，各个地区的传统生活习俗不同。如果要对两国的老年人服务管理进行深入的研究，以个人能力和时间是难以完成的。所以韩国是以韩国首尔老年居住公寓为个案展开研究，只研究关于老年公寓中韩有何差异，对中国老年公寓发展的借鉴意义。

一、中韩两国人口老龄化

（一）中国人口老龄化发展趋势

21世纪，中国的老龄化大约分为三个阶段：第一阶段，2001-2020年，是老龄化阶段快速发展的阶段。我国老年人口将达到2.48亿，老年人口占总人口的比例将达到17.17%。第二阶段，2021-2050年，是老龄化阶段加速发展的阶段。据数据分析2050年老年人口可能达到4亿，老年人口占总人口的比例将达到30%以上。第三阶段，2051-2100年，是重度老龄化稳定发展的阶段。在这一阶段老年人口会持续稳定在3-4亿之间，老年人口占总人口的比例在31%左右，由此我国可能会进入一个高度老龄化的一个平稳发展期。

（二）韩国老龄化发展趋势

根据韩国人口统计数据显示，2013年韩国的总人口为5022万人，是1960年总人口2501万人的两倍。其中2013年老年人口占总人口的12.2%，是1960年2.9%的5倍左右。韩国在2000年进入老龄化社会，2017年韩国65岁以上的老年人口占总人口的14%，韩国社会将会步入老龄社会。根据相关资料的推测，2026年，老年人口占中人口的比例将达到20.8%，从而韩国将会步入超高龄社会。

二、中韩两国老年公寓服务管理的现状

（一）中韩两国老年人公寓服务管理的产生

1.我国老年人公寓服务管理的产生

由于老龄化的步伐加快，老年人口数量持续增加，社会养老管理压力不断加大，国家不能保证每个老人的养老问题等，使居家养老成为现如今中国一个是待解决的难题。如何才能让老年人安度晚年，成为一个社会关注的难点和热点。而老年公寓具有开放性和产业化的特点，受到越来越多人的关注。在一些发达城市，老年公寓已经成为社会养老的一个重要组成部分，且有一定的规模，为我国新型的养老服务开辟了一个新的途径。目前政府对老年人的补贴力度较大。全国各地正在掀起一轮老年公寓的热潮，北京、上海等发达地区，老年公寓的建设和发展尤为明显。老年公寓的建设已经成为当代老年人养老的一种主流模式。

2.韩国老年人公寓服务管理的产生

韩国自1945年8月独立建国开始，经历了50年的疾苦时期。1961年朴正熙发动政变后，使韩国进入了一个飞速发展时期，为韩国的社会保障制度打下了很好的经济基础。韩国是世界上发达国家老龄化水平较高的国家之一，老年养老服务领域正面临着巨大的压力。人口老龄化不仅对韩国的经济有一定的深刻影响，同时还直接对公共养老金产生影响。如果韩国政

府仍保持现有的保险费和公共养老金的支付计划，韩国将会出现公共资金枯竭的现状。自20世纪80年代以来，韩国为了解决加速的老龄化而带来的压力，韩国政府和社会养老采取了一系列的措施。只依靠政府养老并不能满足现如今老年人口的增加速度，所以出现了社会养老服务管理体系，来解决政府的资金不足问题。而老年公寓的产生则顺应了时代发展的要求，老年公寓服务管理的完善则有利于更好的服务老年人。

（二）中韩两国老年人公寓服务管理现状

1.我国老年人公寓服务管理现状

（1）老年人总体需要。长久以来，我国的老年人的养老模式，一直是以家庭养老为主，而选择老年公寓的人很少。据有关数据调查，绝大多数的老年人会选择家庭养老，即子女或者社区提供援助和服务。我国传统的“养儿防老”文化理念让大多数老年人认为子女赡养才是正常的现象，去老年公寓则会让自己蒙羞是造成老年人普遍选择家庭养老的原因之一。老年人的收入水平低，不能支付老年公寓的相对较高的收费，也是很多老年人不选择老年公寓的原因。

（2）年龄、身体状况和老年公寓的认同率。据有关资料调查结果显示，年龄越高的老年人越能接受老年公寓，入住率也就更多。由于老年人的身体状况差，因此很多老人都不能自理，不能自理的老年人比自理能力强的老年人更愿意入住老年公寓。

（3）政策影响。各地的政府为社会养老机构的快速发展，制定了许多优惠政策。例如凡是属于福利机构或者非营利性的机构，暂时免除企业所得税。

（4）由于老龄化的迅速发展，过去由福利院和养老院组成政府投资建设和管理运营的计划体制，已经不能适应和满足越来越多的老年人需求了。一直依靠政府兴办养老事业，不能更好地扩大养老机构的数量，也不能提高养老服务的质量。在此种情形下，社会养老逐渐出现在大众的眼前。而老年公寓利用其自身的各种优点成为社会养老发展的开拓者。1986年安徽省建立了第一个老年公寓。但老年公寓不能满足庞大的市场需求，知名度低，只有距离较近的老年人才知道老年公寓的存在。

2.韩国老年人公寓服务管理现状

1981年，韩国制定老年人福利法。1982年，制定敬老宪章明示、制定敬老优待制度。20世纪90年代出现银发产业。1988年实行国民年金制度，出现了与老后生活保证有关的保险。1998年，废除老龄补贴金制度，新设立了敬老年金。将每年的10月2日设定为老年节。

现阶段的韩国的老年公寓提供以下几种服务：第一，为老年人提供保护性的服务。例如，老年人疗养机构保护对象是基本不能自理、保护需求度很高的老年人。大部分的老年人疗养机构是老年人长期养老保险提供支付的，但是一部分高级收费疗养机构是不在老年人长期养老保险范围内的。第二，养老机构是一种老年人居住的福利性质的机构，对象以具有一定的生活自理能力的老人为主，分为收费和免费机构两种类型。第三，老年人居家保护服务按照保护的程度可以分为观察性的服务、身体伺候服务和请安服务。这些服务的具体表现是服务者提供的服务频率。第四，老年人居家服务，按照服务的提供主体分为老年人长期疗养保险制度提供的服务和靠国家支持而提供的服务。下面是在韩国调查研究收集的一些文献资料编辑的表格。

表1：老人居住福利和医疗福利设施的种类及现状

种类	设施	2017年	2010年
老人居住福利设施	养老设施	397个	300个
	老人家庭生活共同体	119个	75个
	老人福利住宅	35个	22个
老人医疗福利设施	老人疗养设施	3852个	2429个
	老人疗养家庭生活共同体	2422个	1346个
	老人专业医院	83个	77个

表2：韩国老人住宅相关法规的种类和内容

构成		制度
老年人住宅种类及建筑	老年住宅的成因	노인복지법（老年福利法）
		건축법시행령（建筑法实行令）
	建筑基础	주택건설기준등에관한규정（住房建设标准等相关规定）
		장애인．노인．임산부등의편의증진보장에관한법률（保障障碍人、残疾人、孕妇等便利增进相关法律）
		장애인．노약자를위한편의시설설치기준（为残疾人、老弱者提供便利设施建设标准）
	设施基础	노인복지법시행규칙（老人福利实行规则）
老人住宅的供应和运营	供应	노인복지법주택공급에관한규칙（老人福利法住宅的供给规定）
	入住资格	노인복지법시행규칙（老人福利实行规则）
	运营	노인복지법시행규칙（老人福利实行规则）
支援政策		노인복지법（老年福利法）

表3：韩国老年居住建设的事例

	三星老年人住宅	高级住宅	首尔老年人住宅
外观			
住宅内部		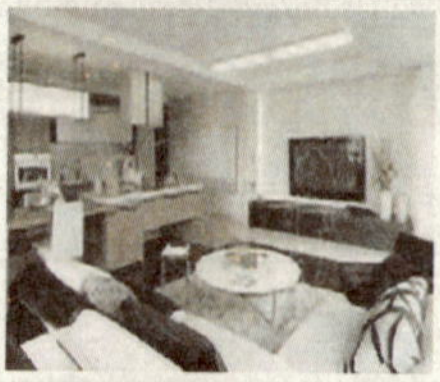	
平面	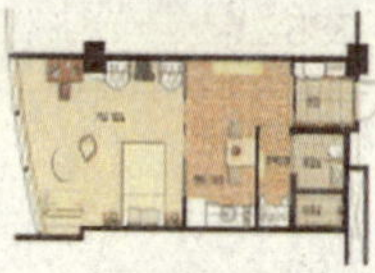 119㎡ 평면	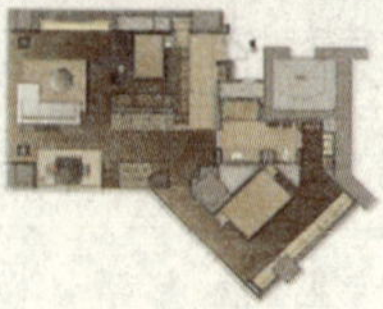 184㎡ 평면	 108㎡ 평면

续表

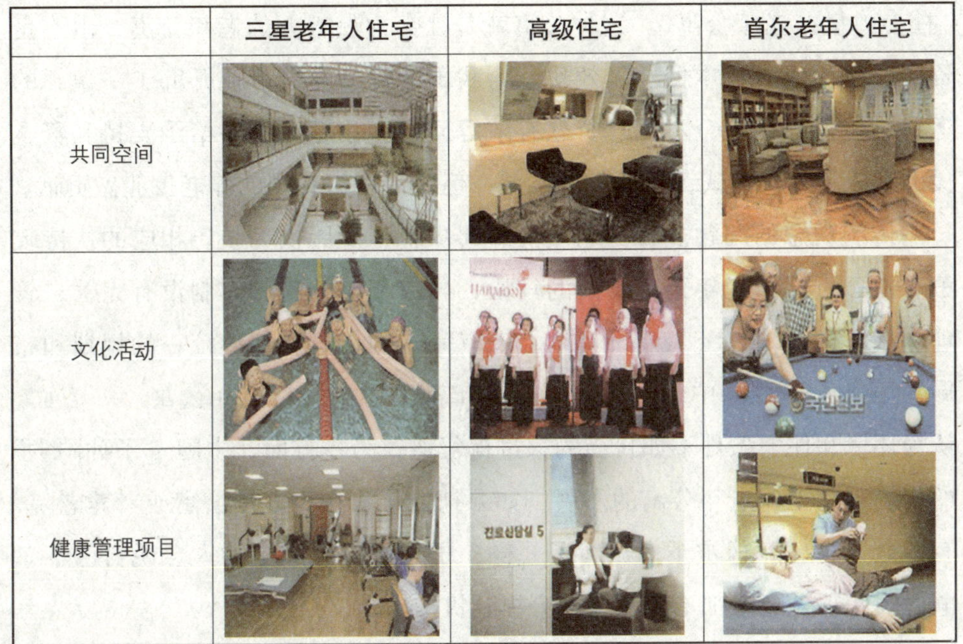

	三星老年人住宅	高级住宅	首尔老年人住宅
共同空间			
文化活动			
健康管理项目			

三、中韩两国老年公寓建设服务发展的成效与问题

（一）我国老年公寓建设服务发展的成效与问题

按照经营主体和投资进行划分，目前我国大体有三种老年公寓的主要发展形态："政府办老年公寓""政府投资、个人运营型老年公寓""社会办老年公寓"三种类型。

第一种"政府办老年公寓"主要是由政府投资建设。面对的主要对象是退休且能自理的干部。这种类型的公寓设施，环境优美、管理规范，服务管理、护理人员多。但是由于管理服务人员较多，成本较高，在运营期间往往出现资金不足的问题。第二种"政府投资、个人运营型的老年公寓"。这种公寓也是政府投资建设，但是在管理层面则是聘用机制，招聘社会上的人员进行管理。这样模式经营下，服务人员的服务质量有保证，相应的收费也较高，大部分是退休干部和有钱子女的父母。但是也会出现各种问题，例如老年公寓的定点服务医院和定点医保问题有矛盾。第三种“社会力量办老年公寓”。这种公寓就是社会力量兴办的老年公寓，由不良资产改建而成，成本低、见效快。为我国的社会养老事业开辟了一条新的道路。但也存在资金不足、贷款有限等问题。希望政府要给予支持和资金援助。以上三种模式，虽然各有不同，但是都在为我国的养老事业做贡献。

传统观念的问题。我国老年公寓起步晚，发展快，缺乏相应的扶持政策。由于近几年老年公寓发展的较快，导致相应的配套体制没有完善，管理体制不健全。在公寓建设规划上没有完善的指导，缺乏统一的规划和布局。而且大多数的中老年人甚至青少年都不愿意入住老年公寓。一方面，认为环境和住宅条件不如自己的家过得舒适；另一方面，中国“子孙同堂”的传统观念阻碍老年公寓的发展。如果把老年人送到老年公寓或者养老院，有些老人会感觉像被子女抛弃了一样，子女则担心周围的人会说自己不孝顺，因此很多老人都不愿意去社会福利机构生活。

不仅有传统观念上的问题，还有资金不足的问题。由于老年公寓的建设对资金的要求更高，融资的渠道少，资金投入不足。而且老年公寓投资比普通房地产开发资金回收慢，资金的使用率不高，所以制约了老年公寓的发展。

（二）韩国老年公寓建设服务发展的成效与问题

韩国老年公寓的建设取得了很大的成就，大部分公寓里面都会设有医疗保健服务、安全防卫设施服务、基本住宿服务、生活生理服务、文化娱乐服务、饮食服务等等。还有老人晕倒自动报警系统，保密性也高。全方位考虑老年人的心理生理等的需要，甚至还有死后服务，切实的满足老年人的一切合理的需求。但是韩国的老年公寓建设，较之美国和日本的老年公寓的服务和管理，还是有一定的差距。美国、日本、瑞典等发达国家更早进入了老龄化，建设的老年公寓服务机制更加健全。由于韩国陆地面积有限，导致老年公寓居住中心售价普遍较高，也只有高消费人群才能入住。

表4：韩国老年人居住设施的长处和短处

长处	不足
（1）老年人聚集在一起，经历过相同的时代性变化，很容易形成同质感。 （2）通有计划的活动，有效的利用休闲时间，从而降低孤独感。 （3）可以根据自己爱好自由地选择设施，以自由的活动方式地进行自由活动。 （4）定期检查，可以接受服务和健康咨询等，根据老人自身的特点，也可以进行系统的医疗服务。 （5）不知道什么时候会遇到的紧急情况，有安全保护网，可以在心理和生理上有稳定的生活。 （6）没有居住管理和家务劳动造成的压力。 （7）根据老人居住类型，也可以提供各种便利设施（银行、旅行室、便利店等）。 （8）在目前老年人居住的住宅中，可能比住宅区更为经济。即，如果考虑住宅的维修管理费、餐饮、雇佣、运动、健康管理、文化活动等地支出的费用的话，会提高家庭支出的效率。	（1）同一年龄层聚在一起，与其他年龄层没办法沟通，三代之间的交流减少。 （2）分为购买或租赁费用及相关服务费用，有可能增加该地区的生活费。 （3）各种室外空间计划，老人居住的规模变大，不可能位于市中心。 （4）将重点放在各种共同活动中，侵犯老人的隐私权。 （5）另外，个别居住空间有可能比以前居住空间小。 （6）在共同生活中规定的规则，对居民来说，可能会造成不方便和压力。 （7）根据居住的老年人类型，物理环境和服务水平很难应对自身的身体变化和疾病。

四、对中国老年公寓建设服务和发展的启示

政府重视老年居住问题。更好地解决人口老龄化，需要引起全社会的关注。纵观国际上有许多国家都很好地解决了老年居住问题，而解决的办法很简单，就是国家政府对老年公寓建设给予极大的关注，并将其纳入政府治理的范围。我国应加大对老年人的关注力度，尽早制定出符合我国国情的老年居住政策。

老年公寓建设的人性化和智能化。韩国对老年公寓的设计突出了人文关怀这一特点，充分考虑到了老年人的心理和生理需求。韩国老年公寓允许老年人独立且自由的活动，只是必要时给予协助，而不是包办一切。韩国的老年公寓还强调针对不同的老年人要采取不同形式的住宅服务。因此我国目前开始建设的老年公寓要尽量满足老年人的需求，实现人性化和智能化。

规模化、品牌化经营。韩国等一些发达国家就采用品牌效应，扩大老年公寓的知名度和影响力。而中国的老年公寓较分散，没有形成品牌，影

响力低。

结论

我国在人口老龄化进程方面与韩国有着一些相似的情况，比如老龄化程度高、发展速度快。但是我国的情况较之韩国还要更特殊一点。首先，我国是在发展中时期进入人口老龄化，社会养老压力大；其次，我国的人口基数大，导致老年人口的数量也大；最后，我国是社会主义国家。所以我们不能照搬照抄韩国的老年公寓的建设经验和规划，要因地制宜，结合我国的实际情况，引进适合我国基本国情的成功经验，并运用到老年公寓的建设中去。老年公寓服务要符合我国社会养老的需要、符合我国的经济实力、符合老年人养老的期望，使该养老体系成为我国社会养老的一个重要组成部分。老年公寓能否持续健康的发展关系到我国能否应对老龄化社会带来的危机和挑战。

随着中韩两国老口老龄化的快速发展，以及老年人对养老生活的需求，老年公寓养老必将成为一个老年人追捧的对象。本文通过对中韩两国老年公寓养老状况的调查研究，发现我国迫切需要老年公寓的建设，但由于观念、资金、政策的不足，导致我国老年公寓的发展程度也不高。由于韩国等发达国家前进入了老龄化，很早就开始解决老年人的各种居住问题，各国都形成了自己独具特色的老年居住体系。在市场经营、设计规划、政策体制方面有丰富的经验。我国可以借鉴其先进的经验，使我们少走弯路，为老年人的居住创造一个良好的环境。

本文通过对韩国老年公寓的发展与建设的成功经验，认真分析了我国老年公寓发展的现状。指出我国发展的不足与困境，应从政府、政策、市场、资金等方面进行完善，从而促进我国老年公寓的良性发展。但本文的研究还存在不足。因为我国正处于社会化养老的初级阶段，对老年公寓养老上有很多认知上的误区，许多问题都还是起步阶段。由于各种条件的限制，本文的研究对象不够全面，调查研究的数据资料不是特别的充分。还可以更细致的分析我国的老年公寓和中韩老年服务管理的比较。此外，要对我国老年公寓养老模式不断地进行探索发现和创新，对韩国等发达国家的成功经验还需要进一步的归纳和总结。

（作者：罗鑫　指导老师：翟秀海）

第三章　老龄化与中韩产业化政策

韩国等银发产业发展经验对我国的综合启示

新中国成立以后我国进入了“婴儿潮”时期，生产力的扩张导致人口数量大量增加。人口基数决定了我国银发产业的市场前景广阔。生活质量的提升使老年人对于银发用品及相关服务行业的关心度与日俱增，而我国目前银发产业的发展与国外成熟的银发产业发展相比还有较大差距。结合我国“未富先老”的现状，选择性借鉴国外银发产业相关发展经验进行对比分析并提出解决思路，有利于推动我国银发产业进一步发展。

绪论

（一）研究背景及问题提出

银发产业是在老年经济体为主导的老年市场需求刺激下而诞生并迅速扩大的产业。根据世界通用基准（Bismarck基准），65岁以上人口占社会人口7%以上，则进入老龄化社会，占全体人口14%则进入老龄社会，占全体人口21%以上则进入超老龄社会。数据显示，2020年我国65岁以上老年人口将增加到2.55亿人左右，约占总人口比重17.8%。我国即将步入超高龄社会，老年消费市场规模将达到3.79万亿元。银发经济是新经济常态下产业革命的重要拐点，积极发展银发产业已成为老龄社会的迫切需求，对现今社会发展具有深远意义。我国银发产业尚处于起步阶段，与其他年龄段消费市场的发展相比明显滞后。在消费与需求量日益增长的现阶段，市场上银发产业结构划分不够明确且定义混淆，产业在发展过程中存在资源分布不均、发展进度不一等问题。本文根据国外银发产业发展的理念及概况，结合我国银发产业发展的特点及现状进行分析，总结目前我国银发产业存在的主要问题并提出相应对策。

（二）研究的目的与意义

银发产业的消费潜力巨大，在未来的经济转型过程中，势必会成为中流砥柱。如何拉动老年层消费的潜在空间，推动需求长效机制，带动银发产业发展成为当务之急。美国、日本和韩国作为银发产业发展成熟的国家，其银发产业的创新发展对我国具有重要的借鉴作用。本文旨在通过积极借鉴国外银发产业发展的先进理念和经验，研究我国银发产业存在的问题，并针对这些具体问题进行探讨，提出相关对策，积极促进发展符合我国社会的银发产业。

（三）研究内容与思路方法

1.研究主要内容

在社会主义市场经济的大背景下，对比国外银发产业发展的发展现状，针对性分析我国银发产业发展过程中所存在的问题，并提出相对的发展建议。本文分为五大部分，第一部分，概述了本文研究背景、目的及研究意义；第二部分，对于国内外银发产业发展现状进行对比分析；第三部分，根据分析指出我国银发产业发展过程中存在的问题，并对现有问题进行分析；第四部分，针对已有问题提出相应的发展对策与解决办法；第五部分是总结，通过对上述内容的研究与分析，总结文章主要内容，展望产业未来发展。

2.文献综述

针对银发产业的发展，不同的学者也提出了不同的观点。如张帆在研究人口老龄化对制造业转型影响时认为，银发产业是推动未来产业结构转型的重要部分。银发产业的良好发展有助于进一步推动我国产业结构优化。杨立雄、余舟认为，中国银发产业的发展迄今定义不够明确，理论不够清晰，概念界定与理论构造的缺失制约了银发产业的发展。睢党臣、张婷在人口老龄化的大背景下对银发经济进行探讨，认为银发产业可以分为两大板块，应根据我国主要家庭结构模式调整银发产业发展结构，综合协调产业发展。张雯雯、霍春晓基于我国主要的养老模式对于银发老年用品的设计进行研究，认为适老技术的发展应当与老年人引起共鸣。同时，庞欢在研究银发产业发展过程中，将多国银发产业发展与我国银发产业发展进行积极对照，分析全球大背景下的银发产业发展对我国的影响及启示。晏露蓉在探索新型商业养老模式的过程中，将大陆地区的银发产业发展与台湾长庚养生文化村的发展进行对比，认为其发展模式值得大陆地区对照借鉴。高萍、吴珍针对我国另一种银发养老产业进行探索，以海南省为例探讨了旅游业带动的银发产业在发展过程中所面临的问题。王勇、周涵在对人口老龄化对我国城镇消费水平影响研究的过程中认为，国外银发产业的发展与我国银发产业发展过程中存在差异，理应选择性借鉴。针对我国银发产业发展现状，学者张同功认为，我国银发产业发展的核心问题是产业融资问题，并提出相对应的解决方案。刘祖云、田北海、林娟娟认为，政府应当对产业发展简政放权，调动市场积极性。李树艳在人口老龄化对我国经济发展的影响研究中提出，人口老龄化会促进教育的投资，进而带动人力资本积累。但由于我国银发产业的发展还不够成熟，针对重点问题的解决方案以及详细的相关政策有关的资料较少，在借鉴已有研究结论的过程中也要具体问题具体分析。

（四）创新点与不足

本文基于多角度进行银发产业发展的综合分析，围绕银发产业发展所存在的问题提出相应建议。但由于社会经验导致对于银发产业的发展在理解上缺少深度与广度，对于相关策略的研究过程中尚有不完善的地方，存在诸多的不足。需要在日后的学习与实践过程中不断进行深化研究。

一、银发产业发展的相关概念

银发产业又被称为老年产业、“夕阳产业”。银发经济本身不是单一的经济部门，而是众多产业部门的集合。学者睢党臣、张婷把银发产业分为虚拟经济和实体经济。虚拟经济包括老年金融行业，实体经济包括老年服务业、用品业和房地产业。我国主要的家庭结构决定了现阶段主要以居家养老方式为主，社区养老方式为辅，因此银发产业实体经济行业发展较快。在多元化的消费下，人口老龄化势必会引起消费升级，扩大中高端产品需求市场。但我国的社区养老、机构养老缺乏革新，发展模式仍停留在传统养老院，银发用品产业的发展也未能将智能化和自主创新大幅推广。

二、银发产业国内外发展现状

(一)韩国等发达国家银发产业发展现状

1.韩国

在韩国，银发产业被定义为高龄亲和产业。韩国于2006年颁布了《高龄亲和产业振兴法》，大力推动了本国的相关产业发展。银发养老公寓是韩国高龄亲和产业中不可或缺的一大支柱。韩国市场营销学会将65岁以上的中老年人划分为四个时期：跳跃期(50—64岁)，对于生活环境变化及身体机能逐渐老化不能够完全适应，为进入后半段人生而做准备的时期；挑战期(65—74岁)，大部分已经完全退休，开始进入多样的第二人生时期；安定期(75—85岁)，对于新鲜事物热情减退，比起新鲜的事物更倾向经营长久的兴趣的时期；整理期(85岁以上)，关于人生的自我统合，并做出重大决定的重要时期。根据以上四个阶段不同的心理特性来进行指向性消费特征研究。同时按照消费阶层进行纵向划分，使产业与福利政策更好的渗入到每一个阶层的中老年消费者。以养老公寓为例，韩国对65岁以上的贫困老人提供免费入住公办养老公寓的福利；65岁以上的中产阶层老人入住养老公寓则收取与成本相当的费用；高收费高端养老社区的主要顾客则是高收入老人。另外，根据位置，养老机构分为城市型（利用城市的便利设施）养老中心、城市近郊型养老中心（具有城市+田园的优点）、田园型养老中心及休养型养老中心。养老建筑的样式则细分为单独住宅型、共同住宅型和复合住宅型。单独住宅型为老年人共同生活家庭，以田园住宅、退休者村等比较小规模的低层住宅为主要形式。共同住宅为联立型住宅主要包括公寓等城市型及城市近郊型住宅。复合型住宅结合单独住宅与共同住宅混合的优势，如疗养设施、医疗设施及便利设施等齐全的老年村。

表1 韩国疗养相关概念及分类

名称	简介
CCRC	（Continuing CareRetirement Comunity）在一定空间内，让健康的高龄者在疗养之前能够获得持续的服务
Dual Life	周一到周五在城市里生活，周末在近郊田园型疗养院生活
Long Stay	长期居住与生活（日本、美国、加拿大、澳洲、东南亚地区应用较为集中）
Corporative House	入住者（住户互相辅佐）帮扶型，由入住者们组成适合本人需求的银发疗养地
多代同堂社区	分为collection（年轻一代）、生活之家（健康高龄者）、老龄之家（需要护理的高龄老人）
医疗旅游型	建立专业化医疗设施和专业人员，提供医疗服务和居住服务
医疗、保健、福利综合体（复合型）	加强各领域之间的联系，以持续护理和为消费者提供保障为目的的系统。

韩国高龄亲和用品业的发展注重产品的智能服务与创新，即design thinking思维，并将其运用到现代市场的方方面面。如今生产者为中心的时代已经转变为消费者为核心的时代。因此未来银发产业发展的核心在于design thinking，在于创新。这种design thinking思维可以不断完善现有市场中产品所存在的缺陷。我国银发产业的发展不能单一的由点到面，更要变成从面到点。创新性事物与新服务的结合也能使现有的产品创新得到进一

步深化。例如，汽车产业的发展也能够打开银发产业市场。可以将汽车产业与老年设计相结合，创新升级汽车服务理念与模式，与银发产业的发展理念相结合，使产品能更好服务于处在跳跃期或挑战期的银发人群。在对消费者了解的基础上，推出对创新产品的体验。因此产业用品的创新离不开消费者需求，消费者需求为design thinking提供灵感，如适合韩国居住文化的Trome Twinwash、Airbnb成功的事例。由过往成功案例得知，新的成功产品在研发过程中，最终产品上市之前，需要彻底消除目标消费群体的使用障碍与不满。只有不断挖掘消费者的内在需求，才能使产品机能得到完善。因此根据老年人的同理心革新银发用品是必要的。老年亲和产品研发的过程需要引起老年人的共鸣，一个新产品研制的成功与否，在于产品是否真正贴近老年人的生活需求，不仅仅单纯的停留在技术层面，还要以老年用户为中心，使产品得到认同感。搜集整理老年用户的信息，按照性别或者年龄段以及不同阶层进行分类，对所获得的信息进行整合，这样可以更加清晰了解到老年人不同层面的相关需求。结合老年用户的视角对现有市场产品进行革新（如老年人的手指不够灵活，由此设计出适合其使用的门把手、冰箱把手以及勺子等），在搜集整合的市场信息里面提炼出核心问题。在新产品投入市场前进行有关测试，收集老年用户的反馈信息，进一步对产品进行完善。要让老年人真正参与到银发用品的研发中去，做到创新与服务结合。在消费需求中寻找产品创新，根据消费者观点来促进目标市场的创新发展。只有使以人为本的理念成为解决问题思路的核心，才能创新以老年消费者为核心的服务；只有结合科学正确的方法论，才能把握未来商业的发展趋势，带领产业走向成功。

2.美国

美国于1942年进入老龄化社会，2014年进入老龄社会，预计2031年进入超老龄社会。虽然由于美国梦（American dream）而推迟了老龄化进程，但随着移民历史的推移，移民的老龄化进程仍在继续。美国于1961年出台《老年人法》和《高等教育法》，加强相对应的老年人医疗人才教育和相关培训，提倡老年人终身教育；开发居家长期疗养模式，改善老年人精神疾病治疗，加强对高龄劳动力的奖励和消除就业障碍；与此同时扩大志愿服务，加强老化研究，对于世代同堂老人进行补贴，改善老年服务中心，重视老年人相关健康问题、健康教育及预备死亡教育。美国重视老年人的业余生活，加大银发娱乐产业，特别是银发教育产业投入。代表有Elder hostel/Road scholar、ILRs（Institutes for Learning in Retirement / LLIs: Lifelong Learning Institutes）、Senior center、OASIS（Older Adult Service and Information Systems）、PLATO（Partners in Learning Activity Teaching Ourselves）Society。

表2 美国社区银发休闲产业概况

名称	沿革	简介
Elderhostel/Roadscholar 老年旅社 / 路学者（中老年旅行教育）	1975年开始于新罕布什尔的5个大学，2010年更名为“路学者”	通过旅游、发现、学习的模式挖掘老年人的潜力。国际性项目与国内项目并存，与世界150个国家合作开展。
ILRs/LLIs：Road Scholar Institute Network（RSIN） 2013 退休学习机构 / 终身学习机构	1662年创办，后名字多次合作变更。	老年人非学分制同龄学习共同体；以55岁以上的中老年人为招募对象；与区域终身教育机构合作运行。
老年人中心	1943年始于纽约市，1965年因制定《老年人法》而兴起，1978年起通过国家标准实施评价认证制	提供健康及医疗、社会服务、休闲、教育、家庭访问和信息服务的多功能老年人中心。
OASIS（老年人服务和信息系统）	1982年创建，以民官联合试点工作的形式开展。	与区域健康机构、老年中心、图书馆、大学和社区组织等合作，以帮助50岁以后的中老年人积极生活。
PLATO（自学活动伙伴）协会	1980年创建，非营利教育机构。	对象为50岁以上的各领域中老年人，以组员主持讨论的形式进行老年人业余生活教育。鼓励挖掘中老年人的“第二人生”潜力。

3.日本

日本银发产业发展已经非常成熟，其养老产业专家鞠川阳子提出的三维产业链理论。按照中老年人的基本需求与深层需求，将银发产业划为三个维度：本位产业、相关产业和衍生产业。本位产业包括社会养老设施机构、老年房地产业、老年服务业、老年用品及医疗业等。相关产业包括养老机构设施供应链上的专业家具设施、易耗品，老年护理服务专业护理人员的培训及劳务派遣，老年护理治疗和康复机械，老年人精神娱乐生活及健康保健等。衍生产业包括老年理财产品及老年融资市场等。详尽的产业链和产业梯度的划分，有助于日本精准的击破产业发展过程中的问题点，有效把握大局、利用资源，进而推动银发产业发展。

（二）我国银发产业发展现状

由于地区间的经济发展差异，导致我国银发产业的发展仍处于起步阶段，地区间产业发展不平衡，资源分布不均等问题尚待解决。根据学者调查显示，在大中城市，政府或政府投资构建的老年公寓约占三分之一以上，多以传统敬老院的形式出现。民间投资的养老公寓大部分规模不大，床位不能满足集体需求。学者晏露蓉认为，在台湾地区银发产业的发展模式中，长庚养生文化村的发展模式值得在大陆推广。台湾长庚村模式最大的特点如下：一是功能齐全，并不单一只为失能老人设立，而是以健康的老年人住者为主体，且公寓内的配套设施一应俱全。以年龄特点为核心的社区，符合老年入住者的心理特征，因此反响较为热烈。二是医疗卫生服务得到保障，社会养老服务覆盖率高，政府提供政策以及财政支持。这种模式使得中产阶层的老年消费群体不再拘泥于家庭养老模式，加快人生阶段不同心理角色的转换，便于在进入挑战期以后的中老年人开启丰富多彩的“第二人生”。其次我国部分地区的老年公寓，多数依靠季节性旅游带动产业发展。如依靠旅游业打造特色银发疗养中心的海南省，凭借“候鸟”老人季节性涌入带动了海南的消费需求，推动了养老服务业发展。但银发旅游带动高端养老产业蓬勃发展的同时，对于当地老年公寓的要求也随之提升，医疗、食宿、保健也要达到有效的保障。然而目前大部分的银发旅游城市仍面临专业制度设施不配套，社会关注不够，专业护理人员欠缺的状态。

其次，地区间的发展差异体现在银发用品方面。目前，我国老年人消费需求结构逐渐由生存型转向发展型。数据显示，我国老年人的消费支出比重在地区之间存在巨大差异。通过对日常生活水平和福利用具利用的效果调查得知，面对高龄化加剧，对于身心机能日益下降，为困难老人提供相对应的产品服务是必要的。银发用品种类的增加虽然为老年消费者提供了多种选择，但对于如何选择适合老年人自身的银发用品以及如何使新型智能化在老年用品中得到推广等问题也随之增加。随着老年人口的上升，高龄服务产业以及相对应的治疗费用也在随之上升，加剧了老年人的养老负担。老年银发用品的保险补助措施需要不断完善。长期疗养服务及产品针对不同收入层次的老年人以及生活自理能力不同的老年人应需要区别对待。应针对性划分老年人长期疗养的保险等级，提供更为友善的日常改善功能。在此基础上改善长期疗养服务以及相应福利用具的援助机制以及对应的效果监测，从而减轻疗养负担。

另外，调查显示我国老年人对再教育市场、家政服务市场、保健品市场以及老年人旅游市场整体诉求较大。而我国老年人与发达国家老年人的消费差异主要体现在业余生活娱乐支出项目。相对于银发产业发达的国家，我国老年人业余娱乐设施发展不够健全，没有针对性的娱乐设施，且国内健康保障体系不够完善，个人负担比例高，压力大。中老年人想要消费又不敢消费，导致老年消费升级困难重重。

三、我国银发产业发展存在的问题

韩国将银发产业称为高龄亲和产业，其高龄亲和用品行业与居住产业发展较为成熟，同时颁布了《高龄亲和产业振兴法》，不断完善自身的法律制度与政策福利保障制度。美国根据不同地区老年人经济水平状况进行划分，制定相关区域的老年政策与适宜的银发产业发展机制，银发教育产业尤为突出。日本作为银发产业最发达的国家之一，其产业理论研究非常成熟。银发产业发展的过程需要各产业链相互补充促进，才能实现经济效益和社会效益的良性循环。根据党的“十三五”规划，我国经济已经进入次高增长的新常态阶段，消费被摆在了第一位。银发产业作为新兴产业，是推动我国消费转型升级的关键。但我国银发产业市场发展至今仍处于起步阶段。对比分析国外银发产业发展，其中制约我国产业市场发展的主要问题归纳如下：

（一）融资渠道狭窄，民间缺乏重视

通过国外银发产业的发展经验得知，健全的社会服务保障体系为银发产业的发展保驾护航。拓宽融资渠道对我国银发产业的未来发展至关重要。银发产业作为新兴产业，发展过程中大部分以中小企业为主，金融机构对于新兴产业的信任不足，相关领域融资渠道缺失与发育不健全，导致银发产业的发展缺乏保障，想投资又不敢投资，融资成为制约银发产业发展的关键因素。银发产业融资服务与保障体系不足成为资金与银发产业之间衔接的瓶颈障碍。如何扩大民间投资，如何为产业发展提供融资保障，是当下银发产业发展过程中的当务之急。

（二）政策支持乏力，市场监管不足

韩国健全的法律政策为本国的银发产业发展提供了法律保护，规范了市场行为。然而学者徐雨森、郑酥鹏、刘雨梦在适老技术的研究报告中指出，我国学者对于银发产业政策方面的研究缺失，且国家对于银发产业所颁布的产业政策不足，对于银发产业政策缺乏关注，银发产业的政策研究领域仍处于空白状态。相对于国外成熟的法律政策，我国针对银发产业出台的有关政策及指导意见仍没能形成规范体系。由于地区经济发展差异，许多乡镇老年护理机构不够正规，媒体报道有关虐待老人，侮辱、歧视老人等事件时有发生。地方政府不够重视导致行业规范不达标，资金投入不足导致专业设施配备不到位。地方各级政府和相关部门没有相关专业人士，忽略了老年消费市场，对银发产业的定位和理解存在偏见。政策的缺失导致投资力度不足，对于银发产业的认知仅局限在“投入大、风险高、回报少、公益性强”的阶段。现如今产业发展缺乏一定的行业标准，入市门槛低，产品鱼龙混杂，质量不过关。相关数据显示，在有被骗经历的老年人中，中高收入的老年人分别占67.1%和24.3%，且被骗金额相对较高，可

见老年消费群体具备足够的消费能力，然而相关的法律规范不够健全，使得黑心商家高价出售营养保健产品和无用理疗产品，从中获取暴利。

（三）概念定位模糊，市场供求不均

对比日本完整的三维产业论，我国银发产业迄今为止市场定位模糊，在理论建构方面缺乏整体明确的概念，很多学者要将银发产业区别于老年产业和养老服务业，由此可见，对产业概念的划分，民间并没有达成统一的共识。对于银发产业的概念进一步划分，以及对专业用语的基础概念进行明确的划分有助于促进产业发展的规范性。银发产业概念划分不明确导致银发产业市场无法分层，目标客户消费结构特征不够明确，从而无法平衡市场供求。

（四）老年娱乐产业缺失，产业发展单一

美国银发产业的发展不仅从物质的角度出发，更从人文的角度出发，注重丰富老年人的业余精神生活。因此在“未富先老”的大背景下，丰富老年人的业余生活，提高老年人的基础素质尤为重要。目前我国银发产业市场发展忽略老年人精神层面需求，单一局限于服务行业及用品行业。对比起发达国家我国老年人业余生活相关的产业链发展并不够充分，主要以社区组织的老年活动中心为主，老年人业余精神生活不能得到满足。

四、我国银发产业的创新发展思路

结合国外银发产业发展的状况，基于我国银发产业目前的发展现状，本文提出以下发展思路：

（一）扩大融资渠道，促进多元融资

学者张同功认为，银发产业的发展必须扩大融资渠道，而促进多元融资业发展的突破口在于构建银发产业的融资支持体系，只有系统的构建银

发产业融资支持体系，才能使资金链条在银发产业发展的过程中得到周转，使得产业发展赢得政府和社会的支持，进一步促进产业融资渠道的多元化，从根本上解决银发产业发展所面临的根本问题。由于现如今银发产业发展具有项目投资时间长，且利润回收慢，不确定因素大等特点，使得许多民间力量不敢投资，望而却步。因此政府也应当建立起老龄产业投资风险防范体系，降低投资风险，进一步扩大融资，带动产业发展。经济规模的发展壮大离不开资金投入。现如今银发产业融资困难，政府在银发产业的发展过程中应扮演强有力的角色，提供有关的补助及政策优惠，使产业发展得到基本保证。学者刘祖云、田北海、庞欢指出，地方银发产业的发展一味依靠政府拨款时，就会导致供求矛盾，融资渠道狭窄，整体陷入畸形的饱和状态。因此在发展过程中也应当突破银发产业由“政府包办”的传统思维局限，积极调动产业积极性，鼓励外资融入。

（二）政策产业结合，加强市场监管

我国银发产业未来的发展应当政策与产业结合，加强市场监管。以客观的福利政策为支撑，不仅有利于解决养老产业发展过程中的核心难题，也有助于理论与实践相结合。目前，我国银发产业发展过程中强调福利的多元化，打破政府的公共服务与市场服务互相推拉的情况。我国经济飞速发展离不开人口红利，但随着人口老龄化的加剧，劳动密集型产业向国外转移，人口红利开始消失，推动劳动力转型成为必然。如今银发产业发展已成为我国经济发展过程中不可或缺的一部分，与日后推动国家经济体制改革与经济转型密不可分。因此银发产业市场发展需要国家“看得见的手”进行调控和补充，以此达到效率最大化。学者李浩认为，政府与福利机构要建立起良好的关系，要积极调动市场的活力，适度放权，发挥市场的杠杆作用。我国政府针对老龄产业颁布相对应的法令、制定相对应的制度、政策行使其政府职能，也是在市场调节中寻求有效机制的平衡点。在如今银发产业发展的大环境中，国家应提供财政支持，尽快完善相对应的政策与法律制度，调动民营企业的积极性。

（三）明确概念定位，把握消费心理

学者杨立雄、余舟提出，将养老产业和养老事业进行划分，认为养老产业（银发产业）属于市场行为，泛指服务于老年人口的产品及相关的经济活动。养老事业属于政府行为，通常指政府及民间的物质支援、精神慰问和照料服务，如社区义工、老年权益保障、老年社会服务等。养老产业的发展离不开养老事业的支持，只有把银发产业与宏观经济结合起来，才能推动我国银发产业向着更为广阔的方向进一步发展。

福利国家的经济学理论指出，市场无效率是由不完全的市场竞争，特别是信息不完整导致的，从而无法达到最优状态。因此在产业的发展过程中，对目标消费团体进行细分有助于进一步集中人力和物力，投入目标消费市场。细分银发产业市场，分析老年消费者的需求动机是必要的。根据银发产业发展过程，通过老年人的消费需求延伸的消费关系特征，大致可以概括为以下五种情况。第一，以主观友谊优先于客观信任的关系为中心消费者（Relation Orented Consumer）；第二，如果有人帮助，愿意挑战的建议依赖消费者（Advise Defended Consumer）；第三，以体面和名分为基础的注重比较的消费者（Compare Centered Consumer）；第四，以比深度信息更重视亲身体验的经验为中心的消费者（Experience Consumer）；第五，既是集体的一员又不失自我的个性消费者（Me Identified Consumer）。

根据有关建议型消费者的调查结果显示，世代同堂的情况下子女扮演建议者更能促进老年人的消费，并且能够促进有关的感情消费。与其类似的是以亲身体验为中心的银发消费者。这一代年长者拥有更多财富和更开放的心态，他们试图显得比自己的实际年龄更年轻，打破市场对“中老年人”这一标签的刻板印象，越来越多地突破年龄对于他们生活和工作的限制，由此引起的消费升级会增加老年消费者对于中高端产品的需求。因此银发市场不应只主导单一消费，面对多样化的老年消费需求，市场不仅应当重视品牌开发设计，还应培养老年人消费品牌企业，让老年用户参与到产品的研发过程，结合老年人的习惯特征形成其相对应的消费市场设计，

进而完成消费的良性循环。

（四）发展娱乐产业，丰富业余生活

我国银发产业应当加快老年娱乐相关的产业发展，丰富老年人的精神生活。随着经济水平的发展，老年人的物质生活质量越来越得到满足，但精神层面的需求往往被社会忽视。针对性发展娱乐产业不仅能够满足老年人业余生活的精神需求，同时也带动周边相关衍生产业的发展。推广老年大学教育，积极推进老年人旅游项目。加强老人基础教育，有助于挖掘老年人“第二人生”的自我潜能，增强老年人的自我认同感与归属感，其次有助于提高社会总体素质，降低老年犯罪率，使人口高龄化能够更好为社会教育投资，加快社会的人力资本积累。同时我国银发产业市场应根据老年用户的需求加快智能化、数字化产品的普及速度，使信息化适老技术的发展切实融入未来的老年人消费需求中。重视银发娱乐产业的发展不仅有助于丰富老年人的业余生活，还有利于带动我国银发产业整体发展完成质的提升。

结语

银发产业的进一步发展是对老年人逐步提升的物质文化诉求所做出的回应，为的是给当今社会的老年人提供更加优质的生活。在发展过程中要把国外相关的产业发展经验本土化，结合本国国情做出合适的选择。同时，国外银发产业发展成功的案例告诉我们，政府应进一步探索适合本国国情的银发产业政策支持，为银发产业日后成为中国经济发展的支柱力量助一臂之力。其次，市场是千变万化的，在银发产业的创新发展过程中，市场革新的速度有时也会远远高于质量产品产出的速度，尤其是竞争加剧的智能产品。注重倾听老年消费者的需求，针对性的利用自身的资源，才能到达最佳的产业发展状态。不错过正确的市场时机，才是在激烈的国际竞争中取胜的关键。

（作者：戴一平　指导老师：于明江）

韩国老年产业发展政策及其对我国的借鉴意义

随着全球经济的飞速发展与人口结构的渐趋老化，老龄化时代的特征日益显著。20世纪70年代，老龄化还仅是发达国家的问题，进入80年代以后发展中国家也开始出现老龄化问题。老龄化不仅仅是老年人口的增加，经济、教育、文化、环境等各方面都随之发生变化。目前，中国老年人口规模的不断增加和快速的人口老龄化进程，迫切要求我们关注和重视老年产业的发展。

在东北亚地区，除日本外，韩国的老龄化程度首屈一指，但韩国已形成较成熟的老龄化应对体系。老龄亲和产业作为韩国政府、社会及企业关注和助推发展的产业部门，已成为韩国未来经济增长的新引擎。韩国的老龄化与老龄亲和产业都早于中国出现，其较成熟的理念和经验可供中国借鉴。

一、老年产业的含义

（一）老年产业的界定

在韩国，老年产业被称为“老龄亲和产业”。韩国保健福利部规定老年产业是针对老年人（或中年人）民间部门按照市场经济原理提供有助于健康、便利、安全的产品和服务的产业。低出生老龄社会委员会规定，老年产业是一个满足老年人由于老年人生物性衰退和社会经济能力减弱而产生的需求的行业。

在我国，老年产业又称为“老年产业”“银发产业”。20世纪90年代中期以后，老年产业领域的研究开始受到学术界的广泛关注和重视。1997年5月28日，全国第一届老年产业座谈会上正式提出了老年产业的概念，认为

“老年产业是满足老年人特殊需要的产品、设施和服务，包括老年人衣食住行以及精神文化方面需求的具有同类属性的行业、企业的经济活动”。老年产业作为专门以老年人为服务对象，集生产、经营、服务为一体，为老年人提供全方面的供给的行业。因此，老年产业不是传统意义上的独立产业，而是由老龄消费市场需求形成的国民经济中的新兴产业集群，覆盖了大部分的一、二、三产业相关产业领域。

（二）老年产业的范围

韩国《老龄亲和产业振兴法》第二条规定，老年产业是指研究、开发、制造、建造、提供、分销或销售老龄亲和产品的产业。共包括十四大产业，即为护理、仪器、信息、休闲、金融、住宅、韩方药、农业、交通、食品、药品、殡葬、服装、教育。（见表1）

表1 韩国老年产业类型及主要内容

类型	主要内容
护理	居家护理服务，设施护理服务
医疗福利器械	居家 / 远程诊断治疗，便携式多功能健康信息系统，中药，护理仪器，室内外移动支持系统
住宅	改造老人住宅，老人专用租赁住宅
韩方药	韩方药保健观光，抗老化及保健功能食品，老人专用韩方药化妆品，专治老年病韩方药
休闲	老年休养园区，老人体育用品，老人益智玩具，游戏
农业	老龄归农教育，田园型老龄主体农村，退休农场
金融	年金管理，资产管理
信息	居家护理，信息通信辅助仪器，软件开发
殡葬	火化，骨灰盒，殡葬仪式移葬服务
服装	保健功能服，休闲运动服，保持体型服
药品	神经系统药，循环系统药，老年病专用药
食品	特殊药用食品，保健食品
交通	无障碍公交，定位仪，电子显示屏
教育	老年就业教育及培训

资料来源：高龄化未来社会委员会（2005）.高龄亲和产业活性化战略

根据2015 年 12 月16日第五次韩中日三国高龄化会谈，中国根据高龄者的特殊需求和未来中国高龄产业发展的整体结构，将老年产业分为以下

几个种类。养老服务、不动产、卫生保健、文化休闲、日常生活用品、教育、金融、咨询服务、保险、其他。（见表2）

表2 中国老年产业类型及主要内容

类型	主要内容
养老服务	各种养老服务机构、居家养老服务、社区养老等
不动产	老年住宅、老年小镇、养老院等
卫生保健	老年人药品、健康保健品、老年医疗辅助机器等
文化休闲	老年旅游，老年人文化体育休闲等
日常生活用品	老年人服装、生活用品等
教育	老年人大学，老年人进修班等
金融	为高龄者量身定做的健康储蓄计划、证券投资计划等
咨询服务	老年人权益保护、心理、职业、结婚咨询服务等
保险	有关老年人的生命保险、健康保险、养老保险等
其他	

资料来源：第五次韩中日三国高龄化会谈（2015）

二、韩国老年产业发展现状

2000年，韩国65岁以上老年人口比率上涨到总人口比率的7.2%，全面步入老龄化社会。随着医疗水平的进步以及死亡率的降低，韩国老年人平均寿命不断提高，老年人人口比重也不断增加。截至2018年人口老龄化比率提高到14%，步入老龄社会。预计2026年进入超老龄社会。而与之相反的出生率则持续下降，相对于生育率的更替水平的2.1，韩国2013年总生育率仅为1.19。根据高龄亲和产业支援中心统计，2018年65岁以上老人的数目比起0—14岁儿童多出57万名，预计国内人口将从2031年开始减少，迎来1800万的高龄人口。生育率的降低带来了人口骤减以及劳动人口不足的问题，韩国政府预计2030年的老人抚养比将提高到38.6%。相比2010年高出23.38%，这种情况导致经济增长率的负增长，不利于国家的发展。个人和家庭方面也会产生抚养者压力增长，老人的幸福感降低，易导致代际矛盾。

为解决高龄化带来的负面问题以及促进国家的发展，韩国政府一方面提高老年人的基础福利水准，通过法律政策保障老年人的医疗与收入；同时针对老年人的需求开发各种产品与服务，鼓励并扶植老年产业的发展，形成双向的良好可持续发展。在扩大内需的同时，立足各国的不同情况，积极拓展国外市场，使老年产业成为国家经济增长的全新动力。

2005年开始，韩国每5年制定一次《低生育率高龄社会基本计划》，提高国民生活质量，促进国家经济发展。2006年，韩国颁布了《老龄亲和产业振兴法》，强调法律扶持老龄亲和产业发展并构建产业培育体系的重要性。同年，设立老龄亲和产业展示体验馆。2007年，实行优秀高龄亲和产品指定制度。2008年，实行老年长期照护保险制度。2012年，制定了《老年痴呆管理法》，以加强对老年照护资金的支持。2013年，60岁的老人退休合法化。2014年，实施了基础年金制度，以保障老年人收入来源。政府还计划到2021年至2025年实施智能健康管理老龄亲和产业，到2026年至2030年将老年产业作为主要出口企业，将比例提高到20%。

韩国《老龄亲和产业振兴法》选定了十四大产业，护理、仪器、信息、休闲、金融、住宅、韩方药、农业、交通、食品、药品、殡葬、服装、教育作为老龄亲和产业的重点发展内容。2010年为止，高龄亲和产业市场规模将约达33兆2241亿韩元，于2015年上升至67兆9281亿韩元，到2020年将达到124兆9825亿韩元。（见图1）

（单位：亿元，%）

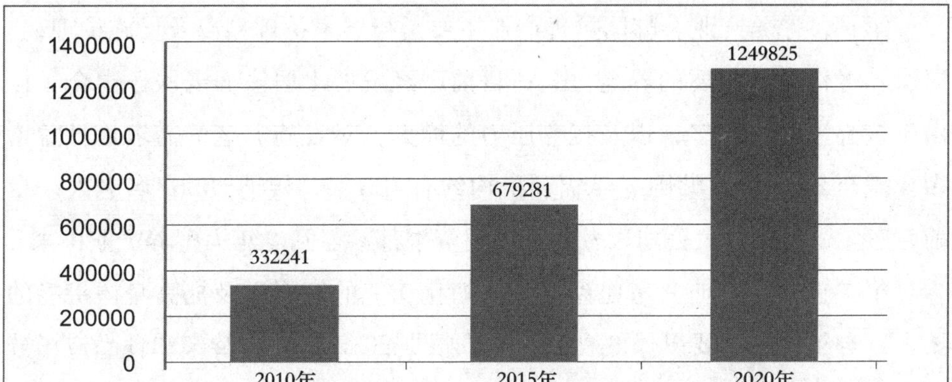

图1　高龄亲和产业市场规模展望

资料来源：保健福祉部（2016），高龄产业育成结果报告书

在高龄亲和产业中占最大比重的产业为高龄亲和娱乐业，占9兆3000亿韩元（34.0%），其后依次为食品6万亿韩元，医药品3兆7800亿韩元。反映最高成长率的产业是疗养服务，预计年均增长率为16.6%（见表3）。从老年产业在拉动适龄劳动人口就业情况来看，2010年创造41万个工作岗位，预计2020年将达到66万。

表3 细分产业市场规模展望

（单位：亿元，%）

	2012年		2015年		2020年		CAGR（12-20）
	市场规模	比重	市场规模	比重	市场规模	比重	
医药品	37,791	13.8	54,010	13.8	97,937	13.4	12.6
医疗器械	12,438	4.5	17,827	4.5	32,479	4.5	12.8
食品	64,016	23.4	93,609	23.8	186,343	24.2	13.5
化妆品	6,945	2.5	10,645	2.7	21,690	3.0	15.3
用品	16,689	6.1	18,770	4.8	22,907	3.1	4.0
疗养	29,349	10.7	46,533	11.9	10,0316	13.8	16.6
住宅	13,546	5.0	14,209	3.6	14,301	2.0	0.7
休闲娱乐	93,034	34.0	137,237	34.9	262,331	36.0	13.8
合计	273,809	100.0	392,839	100.0	728,305	100.0	13.0

资料来源：高龄亲和产业实态调查以及产业分析，韩国保健产业振兴院，2014

下面主要考察疗养服务、食品、医药品、休闲娱乐业等领域的产业发展状况。

第一，疗养产业。韩国护理产业主要是指居家护理型以及设施护理型。居家养老作为最主要的养老方式，目前已经发展出居家养老服务中介。但由于核心家庭的增多，以及抚养压力的增大，对设施养老的需求也日益增多。截至2013年，韩国老年福利机构约有435家，接纳13567名老人。目前，三星、现代等大公司以及各种民间资本都参与到老年人疗养产业中来。

第二，食品产业。考虑到老年人消化功能的衰弱以及提高身体机能的要求，老年食品主要以保健食品为主。根据2015年《高龄亲和食品市场分析报告书》显示，韩国高龄亲和食品市场规模从为2011年的5103亿韩元增加到了2015年的7903亿韩元，增加了54.8%，占韩国食品市场总额的1.5%左右。政府也表示将通过重点培育高龄亲和食品市场来扩大国内市场。

第三，医药品产业。医药品产业作为属于老年产业的重中之重，具有附加值高的特点。老人人口数目随着老龄化发展逐步攀升，老人所需的药物数量也随之升高。2014年，65岁以上的健康保险投保人占全体健康保险投保人的11.9%，但老年人的医疗费（总疗养津贴）占总诊疗费的35.5%。65岁以上的高龄人口的总药费从2010年的3兆8000亿韩元增至2014年的4.5万亿韩元，年均增长4.5%。据振兴院《高龄化产业实态调查及产业分析》的调查显示，高龄亲和医药品产业的市场规模将从2010年的约3兆8000亿韩元增至2020年的约9兆8000亿韩元，年均增长10.2%。

第四，休闲娱乐。老人休闲设施有老人福利馆、敬老堂、老年教室、老人休养所。2008年，韩国老人福利馆有228家、敬老堂57830家、老年教室1260个、老人休养所4家等。其中大部分设施由公共机关负担费用。根据调查显示，老人休闲娱乐活动选择看电视的比例较大，但在老年人旅游、老年教育与老年体育运动方面也有了新的发展。

三、韩国老年产业发展政策分析

（一）通过建立完善的法律制度体系，规范和促进老年产业发展

韩国政府于2005年5月18日制定《低出生老龄社会基本法》，并设立低出生老龄社会委员会，由保健福利部长官管辖，制定属于韩国初期阶段老龄化的基本发展计划，并由政府每五年进行一次修改，以应对高速老龄化与低生育率带来的人口结构并预测社会经济变化，制定中长期社会政策维持社会良性发展。

第一次计划2006年12月通过《老龄亲和产业振兴法》，主要内容包括放宽对老年产业限制、完善财政税收体系；指定老年产业支援中心，制订、评估企业与老年产业发展计划；培养专业人才支持创业；宣传、提供信息，展开跨领域交流；开拓国外市场；设立高龄亲和产品指定制度和老龄产品和服务质量管理制度；设立高龄亲和产品展示体验馆。2007年的《基础老龄年金法》与《老人长期护理保险法》有效建立起了老年人收入保障体系和

健康医疗保障体系。同时通过制定、修改老年人福利标准，完善了该体系。在扶持老龄亲和产业的方面，建立老年产业支援中心及产业集群，开办优秀产品展示会。初步建立起了高质量的老龄社会基础。

第二次计划是在第一次计划建立了老龄亲和型社会的基础上的进一步稳定和完善。对《老人长期护理保险法》以及利用老年劳动力上提出了更具体的要求；完善拓展了指定高龄亲和产品的质量及范围；在技术开发、产业集群的基础上拓展海外市场。

（二）提高老年人的收入，激发老年人消费需求

通过《基础老龄年金法》完善老年人收入保障体系。《基础老龄年金法》实施后领取基础老龄年金比率从2005年的14.2%提高到2010年的70%。

通过《老人长期护理保险法》完善健康医疗保障体系。在老年人支出的主要部分医疗护理方面，通过优化保险给付标准，使更多的老年人在医药、护理、福利器具、预防等各方面得到保障。

利用老年劳动力，增加收入渠道。随着社会家庭结构的改变，核心化家庭的增多，老年人经济上、社会上的独立性不断提高，政府制定法规增加老人就业岗位，为老人提供更多增加收入的渠道，也提高了老人的社会参与率。

完善老后教育，提高老年人理财能力。随着老年大学的增加以及课程多样性的发展，为更多老年人提供资产理财课程、老后设计与健康管理以及多方面的兴趣课程，在提高老年人理财能力的同时扩大老年人的个人需求。

（三）建立高龄亲和产品指定制度和老龄产品与服务质量管理制度，保障老年人产品和服务质量

1.高龄亲和产品指定制度

韩国实施优秀高龄亲和产品指定制度，指定老年亲和产业支援中心，2008年度首次实施，一年两次申请/审查（上半/下半年）。截至2010年10月共有703个产品作为产品提供源。该制度的目的是通过审查高龄亲和产品的质量，规范老龄产品质量，促进行业良性竞争、挖掘优秀企业的同时提

高老人对产品、服务的信任和体验感。目前指定产品有手动轮椅、褥疮预防床垫、褥疮预防坐垫、电动床垫、手动床垫、手杖、步行车、步行辅助车、移动便器、简易便器、安全扶手、洗浴椅子、姿势转换用具、沐浴提升机、移动浴缸、洗发器、老人用鞋子。

2.提高老年产品质量

在《低出生老龄社会基本法》第一次计划中，设立促进技术开发，建立老年产业支援中心及产业集群的目标。政府各部门分工合作促进老年产业发展进步。在14大产业中第一批选定8大产业中的20余个品种作为重点扶持产业和品种。财政部、文化部、教育部、交通部、信息部分别在投资、开发高龄金融产品、开发老年人休闲娱乐产品、提供老年教育、发展老年住宅、提供高龄信息方面做出了努力。

同时设立老龄产品和服务质量管理制度，加强产品进入市场前的质检，优化产品的合理性，减少劣质产品市场进出率。提高产品售后服务，维护消费者权益，甄别伪劣产品，实行申告补偿制度。收集老人的需求与特点的数据，量化产品开发标准，并收集专家、护理人员与使用对象本人的反馈，对产品进行改善。

（四）强化配套服务，完善市场运营机制

考虑到身体与认知智能低下的老年人特点，通过高龄亲和产品的展示和使用体验其便利性与安全性，通过对不同老年人提供情报（包括疗养、住宅、文化、观光、自我管理等），有利于宣传优秀产品、政策、制度，帮助老年产业创出，提高产品竞争力以及老年人生活质量向上提高。政府对此项目提供了展示场地、体验馆内产品购入、维护保修等月100亿韩元的支持。目前运营情况来看，在京畿道城南市（2008年），庆尚北道浦项市（2011年）、全罗北道光州（2011年）已开设了体验馆。

（五）鼓励老龄企业走出去，开拓国际市场

鼓励老龄企业开拓国外市场。韩国认为，虽然本国老龄企业具有竞争

力，但海外信息搜集能力落后，因此需要政府的支援。通过2006年统计院的数据显示，50岁、65岁以上的人口构成，日本为35.9%，中国为23.6%，且与韩国的文化身体特性有着较多的相似点，因此选定中日为韩国发展海外的重点。政府指定老年产业支援中心与有关协会、团体、民间专家建立联系网络，通过多学科跨领域开展信息交流，经营老年产业信息网站，收集、共享及利用信息，提高中小企业产品竞争力。同时政府指定优秀高龄亲和产品和企业进入国外市场，提高海外认识度，扩大产品销路。

四、中国老年产业发展面临的机遇和挑战

（一）中国老年产业发展面对的机遇

1.中国老年人口基数庞大，老年产业消费群体充足

据统计，2015年我国老年人口数目达到2.22亿，占全体的16.15%。预计2025年，老年人口突破3亿，跻身超老年型国家。高速的老龄化在带来劳动力不足等困难的同时，也为中国老年产业发展带来了机遇。“十三五”规划明确指出经济结构要从现有的制造业主导过渡到服务业主导，产业结构要从劳动力密集过渡到资本与智力密集。老年产业作为一个横跨第一、二、三产业的综合产业且占第三产业比重较高，在提高第三产业所占份额方面有重要意义。老年行业作为适应社会和经济发展的新兴行业而出现，无论其产业规模还是产业发展前景，它都极有可能成为新的经济增长点。无疑，老年产业将会成为成为拉动经济增长的重要力量。

2.老年消费市场潜力巨大，老年产业发展即将迎来快速增长期

截至2015年中国60周岁以上的老人已有2.2亿，潜在需求巨大。据国家社科基金《养老消费与养老产业发展研究》课题组测算，2015年中国老年市场规模达1.87万亿元，到2050年中国老年市场规模将达48.52万亿元，预计老年市场将以9.74%年增长率高速发展。同时老年收入总量的稳步增加，老年人购买力上升。以城市老年人为例，领取退休金的人数占有相当的比例，到2020年时将达到28145亿元；到2030年，将增加到73219亿元。

再加上子女、亲属为老年人支出的消费，实际数额更巨大。并且随着我国经济的发展，老年人的收入将呈不断增长之势，这将使不断扩大老年市场的规模。

目前我国核心家庭数量上升，与子女同住的老人逐渐减少。城镇化的发展也使我国出现了不同于他国的特殊情况，我国农村老人人口数大于城市老年人口，独居的空巢老人、留守老人的数目上升。随着生育率的降低，子女赡养老人的压力不断上升，难以以一己之力赡养老人；社会各方面对国家、民间力量发展老年产业的支持率不断升高。仅仅依靠社会福利难以满足老年人的多种需求，各级政府已经通过加强老年产业的社会化、市场化，致力于建立多元的市场体系，完善老年产业市场。国内外相关成熟企业和资本也纷纷瞄准中国老年产业，助推我国老年产业发展，我国老年产业的发展即将迈入快速发展期。

3.老年人需求多样化，老年产业呈现多元化发展态势

虽然老年人平均收入较低，且有着传统的节约型消费理念与理智型消费态度，但根据生活环境、年龄、职业等划分老年人的身体状况、消费习惯、能力、取向、心理千差万别，产生的需求也是千变万化的。目前我国老年产业的投资方向也日趋多元化，老年产业作为集生产、经营和服务为一体的综合性产业，涉及领域广泛，包括养老服务、不动产、卫生保健、文化休闲、日常生活用品、教育、金融、咨询服务、保险等方方面面。

4.随着市场经济的进一步发展，老年产业的制度保障逐步得到改善

产业发展的基础要依靠制度和规范作支撑。尽管目前我国的市场经济体制还很不完善，但是随着经济体制的改革与市场经济的发展，与老年产业发展的相关政策将会先后出台或逐步完善，相关行业法规和管理水平也将逐步标准化，这将为老年产业的发展奠定坚实的基础。

习近平主席在2016年G20峰会期间提到，要大力发展养老服务业和老年产业。老年产业不仅有利于我国人口老龄化问题的解决，对于我国经济发展、吸纳就业也具有积极作用。国家颁布的“十三五”规划阐明了养老战略意图，明确政府工作重点，引导市场主体行为。2016年5月27日，中共中央政治局就我国人口老龄化的形势和对策举行第三十二次集体学习，提出要着力发展养老服务业和老年产业。我国老年群体数量庞大，老年人用品和服务需求巨大，老龄服务事业和产业发展空间十分广阔。要积极发展养老服务业，推进养老服务业制度、标准、设施、人才队伍建设，构建居家为基础、社区为依托、机构为补充、医养相结合的养老服务体系，更好满足老年人养老服务需求。要培育老年产业新的增长点，完善相关规划和扶持政策。要建立老年人状况统计调查和发布制度、相关保险和福利及救助相衔接的长期照护保障制度、老年人监护制度、养老机构分类管理制度，促进各种政策制度衔接。

（二）中国老年产业发展面对的问题与挑战

1.老年产业发展的政策法规不完善，缺少相应的政策支持与规范引导

从政策方面看，老年产业横跨一二三产业，集生产、经营和服务为一体，涉及广泛领域。这就要求相关部门在完善对应政策的同时，也要促进所涉及的政府职能部门通力合作，保证老年市场的系统有序运作。从中央政府出台的促进养老发展的二三十项政策法规看，只有《中华人民共和国老年人权益保障法》《社会福利机构管理暂行办法》和《民办非企业单位登记管理暂行条例》等少数几项属于法律法规范畴，其他都是短期政策措施。而《民办非企业单位登记管理暂行条例》中一些条款已成为社会资本进入养老行业的阻碍。社会投资者在享受民办非企业优惠政策的同时，失去了权益保障以及对资产的收益、处置和退出的权利，这使得社会资本对投资老年产业积极性降低。

其次，政府政策支持力度不足，影响民间资本导入。首先，在早期投融资上限制贷款补贴和贷款补贴的条件太多，以及信用获取基本条件难以满足导致了资金筹措比较困难。其次，产业发展缺少政策性的优惠措施。从吸引资金进入运营阶段再到最终处置阶段，没有系统的税收减免政策和相应的管理机制。税收优惠面窄，主要集中在公办养老机构上，对民办养老机构优惠有限。目前出台的优惠政策也由于缺乏部门统筹规划与通力合

作，并且发布的大部分政策只是原则性和指导性的，导致缺乏切实可行的措施和配套政策，实践中很难实施。除了2013《国务院关于加快发展养老服务业的若干意见》对政策性的优惠措施提出了较为系统的要求外，其他补助和优惠扶持的具体政策基本上分散在地方法规的规范性文件中。这些规范性文件存在着很大的区域差异性、变化速度快的问题。

最后，老年产业的发展缺乏行业规范和指导，不利于老年产业有序运行。目前，中国老年产业还没有形成一个有竞争力、公平有序的市场。政府要建立老年市场的市场准入制度、行业标准和规范，加强对产品和服务的质量监督，严厉打击侵犯老人权益的行为，建立行业诚信体系。

2.缺乏人才扶持政策，专业人才供给不足

2015年，中国60岁及以上老人已达2.2亿，占总人口16%，65岁及以上达到10.1%。按照国际公认规则，3位老人需要1名护理人员来推算，我国约需要1000万名护理人员。目前全国老年福利机构就职人员不足60万，其中仅10万人取得养老护理职业资格。

目前我国从事老年护理的专业人才较少，大专及以上教育水平的人仅占7%左右。专业人才不足的原因，首先是相关教育培养这方面专业人才设置的相关专业不多，其次专业技术人员待遇水平低且工作强度大。

3.老年人消费能力相对偏低，消费观念相对滞后

任何行业的发展都与其面向对象的实际购买力密不可分。根据2016年10月9日公布的第四次中国城乡老年人生活状况抽样调查成果显示，截至2014年，我国城镇老年人年人均收入达到23930元，每月约2000元。农村老年人年人均收入达到7621元，每月约630元。从老年人收入结构来看城镇老年人保障性收入比例为79.4%，其他的比例为20.6%。农村老年人保障性收入比例为36.0%，其他收入的比例为64.0%。根据老年人的消费结构数据来看，2014年，城乡老年人人均消费支出为14764元。从支出结构来看，日常生活支出占56.5%，非经常性支出占17.3%，医疗费支出占12.8%，家庭转移支出占9.0%，文化活动支出占3.2%，其他支出占1.2%。老年收入保障制度不健全和低收入问题，严重制约了老年产业的启动和发展。老年人消费领域主要是基础方面，且消费之余有较高的储蓄倾向，使得老年产业发展过程中的有效需求明显不足情况。

4.老年产品与服务质量监管不足，老年市场运营体制与机制不够完善

我国老年产品及服务中存在着产品质量不可靠、销售手段不正规的问题，为解决这些问题，监管漏洞亟待填补。首先，执法部门对无序竞争、为了利益不择手段的不法商家查处和惩罚力度不足，使得违法商家有机可乘。另外，对基层执法人员的培训不足，监管人员不能够透彻理解和熟练应用法律、法规，对老年产品与服务进行有效监管。其次，由于这一类公司往往具有如分散度大、流动性高的特点，执法机构在实施过程中也存在一定的困难。执法人员不足，缺乏关于非法来源的信息以及公司注册信息不完整是当前执法过程中最重要的问题。因此，除执法部门外，还要强调群众违法行为的监督报告制度，完善监督网络，及时掌握市场动向。一旦发现非法商业组织或非法销售活动，应立即予以处理或禁止。2013年，中国食品药品监督管理局颁布了《食品药品违法行为举报奖励办法》，鼓励公众积极举报食品药品违法行为。但从目前来看，这一机制的实施并不理想，有关部门应加大宣传力度，让更多的公民参与监督工作。

在市场运营方面，中国养老产业市场相对冷清，形成了“厂家不想做，企业不愿卖，消费者无处购买”的恶性循环。中国的老年产业目前只在基础医疗方面有所发展。老年人产品市场具有企业少，产品单一，供应不足，市场冷清，缺乏针对性等特点，各方面皆落后于市场需求以及高速的高龄化发展。究其原因，一是我国老龄产品供给机制不够完善，导致老龄产品多元化供给不足，难以满足多元化老龄需求；二是老年产业运营体制与机制不够健全，未能真正显示出市场在资源配置中的决定性作用，真正实现市场基础上的老年产业资源全要素配置，从而激发出老年市场的活力。各级政府应该出台相关激励政策，鼓励企业加大老龄产品开发力度；进一步完善市场运营体制与机制，创建健康、公平、有序的良好市场环境，激发老年市场活力。

五、韩国老年产业发展政策对我国老年产业发展的借鉴意义

韩国在老年产业发展政策方面，通过建立完善的法律制度体系、建立高龄亲和产品指定制度和老龄产品和服务质量管理制度，提高老年人的收入，强化配套服务，开拓国际市场促进了其老年产业的发展。借鉴韩国老年产业发展政策，对立足于我国国情，完善老年产业发展政策，推动老年产业健康发展意义巨大。

（一）完善老年产业的政策法规体系，加强政府的宏观引导

参考低出生老龄社会基本计划，在社会经济发展规划中纳入老年产业。参考韩国在其老年产业发展初期提出的第一次老龄化计划，通过建立老年产业制度基础、促进产品服务技术开发建立初步产业链，及调整老人福利标准等应对高速老龄化带来的社会经济变化，维持了国家可持续发展。与韩国老年产业发展初期相同，我国目前也处于老年产业的初期发展阶段，各级政府在制定、实施社会经济发展计划时，需要将老年产业建设发展提上日程，发挥老年产业经济活性化的作用。在各级发展计划部门制定投资计划、安排投资项目时，要逐渐加大对老年产业特别是老年服务业的投入，积极推动老年产业的不断形成和健康发展。

韩国对于法人税（所得税）、注册税、印花税、取得税（对取得不动产等的地方税）、财产税综合土地税、开发利润负担金、对创业企业投资的所得税提出了具体减免、补助政策。目前，我国对老年产业的投入存在着明显的不足。主要原因是我们的准入、税收等方面的相关政策并不完善，扶持、优惠力度不足以吸引社会资本进入老年产业。

财税政策方面，我国可通过政府采购、补助贴息、减税和优惠等方式吸引社会资本参与老年产业发展。要注重改变供给侧补贴高于需求侧补贴、建设补贴高于运营补贴的现状。同时在政府向私营养老服务机构购买服务时，可以适当下放税收决策权给地方政府，允许其根据区域差异性，制定财税政策。定价方式可使用市场、协议、点差价格购买。此外，以服务效

益为激励基础，对私营养老服务机构自律公约的执行情况进行检查，指定优秀企业发挥示范作用。

在创新政策方面，为提高老年产业在国民经济中的地位，要推动老年产业的技术革新，加快以技术应用为支撑的产品创新和市场化运作为主的经营模式创新，扶持和引导企业开发、生产、经营针对老年人的需求的用品和服务。打造完整的老年产业链条，搭建和完善产业创新平台，培育老年产业集群，推动老年产业结构调整和产业升级。

在金融政策方面。基于老年产业自身特点，建立政府扶持老年产业发展的专项信贷担保计划。减少早期投融资上限制贷款补贴和贷款补贴的条件，开拓老年产业企业的投融资渠道，开发专属老年产业信贷服务项目。

在土地政策方面，如在城乡发展规划中加入公益性老年产业用地。通过国家分配，协议转让，租赁和合作业务的方式，将部分闲置公用地调整为老年服务用地，以适应老龄化的需要加强社会售让、承租使用国有土地和房屋用于老龄服务用房。

最后在部门管理体制方面，政府出台的很多法律政策都因为各部门合作不当而难以落实，要加强各部门对老年产业的投入以及合作。

（二）完善社会保障制度，提高老年人的消费能力

相比韩国，我国老年群体有着“未富先老”的特点。老年人的收入水平低下制约了他们的购买力，为解决这一障碍，完善养老保障制度至关重要。韩国第一次老龄化计划实施后，通过2007年的《基础老龄年金法》与《老人长期护理保险法》，有效建立起了老年人收入保障体系和健康医疗保障体系。同时通过制定、修改老年人福利标准，完善了该体系。领取基础老龄年金比率提升至70%，并对医药、护理、福利器具、预防等各方面提供保障。《长期护理保险法》通过预防疾病也大大减少了老年人医疗费用总支出。我国要进一步完善老年社会保障体系，建立城乡居民基本养老金增长调解机制，逐步提高城乡居民的基本养老金，保证和提高老年人收入保障水平。进一步完善城乡居民医疗保障体系和职工医疗保障制度，逐步推行大病医疗保险制

度，真正实现老有所医。对贫困老年人进行政府补贴方式的修改，建立以老年人为重点的标准化审查制度，对实现政策目标将更加有利。

（三）强化配套服务，完善市场运营机制

完善产业扶持政策。韩国在第一次低出生老龄社会基本计划中，提出了扶持老年亲和产业的目标。在我国初步发展的老年产业体系中，考虑到老年人身体机能以及社会经济能力较弱现实状况。我国长期以来由政府主要负担的老年福利情况，不能全部依托于市场经济来发展老年产业，要体现出老年产业福利性、公益性的特点。据此，要建立政府起指导作用，充分发挥市场在资源配置中的基础作用。

发挥政府监管作用。韩国老年产业支援中心，从提高服务质量层面对老人使用频率高的产品进行评估及认证，建立了老龄产品使用性能评价体系。开展老年产业发展所需技术及标准化研究。在我国老年产业发展的过程中，准入制度的设定和相关规范标准改进，是老年产业有序发展的基础。对法律法规加以完善，重视政府的宏观引导、对质量的管理和监督。设立老龄产品和服务质量管理制度，加强产品进入市场前的质检，优化产品的合理性，减少劣质产品市场进出率。提高产品售后服务，维护消费者权益，甄别伪劣产品，实行申告补偿制度。收集老人的需求与特点的数据，量化产品开发标准，并收集专家、护理人员与使用对象本人的反馈，对产品进行改善。对待老年产业从业人员良莠不齐的情况也要实施养老产业行业的职业准入制度，建立与完善职业体系和职业标准，要全面加强养老服务专业队伍的建设。在对各种老年产也从业人员提供相应的技能培训课程，通过资格证明考试等方法提高从业人员的能力水平。

加大老年产业的舆论宣传。韩国政府提供了展示场地、体验馆内产品购入、维护保修等约100亿韩元的支持，来宣传优秀产品、政策、制度、帮助老年产业创出、提高产品竞争力以及老年人生活质量提高。为了应对老年产品市场存在的虚假宣传以及促进大众对老年产品的认知度，可以通过大众传媒等手段，向大众宣传高龄化态势、老年产品市场状况、新产品、新政策

等。在为老年产业的发展提供信息支持的同时，让全社会认识到老年产业的重要意义，从而自发地参与老年产业市场、推动老年产业市场。

加强信息网络建设。韩国政府指定老年产业支援中心与有关协会、团体、民间专家建立联系网络，通过多学科跨领域开展信息交流，经营老年产业信息网站，收集、共享及利用信息，提高国民认识。我国需要加强相关部门、协会、专家联系，广泛开展学术交流，要建立、收集、共享老年人状况统计调查等信息，经营老年产业信息，为我国老年产业发展、政策完善提供系统、基础的情报。

（四）加强老年产品的供给侧改革，提高老年产品与服务的质量

韩国通过鼓励老龄企业开拓国外市场，提高海外认识度，扩大产品销路。目前，我国可以参考他国老年产业发展的经验与成果，购入优秀产品，学习先进技术。通过对他国市场战略、相关政策的参考，结合我国老年市场的实际情况，设计适合我国老年产业的市场调研、细分项目，提高我国老年产业产品与服务的研发能力以及质量。

强化、提高老年产品与服务质量。首先需要加强相关部门通力合作，提高监管效率。我们还应加强与公安，卫生，质检部门，质监部门和有关职能部门的合作，通过信息的及时交流与传递，达到合力打击非法行为的目的。其次，要加强产品监督抽样，杜绝质量问题。抽样是评估市场上产品质量的最直接和客观的技术措施。韩国通过设立老龄产品和服务质量管理制度中的加强产品进入市场前的质检，达到优化产品的合理性，减少劣质产品市场进出率的效果。我国应该在原有基础上扩大抽检对象，增加抽检品种，将可能存在非法营销行为的企业，列为日常监管重点检查对象，加大监管频次，确保其产品的质量，一旦发现抽检不合格，即刻依法查处。通过最初环节遏制不良品，维护老年人的权益。抽样检查的可以威慑非法经营者，使他们无法生产销售质量不合格的产品，从而提高老年产品市场的整体质量水平，保护公众的权益和安全。再次，要加快诚信体系建设，加大信息公开力度。韩国通过实施优秀高龄亲和产品指定制度，一年两次

申请/审查（上半/下半年）。截至2010年10月共有703个产品作为产品提供源。该制度通过审查高龄亲和产品的质量，规范老龄产品质量，同时提高老人对产品、服务的信任。我国应适时建立“黑名单”制度，对从事非法营销活动的企业进行公示，并依法惩处违法者。由交司法机关追究构成犯罪行为企业的刑事责任。最后，开展广泛的宣传教育，让老年人有意识地远离非法营销陷阱。目前我国老年产品市场存在非法营销的问题，一方面我们应该通过加强质检、质监来确保产品质量；另一方面，政府部门通过社区宣传活动、现场咨询、公开论坛和大众媒体向老年人揭露非法营销的违法性、欺骗性、隐蔽性和危害性，提高老年人对低质量、非法营销的自我辨别能力。需要大力发展群众监督举报制度，通过投诉举报电话等方式，发动全社会力量监督，不给违法分子以可乘之机，营造全社会自觉抵制保健品的非法营销的良好氛围。同样，要加强对运营商法律法规的宣传教育，引导运营商依法诚信经营，依法严惩违法违规行为。

（五）加强老年产业人才队伍建设，为老年产业发展提供人才支撑

政府在人才培养工作中负有重要的责任，应该采取有效措施，创造必要条件。韩国2015年计划分阶段设立了“老龄亲和政策研究所”“老龄亲和培育研究所”“老龄亲和性服务开发研究所”3个研究所，培养主导未来高龄化社会的专门研究人力。我国目前从业人员严重不足，应该加大养老产业相关人才培养的力度，在有条件的院校开设养老相关课程，积极开展专业教育和职业培训。加强各高等院校和科研单位对老年产业的研究，大力发展相关研究。切实改善养老产业从业人员的工作条件和工资、社会地位、福利待遇，形成对养老产业专业人才的磁吸效应。

（作者：梁亚泉　指导老师：王中强）

韩国银发产业发展经验对中国的借鉴与启示

在人口老龄化高速发展的背景下，银发产业发展潜力巨大，即将迎来发展的黄金时期。在“银发”消费市场的迫切要求下，银发产业应当如何准确快速地抓住发展机遇，完成产业结构转型，成为经济发展新的增长点，是当前经济发展中的热点问题。

中韩两国地理位置相近、文明传统相似、面临难题相仿，中国老龄人口最多，韩国老龄进程最快。尽管中国和韩国老龄化没有欧美国家时间长，但其在老龄化进程中所展现出的显著的“东方特色”，程度深但时间短。相对于老龄化过程进行较早的其他国家而言，韩国在老龄化发展中发展迅速，能准确快速的应对构建和规划银发产业发展体系以及制定老年产品质量规范等方面的问题，韩国在解决老龄化进程中发展银发产业经济中积累的经验对中国更具启示和借鉴意义。

绪论

(一)研究背景

2018年韩国进入老龄社会，预计8年之后就会进入超老龄社会，速度在经济合作与发展组织国中位列第一。韩国有可能是世界上因为人口问题消失最快的国家之一。而在2010年的第六次人口普查的数据统计中，中国65岁以上的人口总数约占人口总数的8.7%，中国已经进入老龄化社会，到2050年左右中国人口老龄化的速度将急剧加速，并一直保持增长的趋势。

中国和韩国几乎同时进入老龄化社会，但是中国相较于韩国，还存在一些不同。中国具体的国情也决定了中国人口老龄化的特点，从社会经济发展的水平、老龄化发展的速度、老龄人口的数量等多个角度来看，中国的人口老龄化主要有几个明显的特点：人口老龄化起步晚，但是规模大发展速度快；经济发展水平低，“未富先老”的现象明显；城乡差异大，区域不平衡等。

（二）研究内容

本文对中国和韩国的银发产业进行分析，具体研究内容包括：对韩国和中国银发产业发展现状等进行研究分析，在分析银发产业如何成为韩国经济发展引擎原因的基础上，总结韩国的银发产业发展的经验教训，综合借鉴学习各项具体举措，根据中国银发产业的发展现状，研究如何让有中国特色的银发产业更好的发展。

一、概念界定及基本理论

银发产业是指以老年人为目标客户的产业。根据老年人群的基本需求和深层需求，可以将银发产业分成三个维度的产业：本位产业、相关产业、衍生产业。本位产业、相关产业、衍生产业之间相互补充，可以形成经济和社会效益的良性循环，共同促进银发产业的健康发展。在韩国，银发产业又被称为“老年健康产业”或者是“高龄亲和产业”。银发产业被韩国政府定义为由民间部门根据市场竞争原则为生理上老化、经济能力和社会生活能力下降的老年人群提供的，用来促进身体和精神上的健康，为其提供便利生活和安全保障等的产品和服务的综合性产业；涉及领域较为广泛，包括生产型的产业和服务型的产业。

二、韩国银发产业的发展现状

韩国银发产业的发展起步较早且规模多样，具有本国特色，涵盖各个领域，一直保持良好发展势头，但是目前也依然存在地域性针对较弱、相关人才欠缺等问题。

（一）政府大力支持，国外市场拓展

从2008年开始，韩国提出发展银发产业的政策，以“确保国际竞争力、提高市场吸引力、提高公共性为发展方向；以减少财政、低增长、健康、财务和生活的风险为目标；以集中选择、阶段推进、制定修改相关法律、建立推进计划”为战略，从加大宣传力度、开发核心技术、促进形成产业集群、培养专门人才以及开展银发产品体验服务等方面进行不断努力，计划用10年时间进行开拓发展。

政府帮助企业开辟国外市场，收集国外信息反馈给本国企业，并为其提供相应的参考措施；与银发产业较为发达的国家建立政策交流及技术合作，不断完善，不断进步；鼓励企业“走出去”，同时提供资金支持和费用补贴，以此来支援银发企业开辟国外市场。

（二）老年用品种类多样，休闲活动参与率低

老年日常用品的性能更加完善。例如，出现老年防烫专用勺、带有放大镜的老年专用指甲剪等；老年智能商品的种类不断增多，智能马桶、智能洗浴设备、汽车电动座椅等越来越多的智能产品被开发和生产；老年食品的发展也不断进步，专用的低盐、低糖、低能量食品出现在韩国的专卖店和便利店，给老年人带来了方便快捷的购物方式。

休闲娱乐活动种类不断增加。读书、看电影等占比重高，但体育、旅游、教育等方面针对性较弱，缺乏层次深的内容，在体制和运行上有各种各样的问题，导致老年人参与率低。同时，针对老年人建设的设施和场所也得不到有效的利用。2015年，老人福利馆有321家，敬老堂有64000家，部分老人福利馆被某些老年人占用，使得另一部分老人享受不到相应的使用权，敬老堂也成为联络感情或者休憩的惯用场所，并不能起到相应的作用。

（三）资金市场利用率高，老龄金融持续发展

随着住房逆抵押贷款政策的重新实施，公共保障住宅年金以及住房租赁补贴制度和长期护理保险制度等一系列扶助政策的陆续开展，为老年人从很多方面节省了个人钱财，使得老年人有更多可以利用的资金，也就提高了资金的市场利用率。

不同于中国老年人传统的储蓄观念，更多的韩国老年人在金融方面有丰富的投资经验和积极的投资意愿。在有多余的个人资金时，韩国老人愿意了解和投资各种金融产品。这就激发了老龄金融的发展，也进一步激发了银发市场的活力。

三、中国银发产业的问题和不足

目前中国的银发产业相比发展初期已经有了很大的进步，初步出现整体雏形。银发产品种类多，价格实惠，甚至远销海外，一定程度上拉动了银发群体的消费，但在老龄金融、老龄文化以及银发专业人才的培养等方面皆处于未完善的低水平阶段，与其他产业发展成果差距很大。主要表现在以下几个方面：

（一）概念认知不准确，投资市场不景气

在中国提到“银发产业”一词，大多数人都理解成是与白发苍苍、步履蹒跚的老年人相关的产业。事实上，按照国际上的规定，老年人只是客观指65 周岁以上的人，也可以是身体健康，有正常的消费娱乐活动的人群。同样，养老产业，从字面上理解，更多是强调养老护理。但银发产业的定义和分类，远远大于前者，它包含衣、食、住、行、精神、金融等各个方面。

大部分的投资者对于银发产业的市场缺乏全面性地了解和认识，认为老年人消费能力低，获利小，难以取得回报，因此不愿涉及银发产业的投资。但是生活质量的提高，越来越多的老年人拥有更加先进的消费观念和

更加独立的消费能力，他们更愿意摒弃陈旧的消费观念，为高品质的生活支出。

（二）“未富先老”态势严重，政府支持不够

一方面，我国老龄化呈现“未富先老”的态势。以韩国为参考，即使韩国近年来经济形势不佳，但韩国人均GDP依然高于我国。所以韩国的老龄化是富裕的老龄化。中国的老龄化却没有足够的资金支持，是相对贫穷的老龄化，这就制约了老年人的消费水平，限制了银发产业的发展。另一方面，政府对于银发产业的支持力和推动力略有欠缺。政府和各相关部门虽然已经初步认识到银发市场的广阔前景，但是并没有更加细化的推动措施。这导致一定的产业规模还没有形成，产业商机还没有被发现。中国银发产业政策的制订实施以及行业的发展运行上都存在进步的空间，各个环节缺少整体的具有针对性的可实施性的政策和法律的支持。

（三）老龄金融利用率低，政府补贴负担重

中国社会年轻群体中存在较为严重的“啃老”现象，这导致很多老人为了儿女不敢花钱。所以相对于现代的金融利用方式，传统老年人更喜欢储蓄的方式，平时他们不会进行吃穿住行以外的额外消费，这大大拉低了消费水平。

随着老年人口的不断增加，国家的负担也越来越重。老龄金融主要依赖社会保障金和国家补贴，个人养老金准备不足，不仅需要国家大量补贴，也给新一代的年轻人增加了很大的负担。他们大多“上有老、下有小”，随着年龄的增长也越来越不敢进行额外的消费，这就形成了恶性循环。银行理财产品各种各样，但老年人学习了解和认知程度不高，难以有效利用，单纯依靠国家和政府无疑难以为银发产业发展助力。

（四）农村城市针对性弱，文化产业相对滞后

在银发产业社会化和产业化的过程中，中国还面临对城市和农村差异

性认识不完善的问题。在社区开展的城市老年文化活动并没有优越的场所和设施；老年大学的教学质量也不高，数量也不足，致使城市老年教育方面有空缺。城市老人生活条件好，有较好的医疗和养老条件，他们持有更多的养老资金储备，所以消费能力和消费水平更高。相对来说他们更需要的是精神文化层面的完善和发展。但是老年大学教育设施不健全，教育人员不正规，老年休闲娱乐旅游等项目漏洞大等问题，对他们的消费产生了相当大的制约作用。

相对于城市老年人，农村老年人的需求有一定的不同。大量的农村年轻劳动力涌向城市，城市人口不断增加，导致农村老龄化问题更加突出。独居老人数量增多，农村自然条件欠缺，并且医疗及护理设施都不完善。农村老年人群受教育水平低，再学习的兴趣低。由于为了子女考虑等原因，没有多余的资金用于旅游等，相反再就业的意愿很强烈。

（五）产品量足缺创新，专业人才不到位

日常生活辅助用品、老年服饰、无障碍化设施、医疗保健器械等等比较畅销，产量充足，价格实惠，甚至远销海外市场。但是银发产业相关产品自主创新能力不足。这导致高端进口老年用品价格高，老年人买不起；低质商品充斥市场，老年人买不好。现在的市场大部分是“中国制造”，缺乏“中国创造”，致使产业利润低，也导致滥竽充数、浑水摸鱼等现象发生。

产品缺乏创新的原因之一是人才不到位。银发人才并不局限于护理人员，还包括银发用品的开发者、专业的银发金融人员，还有银发产品的营销者等等。目前中国涉及银发产业的高校较少，大部分的高校有老年护理、老年康复、社会工作等相关专业，但是难以形成人才系统培养、人才一体养成的机制。由于对银发专业的不了解，主动选择学习的人员也并不充足，导致银发产业相关人才相对单一，高级人才短缺。

从韩国银发产业的发展现状和中国银发产业的不足来看，韩国银发产业的发展成果比中国更为显著，韩国银发产业概念更清晰明确、法律保障和政策支持更完善、社会参与度更高、各类服务水平也相对更高。但是中

国银发产业也有一定的优势，中国劳动力充足，劳动力成本低，相应的生产成本比韩国更低，银发产品种类也很丰富，在数量上更是有绝对的优势，因此产品的价格相对于韩国有更加实惠的优点。两国也存在同样的问题：专业高级人才缺乏，城市和农村差异需求认识不清等。

四、韩国银发产业发展的经验对中国的借鉴与启示

韩国银发产业发展在政府主导、市场灵活调节和社会大力支持下不断发展，借鉴韩国“银发产业链”，构建符合中国国情的银发产业链至关重要。为此应做出如下几个方面努力：

（一）积极转变观念，加大顶层设计

改变社会固定思维非一朝一夕，因此我们第一步可从借鉴韩国地区“高龄者”的称呼开始，淡化固有的概念和固有的印象。作为市场投资者，更要转变固有的观念，抛弃原来认为银发产业只是为年老身体状况不好的老年人提供相关服务的观念，要清楚认识到他们不仅是“中国式大妈”，还要认识到他们是具有“钱”景的投资对象。

中国虽然制订了不少和银发产业相关的规划、政策等，但仍然需要更完善的政策法规，应加大对银发产业发展的宏观方面引导和相关政策的扶持。一方面，积极策划制订与银发产业相关的法律法规以及各项服务标准，以此为营造积极规范的经营投资环境而添砖加瓦。另一方面，国家政府应该认识到银发产业的广阔前景，积极将银发产业划进国家新型战略性新兴产业的发展蓝图中，构建园区，集聚企业，形成体系化发展，同时给予相关企业税收减免、启动资金补助等各项优惠鼓励政策。

（二）扩大银发有效需求，科学区分市场类型

企业需要及时了解老年人的需求，开发出老年人真正需求的产品。一方面，各企业应大力开发原有的银发产品领域需求高的产品；另一方面，

更要关注重视精神方面的需求。生活水平的提高和生活环境的改善，让银发消费者在精神消费方面有更强烈的消费能力和欲望。

不同年龄段的老人对各项服务的需求也不相同，不同地区的老人的需要也有侧重。这就要求根据消费特点满足消费需求，科学区分市场的类型。可以开设银发产品综合体验馆，在老年人体验和学习相关产品的使用方法的同时，对他们进行产品满意度和意见的收集与调查，以此确定重点扶持的银发产品和不同市场的定位。

（三）积极利用社会支持，拓宽社会融资渠道

目前中国现有银发产业发展具有较为浓重的公益性和非营利性，主要依赖政府支持，产业投资主体较单一，资金渠道较狭窄。随着社会老龄化压力的不断增加，仅仅依靠政府的支持是难以为继的，所以应该逐步转型，将政府、社会支持、市场结合一体，建立新的投资体系。

积极利用社会支持拓宽融资渠道。社会支持一方面体现在民间组织及志愿者的积极作用，不忽视各种各样民间组织在服务中发挥的重要作用，利用互联网时代的信息共通，建立全国性的支持网络。通过这一网络，进行有效衔接。另一方面，可通过政府放手、对外承包等等方式拓宽社会融资的渠道，以此筹措社会投资。不仅可以减轻政府负担，节省运营成本，调动经济市场的活性，还可以在产品和服务方面拉开档次，使老年人根据自身情况，自由选择服务和商品来满足多样化的需求。

（四）相关人才培养先行，加大各方交流合作

要实现产业的良好发展需要人才的支持。足够数量的高素质专业人才是发展银发产业的必要条件，要想发展好银发产业，必须培养大量的银发产业专业人才。这需要具备丰富的理论知识和足够的实践经验。

首先各高校可以增设银发产业相关专业，同时加大专业内容的宣传，以此来扩大招生，吸引更多的学子。目前国内只有少部分大学专门设有银发产业专业，所以学习甚至了解本专业的学生相对数量比较少。此外还可

以通过国家之间的高校进行交流合作。一方面，可以加强对其他国家银发产业发展现状和发展措施的了解，学习他们先进的经验，同时找到自己的优势和不足，以此互相进步，互相提升。另一方面，还可以联合韩国、日本、美国等银发产业发达的国家的相应学校，组成兄弟或姐妹学校，展开交换生、中外合作等项目，为以后的合作和交流做进一步的准备。还可以实行人才引进等措施，给予银发产业专业的人才专门的优待，增加本专业人才的数量，也可以对外公费派遣人才到别的国家进修学习，提高专业人才的专业水平。

结论

综上所述，在人口老龄化背景下，中国发展银发产业的时机已经来临且发展前景乐观。我们应该参考韩国等发达的国家已成熟的银发产业成功的典范，从上层建筑到生产关系，有针对性地处理问题，解决困难，形成系统的解决方案和发展方法，积极推行相应的政策和措施，努力进步，克服自身的难题，探索适应中国国情的有中国特色的全新的发展路径，实现银发产业的跨越式进步，让银发产业的发展为中国带来新的经济篇章。

（作者：姜雯　指导老师：李艳丽）

我国银发产业的发展现状与前景展望

人口老龄化进程已成为当今世界多国面临的问题，人口老龄化在改变人口结构的同时，也在改变消费结构，老年人口的不断增长带来了巨大的老年消费市场。老年消费源于老年人的多元化需求，从而衍生出银发产业。我国银发产业总体已初具雏形，但仍具有巨大发展空间并亟待开发。我国需要寻找到适合我国发展的银发产业经营管理模式，以满足巨大的养老需求，并同时可以激发市场活力释放商机，在促进老年人群体生活改善的同时促进经济效益。

一、银发产业的内涵

“银发产业”已经越来越多出现在我们生活中，伴随着人口老龄化浪潮的席卷下的新形势，银发产业对满足多元化养老需求、促进经济发展起到非常重要的作用，有着重要的内涵。

（一）银发产业的定义

银发产业（silver industries），即高龄产业、老年人产业。顾名思义，“银发”即老年人正常状态的发色。银发产业，简言之可以理解为为老年人服务的产业。即与老年人有关，并在老年人群体中产生的经济。其实，严格意义上的银发产业并不单纯针对老年客户群体，也针对相应中年人或即将步入老年阶段的客户群体，多数即将步入老年的中年人相应也会有类似老年人的种种身心方面需求，在本文中我们将目标客户群体统称为“老年人”。银发产业以产品的消费对象的指向性类群作为界定的依据与标准，以老年人为目标客户的产业，即为了满足老年人的衣食住行等方方面面的需求而提供的相关产品与服务。

（二）银发产业的分类

关于老年人的需求我们可以将其分为基本需求与高级需求，并将银发产业划分为三个维度：本为产业、相关产业以及衍生产业。具体而言，本为产业包括老年房地产与养老机构，提供老年服饰及食品和老年医疗的行业；相关产业包括了养老设施和机构供应链上的专业家居供应、老年设施以及专业易耗品的供应等；衍生产业包括为老年人提供老年储蓄投资理财的产品、老年保险产品以及老年融资等全方位的金融产品等。三者之间相互补充，促使经济和社会效益得到循环可持续发展。

（三）银发产业的兴起

人口老龄化已成为目前的时代趋势，现阶段我国已由老龄化社会步入老龄社会。人口老龄化是社会发展到一定阶段的必然产物。由于医疗卫生条件与社会福利状况的改善，以及经济发展水平提高，相对应老年人的人均寿命总体也会进一步提高，加之年轻人生育意愿的降低与生育年龄的进一步延长，种种因素均加速了老龄化进程。我国经济社会处于迅速发展的阶段，人口结构相应已存在较为严重的老龄化问题。人口出现老龄化问题意味着养老需求的出现，养老需求的出现即意味着会产生老年人的消费市场。正是由于出现了人口老龄化问题，从而为相应的产品与服务的出现提供了客观的条件与基础。适应社会经济以及资源环境面临的巨大压力，刺激老年群体的专业化消费并逐渐产业化，最终衍生出人口老龄化的“应对性”产业——银发产业。

总结而言，银发产业的产生源于人口老龄化，银发产业是对人口老龄化问题挑战的积极回应。人口老龄化作为一个世界性的长期性问题，它的不断加剧带来了庞大的养老需求。人口老龄化趋势在较长时间内已无法逆转，通过满足需求而自发形成的银发产业将会形成积极的养老问题对策。银发产业的本质是直接或间接通过多元化银发产品与银发服务来满足多元化的养老需求，从而提高老年人的生活质量，在具有经济效益的同时兼具有较大的社会价值。

二、我国银发产业发展现状与问题

银发产业在当今时代有着非常重要的内涵，发展银发产业有着不可替代的地位。近观我国银发产业发展历程，整个产业的雏形已经出现，产业已得到发展并呈上升态势。产业目前受制因素仍较多，产业自身的发展现状中存在着一系列问题。这些问题也阻碍了产业释放其应有的潜能。

（一）现状简述

我国银发消费已产生市场雏形。目前已有超过43%的老年人拥有老年社会保障金与存款。仅在2015年的老年社会保障金就达到了18264亿元，且已有超过50%的老年人通过再次就业获取收入，从而均促进了老年人的独立消费能力的不断提高；若按照保守估计的总量为两亿老年人口数量估算则消费规模已在40567亿元以上，市场雏形已产生。我国银发产业整体起步较晚，而且现存的养老问题的解决主要是一种以依靠政府应用财政福利来进行养老的模式。这种传统的“政府包办”模式对国内养老问题的解决仍具有较大影响。同时产业在近年的发展中受到较多的社会经济因素的限制。在发展规划的制定和产业政策落实与实施的力度不足，惠及面十分有限。但不可否认，短短二十年我国银发产业已初具雏形，依靠市场本体从养老事业上升到银发产业已处于“萌芽”状态。伴随着我国人口老龄化趋势的不断上升，我国具有庞大的老龄人口基数以及居高不下的人口老龄率，产业总体正呈上升态势，未来潜力可嘉。

（二）存在问题

近些年的发展银发产业在我国已具雏形，并伴随着巨大的人口老龄化进程产业整体仍处于快速发展的过程之中。但是纵观产业的发展历程，发展现状正集中表现出一系列需改善的问题。

1.与西方国家相比方面来看，我国银发产业总体呈现出滞后性

多数西方发达国家已步入老龄社会，受高生产力水平与社会文化因素的积极影响，如今已形成成熟度较高的银发产业规模，并且银发产业在发达国家的经济总量已占到了一个很大的比重。如美国在1986年老年人的消费总额就达到了8000亿美元，并随着西方国家经济发展，养老产业与消费总量均成良性上升的趋势。反观我国，虽拥有世界上第一数量的老年人口。截至2010年，我国银发消费总额仅7000亿人民币，庞大的市场下产值却是国家财政收入的“零头”。我国由于市场经济起步较晚，生产力水平相比西方国家仍有限，加之人口基数大以及社会文化发展等国情问题，导致我国的银发产业宏观发展状况滞后于西方国家，尚未形成成熟系统的产业规模与体系。

2.从地区分布方面来看，我国银发市场地区发展不均

从横向来看，银发市场已经出现并呈现良性发展趋势。但目前来看大城市与欠发达地区的银发市场仍有较大差异，大城市中银发产业的市场化程度远优于欠发达地区。从纵向来看，银发市场本身并未得到足够妥善地经营与管理，银发市场的秩序化程度较低，约束性较弱，银发市场利润获取的体系化仍有待完善。受国情等社会经济因素的影响，银发市场被无形中拉低门槛，形成了“投资期限较长，回收成本速度过慢，利润回收周期持续较久”等自身产业短板，“碎片化、零散化、粗放化”仍然成为我国银发市场存在的问题。

3.从消费需求方面来看，我国银发消费无法满足需求，产品与服务供不应求

每年我国银发产业的银发产品与银发服务的市场需求可高达两万亿元，可实际为老年人提供的银发产品与银发服务却不到五千亿元。养老问题在

解决的过程中突出体现出的银发产品与服务供不应求的问题，源于现实中的政府在资源配置和民间消费与养老需求在供需端上所存在的矛盾。由此影响到我国银发产业发展，导致其发展具有滞后性；但也可以从侧面反映出我国银发市场具有巨大的市场潜力和潜在的巨大商机。

4.从银发产业客户端的使用产品方面来看，我国银发产品总体较为落后

细观我国当前的银发产业市场可发现，我国的银发市场缺少足够种类与数量的产品，品种不足且市场占有率较低；实体银发产品生产厂家数量不足，规模小，最终导致缺少银发品牌。现阶段高级实体银发产品多来自发达国家厂家（日本与美国居多）。我国在缺少厂家的同时，缺少银发产品的核心技术，银发产品的自主研发力度不足，银发产品研发尚未得到重视，从产品到市场的销售整体均缺乏活力。

5.从护理服务方面来看，我国护理服务水平有待提高

首先，作为银发产业的重要部分之一的专业性老年人护理服务则更多将目光聚焦在老年人的健康状况与疾病治疗及日间护理，老年人精神方面的需求与关怀并未得到足够多的重视。其次，较之于沿海发达地区以及大城市中成熟高质的银发服务，相对欠发达地区表现出基层护理人员综合素质不高且缺少专业人才、银发机构数量严重不足。由此导致专业护理服务总体水平较低，无法保障老年人的护理照料需求。

三、我国银发产业发展前景展望

产业存在的问题可以通过相应措施加以解决，逐步完善，实现其良性发展。2019年3月，李克强总理于十三届全国人大第二次会议中做的政府工作报告里再次强调养老问题的重要性。报告明确提出“推进多层次养老保障体系建设，继续提高退休人员基本养老金，加快推进养老保险省级统筹改革，继续提高企业职工基本养老金中央调剂比例”的养老政策方针；同时又提出“坚持创新引领发展，培育壮大功能，推动传统产业改造提升，促进新兴产业加快发展”的产业发展方针。而银发产业作为两项方针适用的“结合体”，我国银发产业发展已到其临界点。伴随大数据时代的来临，其前景发展形势将一片大好，消费动力十足，产业发展将达到全新的高度。

（一）银发产业巨大的市场潜能将会得到释放

现如今我国已由老龄化社会步入老龄社会，我国老年人数量增速较快，老年人口总体体现为“高龄、高速、高基数”的“三高”特征。巨大的老龄化浪潮已不断蔓延开来，老年人多层次、全方位的需求会不断增加，从而形成井喷式需求，意味着银发经济发展潜力十足。

我国作为世界上人口总数最多的国家，面临庞大的老年人口数量在不断上升的严峻形势；作为挑战的同时，也为未来的商机带来了无限可能。现阶段单纯依靠政府解决养老问题，无力承担大幅度扩展的老年保障支出，无法满足高质量且多元化的养老需求。仅依靠政府的社会福利也不能使老年消费潜彻底释放。据《中国老龄产业发展报告》显示，从2014年至2050年，中国老年人口消费能力将从4万亿元增至106万亿元左右，占GDP比例将从8%增长到33%。这显示出庞大的内需，将支撑起巨大的消费。我国养老问题的解决必将逐步顺应市场经济发展的脉搏，进一步市场化并深入产业化。由此可见未来我国银发产业消费潜能将会得到释放，银发产业将作为新的经济增长点登上历史舞台。

（二）养老内需将通过银发产业得到有效满足

银发产业的产生源于人口老龄化形势下多元化的养老需求，银发产业将成为满足养老内需的主体。一般状态下，处于中产阶层以及中产往上的老年人大多已经退休离开工作岗位，他们在享受到退休金与国家的社会福利保障同时减少了投资并开始动用自身的储蓄金，开始越来越多地针对自身的养老问题进行消费。这一类老年人也相应成为银发产业的主要目标客户群体。2018年，中产阶层及其之上的人口已接近占到总人口的30%。据相关数据显示，到2020年，退休金总额将达到28145亿元。据估计，十五年后银发产业将取代房地产产业成为中国第一大产业，产业总产值将超过十万亿。不断增加的老年人将不断刺激着养老内需，中国的中产阶层也会越来越多。届时会有更多的老年人选择通过直接性与间接性消费进行养老，社会可以更多地担负起此类老人们的养老责任，推动老年服务的社会化发展进程。在养老责任与老年服务充分满足的过程中发展的银发产业将不断满足我国巨大的养老内需。

（三）银发产业的维度与广度将不断扩展与延伸

我国消费正在转向内需消费和服务业，银发产业既是内需消费又涵盖了服务业。银发产业正在以想象不到的速度发展，银发产业的维度在不断扩展，广度也在不断延伸，老年人的需求在日趋多元化的同时也在不断被满足。未来的银发产业发展将面临新型互联网和大数据及高科技的机遇。将社会化的“互联网+养老服务”新型供需资源匹配的桥梁搭建好，养老地产、保险或银发机构投资养老均将上升到一个新的高度，智能化将大大提高效率，新型的银发产业将得到有效的快速发展。

四、推动我国银发产业良性发展的措施

伴随人口老龄化的进程，老年人口在消费市场中所占份额越来越大，老龄化过程中消费支出也呈现出的扩大趋势，从而会引起消费结构的变化。这已是不可逆转的时代潮流。我国具有巨大的养老内需，市场潜力巨大，银发产业即将成为我国新的经济增长点。银发产业已经迎来了“黎明前的曙光”。针对发展现状中集中出现的问题提出解决性的措施，通过适时改变并推动落实其良性发展的解决性措施，蕴含的“银发财富”将真正被挖掘，银发产业将在我国迎来产业的春天。

（一）转变社会观念，树立新时代养老观念

真正要推动银发产业在我国良性发展，在具体实质性措施制定落实前，首先应使老年人从观念上进行“扭转”。因为只有观念的改变才能促使老年

人养老方式的转变与后续的银发消费的出现。银发产业的客户群体是老年人以及即将步入老年期的中年人。然而，银发产业的消费者较避讳“老”这个字眼。从客户群体的角度看，其自身并不希望被视为老年人。他们之中不少人表现出容光焕发的精神状态。社会环境应转变对“老年人”这个“老”的年龄化社会角色的过度认定观念，不要过度将老年人认定为“老”年人，而应将其等同于其他年龄段的自然人来看待。虽然社会观念的改变并非一朝一夕，但我们应从淡化“老龄产业”的“老”之类的称谓开始，给老年人创造新的社会观念环境。

老年人本身应树立为其自身消费的养老观念。“未富先老”是我国老龄化进程中的一个重要问题，即在经济水平尚未达到富裕的状态却已经步入老年阶段。加之受到传统观念的影响，居家养老仍是最普遍的养老方式。但不同经济状况的老年人均拥有不同数额的养老储蓄金，相当一部分老年人未选择用于自身的有效的银发服务与消费，更多地节省将养老金用于后代或仍作为储蓄金。消费的满足将直接推动银发产业的发展，老年人应该转变传统养老观，逐步树立新时代的养老观，对于其养老储蓄金与经济收入更多地将消费用于自身，提高自身生活质量，满足自身多元化养老需求。

（二）提高老年人经济能力，刺激消费主体，开发市场潜力

我国银发市场与消费与西方国家相比滞后，本质上主要源于我国生产力水平与西方国家之间存在的差距。一个国家的生产力水平决定了它的经济水平，而经济水平又直接影响到其消费水平。老年人的经济水平决定老年人的消费能力与消费程度，而消费能力及其消费的程度将决定了银发市场的整体状况。老年人作为银发产业的直接消费群体，其消费能力将从根本上决定整个银发产业的发展走向以及发展规模。我们应从老年人经济能力的提升本位出发，进一步发展生产力，提高老年人经济能力，以刺激银发产业的消费主体发展银发产业，从而满足内需，有效释放市场潜力。

首先，国家可以对民间企业发展银发产业进行资金补助，同时采用相应的积极举措以提升老年人的经济水平。一方面，应适当提高劳动年龄上

限。另一方面，可适当扩大社会养老保险制度的覆盖面和提高退休金标准或有针对性地对养老储蓄金与银发消费进行适当补助。

其次，我们应进一步发展生产力。通过脱贫政策，集中解决老年贫困人口与收入较低的老龄者，实现增能。不断推动国家经济发展，全面提高全社会的收入水平，在客观上提高了老年人的收入水平，从而在提升全社会消费水平的同时也提高老年人的消费水平。

（三）加强政府引导与扶持，完善产业法律体系

政府应大力扶持欠发达地区的银发产业基础性设施的建设，有效引导发达地区与欠发达地区产业发展“齐步走”，扩大产业惠及面。在2019年“两会”期间，国家发改委副主任连维良表示：“在今后的3—5年，将大幅增加各类养老服务床位，增加普惠性养老床位100万张以上；引导养老育幼机构进社区，大力发展日间照料、康复护理等多样化的社区养老服务。”可见养老问题已得到国家的高度重视，银发产业的进步发展也必将顺应国家号召。就宏观格局而言，政府应在银发产业的发展过程中进行宏观引导与政策扶持，积极规范银发产业的相关法律制度与产品服务标准，创造良好的经营与投资环境。国家可以将银发产业纳入新一轮国家战略性新兴产业计划，建立银发产业园区，促进当前的产业发展由粗放型向集约型转变，形成产品集约型与创新性的银发产业群。鼓励与银发产业类似的传统产业进行产业转型与升级，逐渐克服发展过程中自身产生的产业短板。在审批产业项目时简化审批程序，完善产业法律体系，为银发产业营造良好的法制环境，使产业规范化良性发展。财政部门对涉足银发产业的民营企业提供财政补助，并给予如企业所得税减免和融资利息补助等财政优惠政策。出台关于银发机构用地问题的优惠政策以及出台涉老人力资源开发扶持政策等有关积极政策，使得政府实现对银发产业的发展的有力引导与扶持。

（四）增强民间资本活力，鼓励企业更多地进军银发产业

我国银发消费与需求存在供需矛盾，产品与服务也出现供不应求的状

况。在市场经济的大环境下，民间企业应该作为满足银发市场需求的主体，其在市场中应作为“提供者”和“主导者”越来越多地提供银发产品与服务，以解决供需端上的矛盾。银发产业在我国的发展方向上是依靠企业与市场本身，但同时政府也应为企业的发展提供良好的产业环境，从而激发民间加大资金投入，以逐步发展形成产业规模。我国银发产业在发展过程中应更多地发挥市场在资源配置中所起的决定性作用，通过自发性市场需求来实现产业供应。在养老问题上逐步改善政府传统的“全盘包办”依靠社会福利与公共事业的现象，让民间企业更多的“进军”银发产业，使得银发产业的投资渠道与主体以及产业模式向着多元化和多样化的趋势发展，将社会资本得以充分释放，拓宽资金来源渠道，更多地通过民间资本来激发银发市场的活力。对于银发产业这种商业形态在我国的良性成长与发展，需要充分利用社会资源，通过政府积极引导和民营企业“大力进军”，实现企业和政府二者的有效分工，共同推动银发产业的发展。

（五）大力开发多元化银发产品，加大产品研发力度

银发产品并非仅针对老年人这一特殊年龄段的消费人群，且是本着创新与人性化的理念开发出相应的产品，惠及其他不同年龄段的消费人群。在有效地便利老年人的生活的同时满足老年人的多元需求。银发产品不仅包括老年日用品以及日常的老年保健品，且包括相应的老年旅游产品和老年金融产品以及老年地产等。银发产品的多样化已成为银发产业发展的重要趋势之一。

银发产品的多元化源于老年人需求的多元化，现阶段我国的银发产品层次较低，无法满足老年人多元化的养老需求。银发产品要保证经济适用且可以满足老年人的需求特点，在老年产品领域实现创新。我们应大力开发多元化银发产品，加大产品研发力度，并将多元化的老年需求与老年人消费特征注入产品研发过程。由此创造出属于我们的银发产品的核心技术，开发出“高创新、高质量、高能效”的银发产品。国家可对进行银发产品开发的民营企业提供资金补助与政策扶持。政府自身应重视银发产品的科

研与开发，从而对积极地应对人口老龄化问题。多元化的银发产品可以再次刺激到消费本身的活力。从产品到市场的双重发展可以最终在国内市场打响实体银发产品品牌，以实现产业发展。

（六）加大专业人才的培养力度，全面提高从业人员报酬

银发产业中的服务，比如居家护理是典型的劳动力密集型产业，需要有大量的护理人员。随着老龄化趋势的进程的发展，老年人数量增加的同时，养老需求也在多元化，对服务人员的专业性与技术性也越来越高。在2019年“两会”期间，国家发改委提出了“通过规范服务标准，加强人才培养培训等着力提高养老育幼服务质量”的政策方针，以保障人才队伍的高质量发展。银发产业的发展已逐渐现代化，所需要的专业护理服务人员不能仅注重老年人的生理健康的知识与技能的学习与培养，更应对老年人心理健康与精神需求方面提供高质量的服务，促进老年人的全面发展。

政府应该制定相应的人才培养计划，无论是国家重点高校还是专业性的职业技术学院，均可开设银发产业专业。重视银发产业的学术化发展，在理论课程教授的同时，注重实际化操作与运用，最终使其成为兼具管理与销售等财务知识的全方位的行业领导者，为我国银发产业不断提供高质量人才，填补人才缺口。同时，提高人才的薪资水平，全面提高从业人员报酬，针对优秀银发产业人才提供奖励与补助，建立优质的银发产业人才团队，保证人才数量与质量，最终促进产业的发展。

本文以银发产业为中心，对人口老龄化与老年人需求与银发产业之间关系进行研究，对银发产业发展现状中存在的问题进行分析并对对产业未来发展趋势进行美好地展望，最后提出促进我国银发产业的发展措施。通过分析我们可以发现，我国虽然银发产业的市场化道路总体慢于西方发达国家，但我国拥有全世界最大数量的老年消费群体，银发市场拥有巨大的市场潜力。对目前新形态的养老格局有一个全方位把握，积极推进各类有利于产业发展的措施，顺应时代要求与历史潮流，银发产业将会在我国迎来巨大发展。同时，银发产业本是一个朝阳产业，实现其良性发展不仅可

以创造出巨大的经济效益，也可以对社会进步与社会和谐发挥积极的作用。

（作者：王毓昊　指导老师：孙士玲）

对我国银发产业发展现状的思考
——基于韩国银发亲和产业的经验

人口老龄化，即人口生育率下降以及人均寿命延长，从而使得总人口中因年轻人总体数量下降、年长人口增多而导致的老年人口比例不断提升的动态。正常情况下，当某个国家或地区超过60岁的老年人口占总数量的百分之十，或65岁以上老年人口达到总数量的百分之七，就表明其处于老龄化社会。目前，我国是全球老年人口数最多的一个国家。最新数据显示，我国60周岁及以上人口约占总人口的17.3%，已经达到24090万人，其中65周岁及以上人口约占总人口的11.4%，大概有15831万人。

目前学术界关于银发产业的研究主要集中在中国银发产业的市场定位、银发产业发展政策支持、行业指导及规范等方面。比如李珺认为，由于福利性和公共性是银发产业所强调的特征，因此只有非营利性、福利性的银发产业才能得到政策上的支持；而由民间资金力量运营的银发产业项目，比如老年产品、老年住宅、老年旅游等，就不属于政府帮扶的范围。又比如张芳燕认为，老年人和企业要相互作用才能使老年用品消费市场获得长足发展。学界对于中韩两国银发产业问题的比较研究却并不多见。笔者主要集中于这方面进行探讨，并在韩国做了2年的交换生，对韩国的老龄亲和政策内容进行了系统的学习，并且经常参加韩国的银发福利实践活动，对该政策的具体实施情况也有所了解。在资料收集上，在研读他人研究成果的基础上，笔者利用社会实践，以采访交流的方式收集了第一手资料。通过比较中韩两国银发产业发展的问题和处理方式进行研究。

一、我国银发产业发展的现状

银发产业是作为21世纪蓬勃发展的朝阳产业，成为全球经济关注的热点。中国由于老年人口数量庞大从而拥有着巨大的消费潜力和消费前景，使得银发产业在中国备受瞩目。随着经济水平的提高和社会的急剧转型，近年来银发产业在中国的发展呈井喷之势增长。首先回到我国当前银发产业发展的现状。

（一）银发产业政策方面

我国政府是非常重视老年服务事业，先后颁布了多项政策纲要来促进银发事业的发展。2000年，国务院在《关于加强银发工作的决定》中提出，老年服务业要走社会化与产业化相结合发展的道路并积极鼓励培育老年消费市场。2010年，中国银发产业协会成立。2016年，习近平总书记在中共中央政治局第三十二次集体学习时强调，要着力发展养老服务业和银发产业、培育银发产业新的增长点、完善相关规划和扶持政策。2017年《智慧养老产业发展行动计划（2017—2020）》中提出，研发便携健康监测仪器、自助健康检测仪器、智能养老监护等智能设备，到2020年智慧健康养老产业体系正式形成。

2017年《中国银发事业发展纲要（五年规划）》中还着重指出了促进银发产业稳步发展。十三五规划强调，要大力发展居家社区养老服务、加强社区养老服务设施建设、加快公办养老单位转型、鼓励社会力量开设养老机构、不断增强养老服务质量等一系列任务，争取建立更加完善的老年服务体系。

（二）银发产业发展迅速

随着中国人口老龄化加速，人均生活水平和收入的提高和对养老观念的改变以及对高品质晚年生活的向往，中国的银发产业进入了高速发展阶段。

首先，养老机构数量、规模发展迅速。数据显示，2016 年城乡各级养老机构数量超过了 10 万家；各类养老床位680万张，仅仅比上年增长了1%。但仅就2015年一年的养老床位数目来说增长还是很快的，从2014年的577万张上升至2015年的672万张，涨了近17%。2015 年，我国每一千位老人床位数有 30.3 张，较 2014 年的 27.2张增长了 11.3%。

其次，老年用品研发活跃。伴随国内经济的高速发展，政府、企业对老龄产业的投资不断提高，民营资本步入到银发市场，企业已变为了市场的主体。专业从事老年用品的企业在不断增加，投入资金也越来越大，产品研发更加深入，银发产业已经步入了迅速兴起的时期。现阶段的银发市场正逐渐的脱离产品单一服务不足的状态，各方面的内容都在不断增加，呈现人性化、智能化发展趋势。针对老人供应的新兴产品应运而生。如老年休闲鞋，穿脱十分便捷，材质也很柔软；老年人手机、老年药品、保健品、老年生理辅助用品；组织老年旅游团、老年旅游专列等等。这些产品由于深受老年人欢迎，获得了很好的经济效益。

（三）专业人才培养力度加大

从另一个角度来讲，银发服务行业是典型的劳动集约型行业，培养一大批专业从事该职业的养老护理人员是十分必要的。另一方面，银发产业随着现代社会的发展，专业性日益增强，产业进步还需要培养既能熟悉老人的身心健康，又能财务、管理、行销两手抓的全能型行业人才。目前我国在银发产业的人才培养计划等方面已积累了一定的经验。无论是强调专业研究的复合型高校，还是强调实际操作的应用型职业技术学院，都极有远见地成立了银发产业的关联学科，科学设置培养人才的相关课程，注重分层次培养。

在课程设置上，以临沂大学银发产业经营与管理专业为例，在学校开设的专业必修课中，不仅有老年健康管理论、老年社会学等基础课程，还有统计学、产业营销等管理类课程。银发产业的相关课程设立的目的，不仅是为了培养专业的老年护理人才，更重要是从经济学角度出发，培养产业化熟练运作型人才。此外，各类高校普遍注重产业与学术相结合，让学生去校外真正参与实习活动，提前熟悉银发产业运行的经营模式。此外，为了促进银发产业的健康快速发展，国内也多次召开了各种级别的学术论坛会议。例如2017年，在昆明举行了国际养生养老产业发展论坛，就银发产业发展的现状，趋势和未来投资的发力点进行了研究。

总的来说，我国的银发产业有广阔的前景和良好的发展条件，政府也对银发产业相应制定了一系列适应其发展的政策措施，以便形成良好的发展环境，助推银发经济。

二、我国银发产业发展中存在的问题

（一）对银发产业缺乏准确的定位

集中表现在银发产业概念不清楚、属性不规范、范畴界定不明确等方面。

首先，就名字而言，银发产业名称没有一个明确的定义，使用混杂。有银发产业、养老产业等诸多称谓，其含义也没有界定清楚。银发产业定义应该是指根据老年人的基本生理生活需要和更高层次的精神需要，以老年人为目标客户，为老年人提供多样化服务的产业。韩国政府在2005年开始用“银发亲和产业”的名称来命名silver industry这个单词。它的定义为：以身体上老化以及社会生存、经济水平低下的老年人为目标群体，将保障和推动身心发展，给予足够安全的保障为前提，通过社会组织开展相应服务的产业。所以总的来说，银发亲和产业是将实现老年人在各个领域的便利性以及安全性需求为目标的产业。

第二，银发产业的区分标准还不明确。这是一个可以根据老年人的自身要求区分为多个范畴的复合性产业运作系统。陆杰华等把银发产业分成了生活用品、卫生健康、护理、老年房产、旅游休闲等十余个领域。该划分细致。可以主要分为金融、文化、娱乐等几个大项。

第三，银发产业的属性问题。银发产业是具有市场营利性的，这是它的本质需要。银发产业的运作即通过产业的发展，让市场机制自由调节，从而把个人家庭社会的养老资源完成高效的整合，实现其自身的养老需求。银发产业将身心机能弱势老年群体当作服务目标，福利性以及营利性都能够得到有效保障。其发展应兼具经济利润与市场效益。现阶段国内的银发产业其属性在产业与事业间来回摆动，市场划分不明确。

（二）产业规划和配套政策不完善

当前我国综合实力不断提升，国内的人口平均年龄的增长也日益加速，以老年人为目标客户的产业发展令世人瞩目。但是，国内在此方面的法律法规仍有待补充，主要表现为以下方面：

首先，在具体法规方面，国内仅有《中华人民共和国老年人权益保障法》中的相关条文涉及银发产业方面的部分内容，缺乏更加全面细化的统筹方式。

其次，国家的多个部门对老年产业的统筹方面存在叠加重复。党政、财经、企业、地区经济等多个单位均对金融统筹方面有所掌控。除此以外，金融行业内部多个产业之间划分不明确，相互之间协调不利。

第三，在金融财政方面，社会资源并没有被完全积极地调动起来。通常政府用来影响产业发展的两种方式是国家资金注入和鼓励非国家资金注入。我国各地区之间发展差异较大，东部沿海城市经济实力更强，人口老龄化程度更高。东部地区的赡养老人事业比较成熟，地方强调法律条文的确定，因此建立了丰富的赡养老人事业与老人产业之间的联动政策。在所有类型的企业之中，私营单位最为关注人口平均年龄的增长带来的经济效益。多个团体和企业也认识到了银发产业所带来的巨大商机，参与老年生活用品和养老服务业等相关产业的意图相当明确。但是从大方向看来，因为政府部门还没有明确对于老人产业未来发展的态度，大部分社会群体对以老年人为目标的产业发展规模也缺乏正确的认识，导致多数企业并不敢随意投资。不同于国内，韩国对于银发产业建立了较为完善的法律体系。例如，2005年颁布的《低生育银发社会基本法》中明确表明，人口平均年龄的增长将使得社会内的各项产业面临巨大的挑战；在此背景下，韩国政府部门应对相关产业的进步进行帮扶。韩国政府还于2006年12月制定了《银发亲和产业振兴法》，扶持培养银发亲和产业逐步走向正轨。此项法律涉及的内容较为全面，包括该领域人才培育、对从事该领域的人才予以鼓励、促进海外市场的拓展和国际间的产业合作、实施财政支援政策等内容。

（三）银发产业的潜在需求大，有效需求相对不足

预计在未来二十年之内，我国的老龄人口数量将倍增，养老问题面临巨大挑战。根据政府部门已有的相关调研，从2013到2040年，中国将经历60岁以上老年人口从2.2亿发展到4.5亿的巨大的人口老龄化转变过程。《中国人口老龄化发展趋势预测研究报告》显示，2010年中国老年人口消费规模超过1.4万亿元，预计到2020年将接近4.3万亿元，到2030年可能将达到13万亿元。银发产业在我国拥有广阔的发展前景和良好的发展市场。除总体的老龄人口数量外，每一位老年人的消费需求与消费能力也成为压制银发产业成长的重要因素。东中西部之间、城乡之间老年收入差距较大。就当前的社会发展水平来看，实现全国统一的养老金体制还很困难。银发产业的孕育期是老年人口超过10%并且人均GDP超过1万美元这一时期。2013年，我国65岁以上的老年人口比重为9.7%，但人均GDP只有6629美元。除此之外，我国长期以来形成的传统式家庭养老、中产阶层成长缓慢和社会转型变化等因素，老年人受传统的生活习惯和老式理念的影响，大部分老年人的消费意识和社会养老观念尚未跟上市场化的节奏，这也给银发市场的发展带来了相应的制约。

韩国整体经济发展水平高于中国，虽然韩国本身也深受传统儒家思想文化所制约，但由于经济腾飞与文化开放早于中国，国民思想也随之改变。老年人独立意识较强，经济实力也较为雄厚，消费意愿也相对较强。所以韩国老年市场整体形成了规模，也由此促进了银发市场的发展。

（四）银发产业服务不足

随着老年人口数量的急剧增加，对长期照护服务和机构养老的需求也

会逐步增长，目前的养老服务机构规模小，数量不多，很难满足如此庞大的老年市场需求。并且养老机构工作者薪酬和社会地位低下，人员离职情况突出，绝大多数的从业者专业培训和相应的教育不足。如此一来就大大限制了其服务业的日常发展，并且也影响了养老服务的质量。伴随人们生活水平的不断提升和对身心健康的越发关注，老年人已经不单单只注意健身、生活用品等方面的需求，对休闲娱乐等精神层面的需求也逐渐增大。老年人生活的社区基本上就是他们完成社交以及文体活动的场合。但目前，供老年人活动的场所、场地较小，并且数量也非常少，很多设施都不齐全。此外，截至2017年底，我国已经拥有各类老年教育机构近6万所，在校学习者多达700万名左右，有实地教育和远程教育等多种教育方式，初步形成了综合发展的老年教育发展格局，老年教育逐渐兴起。但目前的老年教育还是一种单薄的福利型机构，作为产业还在初步探索中。

韩国老年福利机构主要有居住型、医疗型、家庭照顾型这几种类型。在这其中最主流的养老方式就是居家养老，相应的居家服务业在韩国受到重视，所占比例逐渐增大。韩国所制定的保险制度的发展是促进居家养老服务以及机构服务迅速兴起的重要保障。在韩国，比较有代表性的老年人文化活动福利单位为敬老院、老人课堂等。这些机构的成立是由政府公共机关主导的，数量相对充足。在老年人的调查中，关于如果有闲钱会主要会在哪部分进行使用上，占据第一位是观光旅游，达到了25.9%，兴趣活动占据14.7%，处于第三位。此外，随着科技化社会的迅速发展，为防止老年人与社会脱轨，就业教育等多元化老年教育也列入了工作计划。

（五）老年产品供给不足，市场发展滞后

老年人用品的本质特性就是减少老年人日常生活中由于身体问题造成的不便。由于老人的实际需要和个人取向不同，老年人对老年用品的需求也就相应不同。老年用品产业由中小企业生产较为合适，因为中小企业容易根据老年人的需求，少量多样生产老年产品。但是因为研究人员的匮乏，目前市场中老年人产品类型很少，很多的高科技产品都是通过进口获得。

由于老年人经济能力和整体知识层面的提高，对股票和商业保险类项目的兴趣也逐渐增强，研究开发老年金融保险产品势在必行。

韩国低生育老龄社会委员会用销售和租借的方式进行使用的银发产品有14种。作为销售专用的产品一般是价格比较低廉，在民众的经济承受范围之内，并且无法循环使用，如移动坐便器、步行辅助器、安全扶手、便携型排便器等。而租借的产品价格很高，在消毒后就能再次投放使用，例如手动型轮椅、电动床、便捷浴缸等。银发亲和用品产业是具有巨大的发展前景，构建出一个更加多样化和多层次的银发亲和用品研发与服务体系势在必行。

我国的银发产业经营模式从整体上来看已形成雏形，与韩国相比，我国还处于明显滞后状态。现阶段国内的老年产品不能有效地实现其基本需求，同时服务质量上的参差不齐使得很多老年人无法满足精神上的需求。

三、促进我国银发产业发展的建议

针对我国银发产业发展过程中存在的问题，我们可以借鉴韩国的银发产业链发展策略，将政府主导作用和市场资源配置相结合，再根据我国国情，制定出适合中国的银发产业发展道路。

（一）政府要发挥主导作用

根据正常的产业发展趋势看，市场需求以及国家宏观环境是一个产业产生以及发展的基础。基数庞大的老年人数量、巨大的市场前景，让国内的银发产业发展面临着极大的机遇。不过现阶段针对该产业的发展，政府所采取的政策引导以及支持力度相对不足。发展银发产业的三个基本方针是市场化运作、社会力量参与和政府引导。通过法律、行政、资金等方面的保障，有效地推动银发产业兴起。同时，我国要准确地界定银发产业的含义以及发展的范围。促进立法和相关规定上的完善、不断地投入资本，营造一个良好的市场氛围，突出市场功能，提高监管水平，发挥出示范管理的作用。

（二）老年服务体系与社会保障建设并重

银发产业按照受益者负担的原理，会使得老年人间的福利差异越来越明显，从而对社会稳定带来不利的影响。在将民间企业作为主力进行扶持之前，首先要做的是增加公共机构的财政福利，完成福利水平的有效提升。在促进银发产业政策完善的基础上，保障全体老年人的需求，尤其是以低收入阶层为老年人的基本生活需求，并且公共服务的质量也要相对上涨。提高老年人社会保障力度以及推动银发产业的进步都是建设我国养老服务体系不可缺少的内容，它们之间是彼此推动、互为补充、平行发展的关系。

（三）完善社保型护理保险制度

伴随中国的老龄化加速，空巢老人、失能老人规模也在不断增加，有关这个群体的服务问题已经逐渐的变为了一个社会热点难题。根据有关调查显示，目前我国的失能老人已经接近4000万人，老年护理需求市场十分庞大。但是专业护理单位的收费标准很高，许多养老机构都不想接收失能失智老人。目前的商业保险设定标准导致大部分失能老人护理需求无法得到真正实现。我国现已把老年护理保险置于社会养老保险体系当中，依据医疗保险目前采用的方式，打造成了一个由政府、组织、私人一同承担的缴费模式，为失能老人给予能够保证其基本生活保障的服务，以此让他们能够安度晚年。同时，要加大对专业陪护人员的培训力度，确保这方面人才供应。

（四）规范老年护理机构、培养专业从业人员

目前市场中的各类老年护理单位可谓是鱼龙混杂。和韩国比较，老年护理单位在专业度、规范性方面还有着较大的差距。国内现阶段在这方面所制定的法律规定还不健全。这导致一些不良商家怀有投机心理做出一些违规的事情，让老年护理机构在人们心中的印象大打折扣。因此要构建出

比较健全的评价机制，对专业人才以及护理机构实施评价。打造出一个合理的养老服务专业人才等级评估体系，并与从业人员的收入状况能够相匹配，健全养老服务机构的评定机制。专业的评估机构能够定期对养老服务机构实施等级评估，从而保障它的服务质量能够达到应有的标准。

结语

根据以上的论述，在人口老龄化整体大环境中，国内发展银发产业的机遇已经十分成熟。我们需要不断学习韩国等成熟的银发产业在各个领域所进行的成功典范，打造出专门的老年护理单位，制定对应的政策，科学的引导银发产业发展。同时也要努力的突破自身障碍，摸索出能够适合本国实际情况以及民众需求的发展途径，让银发产业在中国能够获得更加蓬勃的发展。

（作者：林含笑　指导老师：李景）

韩国企业参与银发产业的经验及其启示

目前韩国60岁及以上的老年人口数占总人口比例为14.9%，预计到2067年该比例将高达46.5%。韩国老龄化日益严重，使韩国面临巨大的养老需求压力。现在的老年人除了稳定生活、健康衰老外，对扩大社会活动及追求生活质量的要求也越来越高。

通过研究韩国为老服务企业如何参与为老服务，进一步了解韩国企业的经验和不足。通过分析与研究，取长补短，找出存在问题的原因，并借鉴韩国企业成功经验，结合我国国情提出行之有效的建议和对策，切实改善该领域当前现状，保证我国老年人企业可以正确满足老年人群体的需求。国内学者对于老龄化进程中银发经济的发展有一定的认识，但是这些研究主要从宏观角度，结合政府、产业政策、社会支持等因素对银发产业经济进行了剖析；对于微观的、具体的企业为老服务的研究有所欠缺。基于这个原因，本文以韩国企业为研究对象，对韩国企业如何参与为老服务进行探索，以期对中国企业参与为老服务有所启发。

绪论

（一）研究背景

随着老年人思想方式与生活方式的转变、收入的提高与消费理念的更新等影响，老年人对养老服务与设施的需求愈发多元化、年轻化、个性化。消费结构不断升级，从基本生活需求向精神娱乐、文化教育、健康养生等高品质生活需求。根据中国老龄协会发布的报告预计，到2020年我国老年消费市场规模将达到3.79万亿元。“银发经济”逐步渗透至各行各业，成为不可忽视的中国经济新势力。

（二）研究意义

1.理论意义

老龄产业对其他产业有高度的关联和依赖，跟其他的很多产业相互促进，同时也具有很强的渗透性。这个产业包含的内容特别丰富，既需要低技术含量的普通照护，也需要高度智能化的产品和服务。我国老年人口数量和规模庞大，加之老年人消费能力的提高。因此如何才能更好地通过企业等机构针对老龄群体推出服务，既有利于更好地满足老龄群体的多样化需求，又能更好地发展自身老年服务行业的需要。

2.现实意义

现有的研究中，虽然国内学者对于老龄化进程中银发经济的发展有一定的认识，但是这些研究都是从宏观角度，结合政府、产业政策、社会支持等因素对银发产业经济进行了剖析；但是对于微观的、具体的企业为老服务的研究有所欠缺。韩国银发产业发展早，政府出台了一系列政策，鼓励企业发展。

（三）文献回顾

关于韩国企业参与为老服务，国内学者做了不少研究。崔桂莲等人通过研究韩国老龄亲和产业的发展，认为政府、社会团体、企业及个人要逐步提高老龄产业认知度、优化老龄产业生态系统。田香兰归纳总结了韩国发展老龄产业的经验，认为韩国老龄产业以及银发市场之所以能够顺利发展，是因为选择了“政府主导、企业参与、市场推动、社会支持”的银发产业发展道路。曹永敏分析了韩国人口老龄化对经济的影响，认为应当调整劳动、资本、增长、财政、产业结构，从而使银发经济快速发展。

国外企业对参与银发市场的认识更为深刻。韩国政府应对老龄市场的变化采取了许多措施，通过制定有关的法律和扶持政策，鼓励企业和老龄市场的发展，越来越多的企业参与到银发产业中。

（四）研究内容与思路方法

1.研究内容

本研究以韩国企业为研究对象，通过对韩国企业如何参与为老服务进行探索，取长补短，以期能对中国企业参与为老服务有所启发，从而使中国企业能够更好地参与到银发经济的浪潮之中。

2.研究思路与方法

研究方法上，访谈法和文献研究法相结合。以韩国企业参与银发产业的经验为指导，通过图书馆查阅资料，实际调查韩国为老服务的企业，理论与实证相结合，分析与综合相结合，结合我国实际国情进行分析整理。已经从图书馆和网络查阅到相关的文献和著作，并且已经研读了其中大部分文献，并将其分类汇总，理清了论文写作的基本思路。在韩国学习银发产业，关于韩国银发产业的发展知识储备深，了解和感悟深刻。

（五）创新点与不足

创新点：对微观层面的企业进行为老服务的研究，对韩国企业如何参与为老服务进行探索，做出总结，更好地通过企业对老龄群体推出服务，既有利于更好地满足老龄群体的多样化需求，又能更好地发展自身老年服务行业的需要。

不足：缺乏研究的经验、查阅资料有限，也没有更加深入的实践调查，大部分通过数据资料设计服务方案，研究范围小。

一、相关概念界定及理论基础

（一）相关概念界定

1.银发产业

银发产业指构建医养服务乃至大健康管理体系，以盈利为目标的综合型社会活动，参与主体以社会企业和商业企业为主，也是企业从事涉老科技、生活和保健用品生产流通和提供医养服务的交易活动的总称，也称老龄产业、亲情产业。

2.R & D

R & D是Rresearch & development的缩写。R & D是指为了增加知识的总量以及运用这些知识去创新、发展而进行的系统性工作。它是企业或者政府从事相关创新活动，发展开发潜在服务新产品的重要阶段。在为老服务的企业中，R & D投资是技术创新的关键，是支撑企业发展与生存的重要因素。企业只有不断创新新产品，企业的竞争力和盈利能力越强。

（二）韩国企业参与银发产业的理论基础

1.生命周期消费理论

生命周期消费理论是由莫迪利安尼等人提出的假定。消费者是理性的，能以合理的方使用自己的收入进行消费。其次，消费者行为的唯一目标是实现效用最大化。在人生的各个阶段，个人消费占一生收入的比例是固定的。该理论认为消费者如果在老年时期没有收入，那么其老年时期的消费必须依赖其工作储蓄。所以说老年人的消费水平与其收入紧密相关，个人自愿的储蓄难以实现老年人退休的目标。这就需要政府应该出台相应的政策，来扶持和实现老年人的消费需求，增加老年人生活保障补贴，提高老年人的购买力，促进银发产业的发展。

2.义利统一的企业伦理理论

义利统一是企业赖以生存与发展的基石，是企业提高竞争力的必然选择。义利统一的企业伦理观是企业价值体系的主导部分，在企业的价值中起到重要的导向作用。企业作为社会的主体，不仅有为自身生存而获利的物质价值追求，还应该有承担社会责任、奉献社会的精神价值要求。这两者是相互联系，不可分割的。

在为老服务的企业中，强调以人为本，尊重员工，树立“义利统一”的企业伦理观是十分重要的。任何企业要想获得生存、发展都离不开以人为本；

反过来壮大后又回馈社会，从而进一步提供和扩大了自己的品牌知名度。

二、韩国企业参与银发产业的优势

（一）国家政策支持

韩国政府应对老龄市场的变化采取了许多措施，通过制定有关的法律和扶持政策，鼓励企业和老龄市场的发展，为银发产业提供了成长的动力和集中的产业扶持政策。

1.制定“五年计划”

从2006年开始，韩国制定了五年计划，即每5年推出一个针对银发产业的基本计划。第一个基本计划期间（2006—2010），韩国的养老产业政策主要解决养老产业基础设施、养老产品和养老金融的发展问题。第二个基本计划期间（2011—2015），养老产业政策的两大主题是养老产业基础设施和健康。第三个基本计划期间（2016—2020）一共有五个主题，包括养老产业基础设施、设计研发、宣传/出口、健康、旅游，即建立和完善养老产业培育体系，增加R & D扶持费用；加强通用设计支持系统；加强养老产业宣传及出口补贴。这些工作计划的出台，激发了企业参与银发市场的积极性，企业在政策的指导下，选择为老服务的经营策略，从而在一定程度上丰富了为老服务，从而生产出更加符合老年市场需求的产品。

2.增加老年人生活保障补贴

韩国实施了一系列的政策增加老年人生活保障补贴。2008年开始，韩国正式实施长期疗养保险制度。这个制度主要是为那些吃饭洗澡等基本日常生活难以自理的老人提供服务。长期疗养保险制度的保险给付有两种模式，包括机构给付和家庭给付。老人在养老服务机构入住时，可以享受机构保险给付，个人（家庭）承担总费用的20%，大大的鼓励了养老服务市场的发展；老人在居家护理服务时，可以享受居家护理保险给付，个人（家庭）承担总费用的15%，其余部分只需要保险机构承担。65岁以上老人购买福祉产品时会得到政府100%的补贴。疗养保险制度不仅鼓励了养老护理服务和老年用品市场的发展，而且老年人用低廉的价格购买或者租赁老年用品，大大减轻了子女的养老负担，提高了老年人的购买能力。长期疗养保险制度的实施，为保健食品企业、老年旅游企业、老年化妆品企业等行业的发展带来了商机，各种企业看到了银发市场的未来前景，从而也满怀信心参与其中。

3.鼓励银发就业政策

1992年，韩国政府发布了《高龄者雇用促进法》。根据该法律，韩国劳动部选定了适合高龄老年人的职业，并向社会公布。隶属于劳工部的产业劳动力管理局正在对大约200家公司的高龄老年人进行培训，自费学习者可以获得学费补贴。韩国将雇用高龄老年人作为企业义务，并向雇用更多老年人的公司提供补贴。为了监督政策的执行和落实情况，政府要求公司每年提交报告，违反规定的公司将受到严重的惩罚。企业促进老年群体的就业，一方面可以缓解老年群体的就业需求，缓解经济压力，另一方面也缓解了社会矛盾。韩国政府一直在致力于开发银发就业市场，不仅鼓励企业提供银发就业机会，还出资出力支援银发创业。首尔钟路区的老年会馆就被批准开创"银发咖啡厅—PLUS COFFEE"。这样一个连锁店，由7位有咖啡师证书的老人运营，初期开业的所需资金都是由首尔市政府和钟路区政府共同提供的。目前，大部分银发就业还只能停留在服务行业。扩大银发就业成了韩国目前重要的应对老龄化的政策。

此外，还有些政策优化了企业参与老龄亲和的产业环境。如《老龄亲和产业振兴法》规定，"通过提高产品以及服务质量来确保老龄产业竞争力，引导企业通过研发高质量的老年人用品提升竞争力"。又如《低出生老龄社会基本法》规定，"成立由总统直接领导的委员会，专门负责制定老龄化产业发展的方针政策以及专业人才的培养计划"。这些政策对于企业发展养老服务提供了基本的法律依据，为企业提供人才支持以及保护标准。

（二）以人为本：企业的生存之道

企业要想获得生存、发展，须秉持以人为本的理念。企业因客户的需求而存在，以客户为中心是企业存在的根基。所以，企业要想提高竞争力，实现快速发展必须要以以人为本为前提。韩国企业以人为本的理念体现在以下几个方面。

1.老年产品设计人性化

对于企业而言，人性化是指技术与人的关系协调，即让技术的发展是围绕人的需求而展开的。由于对老年辅助器具等需求扩大，许多企业本着以人为本的理念，在老年产品设计上不断创新，老年人用品的种类不仅逐渐多样化，更加人性化。老年安全扶手、康复器材、更加针对老年人关节的保暖用具、便于携带的医用品、抗衰老的化妆品等不断问世。产品设计越来越人性化，不仅仅满足了老年人健康管理、生活服务、精神文化生活等需求，而且提高了企业的价值和知名度。据调查，申请老年人生活安全援助专利的企业由2007—2011年的41%增加到了2012—2016年的52%。老年产食品的市场步伐也紧跟着出现，低糖、低能量、低盐等更加人性化的商品出现在便利店中。现代绿色食品和很多企业、大型医院合作，开发解决老年人面临的牙齿口腔问题、消化功能下降等老年食品。2017年10月19日，现代绿色食品推出了韩国首个软化食品品牌“Greeting Soft”，健康食品行业快速发展，越来越适合老年群体的商品被发明出来。这些体现了韩国企业注重以人为本的经营理念，在产品设计中充分加入人文关怀的元素，满足老年人的心理、生理需求和精神需求，这是对人性的尊重。

2.开发老年休闲文娱项目

由于韩国国内面向老年人的文化娱乐设施严重不足，他们的文化生活受到了不小的影响。老年人退休后闲暇时间多，加上子女不在身边孤独感尤为严重。因此老年人对休闲娱乐的需求越来越强烈，很多企业抓住商机，为消除老年人孤独感、失落感，使老年人晚年生活更加丰富多彩，开发新的项目。

随着老年人购买力增强，出现了很多企业涉足“银发商圈”。在首尔的内塔谷公园附近，有许多咖啡馆、自助餐厅和电影院供老年人使用。首尔目前出现了一家“银发族电影院”，是目前韩国上座率最高的一家电影院。

为了方便老年人，这家电影院在观影舒适度、影片选择上都征求过老人们的意见，影片的字幕也比一般的电影院大出了一号。电影开场之前，影院还为老奶奶们安排了美容沙龙，可以去化妆、做头发打发时间。据负责人介绍，这里原本是一家普通的电影院，由于受到大型院线的冲击才把服务方向转向了老年人。这样的银发族电影院在韩国乃至海外都开了先河。票价只要2000韩元（约合12元人民币），最初每天观影者不到200人，现在发展为能吸引1000—1500人的热门场所。影院在精神层次方面丰富了老年人的生活，把老年人的需求作为出发点，通过科学、人性化的设备，让老人随时随地享受高品质服务。为了给老年人打造具有文化特色银发族专属步行街应运而生：长约一百米，墙壁上画着老牌电影明星的壁画，街边聚集了数十家面向老年人的餐厅、咖啡馆和理发店等；不少店铺还针对老年人提供拐杖支架、防摔倒洗手间和服药的饮用水等。

3.满足老年人的尊重需要

马斯洛把人类的需求层次划为五种层次：生理需要、安全需要、社交需求、尊重的需要和自我实现的需要。当低层次的需要得到满足后，人们就会渴望更高层次的需要得到满足。因此，对于老年人而言，当他们不再为生计、安全发愁时，他们就渴望得到别人的尊重。尊重需要得到满足，能使人对自己充满信心，对社会满腔热情，体验到自己活着的价值。

为了体现尊重，针对老年人的产业，韩国发明了“银发经济”“银发产业”一词，以淡化老年人衰老、缺乏活力的印象。例如，在过去的几年中，针对老年人设计的带有大键盘的大屏幕电话遭遇了滑铁卢，原因是过度强调老年人。而从中壮年方面入手做营销的手机，由于没有强调年龄这一因素却取得了很好的销售成绩。韩国乐天百货公司对消费额排名前20%的60至75岁客户的购物形态分析显示，他们的购物品位与40至49岁人群相似。与专为老年人设计的产品相比，他们更热衷购买为40至49岁人群设计的产品与品牌。有很多企业没有抓住老年人的消费心理，导致企业无法继续发展。因为现在的老年人并不认为他们已经年老，过分强调反而适得其反。有鉴于此，目前韩国的一些大公司在面对老年人时，避免视其为老年人，努力消除“老人”这个词汇给产品销售所带来的负面影响。

4.密切关注市场，不断创新产品

创新是企业生存和发展的根本，随着现代科技的快速发展，银发产业的不断夸大，企业产品设计从老年人的需求和消费观念出发，特种的消费品不断推向市场，深受老年人的喜爱，推动了企业的进步与发展。

韩国是一个电子产品大国，针对老年人的各种高科技产品也是韩国银发产业发展的重点之一。在2019年11月的韩国研发展览会上，LG电子推出了专门为老年人和行动不便的人设计的“智能助行器”。机器会检测用户的步行速度，自动提供支持，当老年人需要休息时，它可以像电动轮椅一样向后伸展座椅并缓慢向前移动。此外，还有一些企业创新大韩航空推出的家属服务，即老人、孕妇无须排队办理登机手续，快速办理入境手续。现代汽车公司建立了治疗农场，探究预防老年痴呆。SK公司则研发人工智能，缓解独居老人的孤独等等。这些公司拥有庞大的资金、资源以及技术，出于尊老的人性关怀推出各种个性化服务。

韩国在线零售商也开足马力并使出浑身解数吸引老年消费者。一般而言，上网购物的主要群体是二三十岁的年轻人。但如今，上网购物的五六十岁的老年人越来越多。因此，有些公司推出专门针对老年人群体的购物网站，此类购物网站界面简洁、操作简单，很适合老年人使用。韩国电商GS Shop、CJ Mall 和AK Mall等纷纷推出各类活动，为老年消费者提供范围广泛、价格合理的商品。韩国最大的家居购物公司GS Shop2019年4月份成立了一个名为“Oahu”的网上购物网站。该购物网站主要是面对50多岁以上的消费者。网站经营老年人食品、服装、配饰、鞋子和化妆品等等。由于一些老年人不懂如何网购，网站还专门推出了电话咨询服务。老年人接受新事物的能力是有限的，但是GS了解了她们的需求，为他们创建了更加便捷、简单的网站购物。Shop同时与化妆品公司Faceshop合作，专门创立了一个新品牌Golden Shop，为四十岁以上的女性消费者提供化妆品。CJ集团旗下的家具购物公司CJ O Shopping也被老年人用品市场所吸引，近期成立了一个新的服装品牌EclairByHui，专门为中年妇女生产提供服装。这不仅仅打开了老年人的服装市场，而且推动了韩国银发产业的发展。随着熟悉IT的老年人增加，注重打造方便快捷的网购环境，售卖有独特的价值的商品。在这个过程中增加体验和经历，提供满足感，而不仅仅是卖东西。这一点逐步成为韩国企业的一致追求。

5.参与公益慈善活动，回馈社会

默克药厂CEO肯尼斯·弗雷泽说过："企业存在之意义是回馈社会以价值。"许多企业发展壮大以后，通过捐赠、投资等方式参与公益、慈善活动赢得老年群体的信任，扩大企业知名度。例如韩国三星集团，出资建立了自己的养老机构三星 Noble County。它是由三星生命公益财团进行开发和运营，于2001年投资建设。作为韩国第一家CCRC社区，具有居住、医疗、养生、文化、体育等功能。入住的居民不仅仅是老年人，丰富的配套设施面向多样化人群，并且还设有幼儿园、文化馆等等。既保证了老年人生活的安全，也充分满足老年人的需求。三星集团通过自己建设养老社区回馈社会，无形中把品牌影响力扩大，推动了企业的进步与发展。

韩国为老服务企业的迅速发展离不开国家的政策支持。一方面，韩国在优化养老产业发展中以法律政策和制度为保障，促进和加强老发展老龄产业。并且政府对老龄产业的发展提出了更为系统的意见。这些政策有效地吸引了投资，使企业和个人明确了可持续发展战略与企业、个人利益的密切关系，也乐意承担相应的社会责任，做到了利益共享、责任共担和共同发展。另一方面，主要通过企业对老年产品人性化设计以及不断创新探索等，提高了企业竞争力，反过来壮大后又回馈社会，从而进一步提供和扩大了自己的品牌知名度。

三、韩国企业参与银发产业存在的问题

尽管韩国企业非常重视老年人市场，但仍存在着在老年人市场开拓方面进展不大、产品产业链以及营销策略方面的问题，相比于日本以及欧洲部分国家还有很大的提升空间，具体表现如下。

（一）产品产业链不完整，品类创新不足

尽管韩国企业参与银发市场的行业种类较多，但是其公司旗下的产品比较单一，产品缺乏细分，个性化需求得不到满足。比如涉及医疗的企业研发只偏向于老年人医疗器械的研发，涉及食品的企业则必然会与“营养”“保健”这些关键词捆绑。“无糖、高钙、维生素、矿物质……”这些银发食品的必备标签，对于韩国银发族而言早已见怪不怪。韩国的邻国日本，日本乳业巨头明治在2000年，推出了Probio Yogurt LG21这款保护肠胃、具有抑制幽门螺杆菌作用的产品，填补了酸奶产品在应对健康需求、提高个人免疫力和维持身体健康方面的空白。2009年，具有预防流感作用的Probio Yogurt R-1酸奶诞生。到2015年，明治进一步推出了Probio Yogurt PA-3酸奶。其所含的PA-3乳酸菌能够有效地分解和吸收嘌呤，从而降低尿酸数值，缓解痛风症状。相比较日本，韩国的产业链单一，研发深度不及日本。在德国，银发食品商店针对不同年龄段的老年人和各种慢性病人群的需求，提供从主食到饮料的“一站式”食品。有针对老年人方便的主食，例如专门为老年人设计的大米、面条等等，还有适合老年人饮用的啤酒，它们的酒精含量和营养成分非常低，因此“嘴馋”的老年人可以喝。作为企业推出具有特色的产品，应当丰富其产业链。银发族由于生理、心理以及免疫机能上的变化，在健康需求方面属于刚需，单一产品所带来的功效不足以满足其需求。

（二）营销手段单一

营销是中小企业经营管理活动的重要组成部分，只有顺利地进行销售，企业才得以生存和持续发展。除了品类创新不足外，一些企业在营销思路上故步自封。例如，一家韩企曾经在公交车上投放“送礼就送其名下的保健品”的广告而得以为人知晓。于是，在这个成功案例之后，针对银发族的食品、保健品及乳制品，似乎都开始走这条路了，送亲朋、送长辈、扬孝道这类“关怀父母式”的营销模式，目前占据着消费市场的主流。对于

银发食品最直接的受众群体却显得过于被动了，银发食品只能通过“送”这个渠道才能进入老年人手中，正是由于当下韩国企业营销思路的过于单一导致的。还有一些韩国公司以广告密集轰炸为主要方式来建立品牌。例如“神奇魔法梳”在各种电视台播放广告，据说可以白发转黑，十分神奇。很多客户反馈对白发转黑，帮助不大。因为白发转黑，不同的人能变成黑色的周期是不一样，且并不是所有的白发都能转变过来的。广告过于夸大其功效，单一的营销思路不但没有提升产品价值，提高消费者对产品的忠诚度，反而阻碍企业发展。韩国许多企业对营销工作认识肤浅，推广方式单一，忽视对品牌的管理，缺乏深入的市场调查和营销策略，导致企业发展竞争力小。

（三）企业缺乏专业人才

企业发展最重要的资源是人。在日益激烈的商业竞争中，拥有比竞争对手更好、更忠诚、更活跃和更有创造力的人才，是建立公司差异竞争战略优势的重要因素。韩国企业存在专业人才缺乏的问题，其银发产业人才培养体系仍处于起步阶段。

据调查，韩国居家养老服务企业的专业人士很少，提供的服务仅仅是洗衣做饭、打扫等，护理人员医疗方面的服务缺乏。又如，韩国生产老年人用品的企业多为中小企业，高端市场以日本、欧美国家为主，低端市场以中国和东南亚为主，缺少产品技术开发的高端人才，导致产品的竞争力小，企业很难得到发展。

韩国发展老年人经济，虽然专业性很强，但是存在各种各样的问题。韩国企业参与为老服务大都以提供各种各样的服务为核心，自身的产品更新换代以及扩展营销并没有像日本发展的完善。此外韩国企业培养人才的意识也不够充足，大量的企业以及教育机构未意识到人才培养的重要性，造成老年人的产品结构单一、缺乏层次、产品的推出跟不上老年人的需求发展、产品销售方式不当等现象。韩国银发产业还需要继续推进改革，在专业人才储备以及产业模式更迭中发展银发经济。

四、对中国企业参与银发产业的启示

韩国是世界上老龄化速度最快的国家之一，老龄程度高，养老需求旺盛。尤其是政府出台政策后，银发产业的规模不断扩大。通过以上分析，我们可以看到韩国企业在参与为老服务是以老年人需求为主，注重创新并回馈社会，政府制定有关银发产业的法律和制度，促进了为老服务企业的发展和成长；但同时也存在专业人才不足、营销模式单一等问题。韩国企业参与银发产业的经验教训对于我国企业参与为老服务管理工作具有以下启示。

（一）树立服务的理念

我国部分企业缺乏尊重老年人，服务态度不好，为了追求短期的经济效益，以销售为目的夸大商品宣传，失去诚信，服务人员素质低下，只顾挣钱。老年人权益和心理经常受到伤害，不利于老年产业的发展。基于老年群体的特殊性认知，首先要求企业工作人员待人接物要有耐心，人的需求时，无论是熟悉的还是陌生的要像对待亲人一样，耐心服务，不能用简单生硬的态度对待他们。年龄歧视在每个国家都是普遍存在的一个现象，这让很大一部分老人或马上步入老年的人从心理上感觉到社会在抛弃自己。老年群体价值观念已经根深蒂固，他们有着自己的自尊，做工作不能着急，更要尊重他们，否则会事与愿违。要注重用最佳服务来赢得商业进展。

（二）深耕老年用品产业链

韩国企业产业链不完整，多为中小企业，缺乏人才，老年用品品质单一，缺乏足够的吸引力。在我国无论政府还是企业都没有充分地认识到老龄消费市场的重要性。很多企业缺乏长远打算，急功近利，没有从开发、生产、销售上针对老年群体制定长远计划，不愿意投资或者经营老年产品，老龄产业落后。因此，我国要注重深耕老年用品产业链，开发老年消费市场。政府应该尽快制定相关法律法规，完善扶持老龄产业发展的优惠政策，健全老龄产品评价标准体系。首先，企业应该挖掘老年人需求，开发适销对路的老年产品。通过人工智能、互联网等先进技术，在产品开发、营销等加强创新，增加老年用品的供给。其次，应该从产品质量标准入手，提高产品的质量，提升产品的安全性、实用性，更加人性化。最后，应该在产品设计上不断创新，充分考虑老年人的生理和心理特点，提高产品的知名度。为老年消费者和企业搭建更加方便快捷的平台，形成集研发、生产、服务为一体的老年用品产业链。

（三）以创新为驱动力，做大做强企业

首先，要加强服务创新。企业应该改变服务态度，树立诚信意识，真诚的服务老年消费群体，提高银色产业的消费质量。销售服务过程中，应该将客户的需求视为服务创新的主要内容，建立满意便捷的平台。企业应该按照客户对产品的喜爱程度不同，对客户进行多维度细分，洞察不同客户的需求，促进市场的多元化。对客户进行准确定位，提高品牌知名度，创新老客户带新客户的手段，为客户创造更加丰富的体验，实现企业的可持续发展。

其次，创新营销模式。我国不少老年人思想传统保守，消费市场秉持怀疑态度。品牌企业应该注重品牌形象和高级感，创新老年人喜爱的品牌形象。企业应该在营销手段上打动消费者，把销售的渠道打开，结合老年人的购买需求进行商品宣传，将老年用品产业链打造好，跟随老年市场消费者需求的变化，抓准时机随时创新调整。

第三，不断创新产品。设计创造提供人性化的产品，客户的需求非常多，企业应该根据客户需求不断创新产品，为老服务的企业应该积极地增加增值服务，提高企业的竞争力，为广大老年群体提供更好的服务。

第四，创新管理。高效、先进的管理制度是企业稳定发展的基础。为老服务企业如果想获得经营的最佳效果，除了了解老年群体需求、服务态度好之外，还需要不断创新管理模式，为老年消费者提供优质的服务。企业可以充分利用各种先进技术，实现对管理制度的智能化。比如凭借电子

信息平台，对企业生产、管理、销售等等，进行全方位的管理，这样不仅仅提供了企业的效率，也促进了产品的销售。

（四）重视银发产业人才的培养

产业兴衰，人才为本。韩国银发产业相关专业人才严重缺乏，不论是大学教育还是专业培训，虽然专业性强，但是年轻人从事此行业的热情较少，一定程度上限制了涉老企业的发展。以此为鉴，我国应该引导和加强银发产业的专业人才培养，采取各种形式加大培养的力度。

对于企业而言，需要营销服务、经营管理、产品创新设计等各种人才，因此高校可以开设养老服务专业性人才、家政服务人才、创新型人才、医疗护理人才、机构管理人才、教育培训人才等的培养。例如，韩国江大大学就有老年福利学、银发产业专业，韩国中央大学有老年人心理学专业。另一方面，也可以通过校企合作，采取订单式人才培养，为企业培养老年产品设计、软件人才人员、管理人员等人才。比如韩国三星SDS、高丽红参企业就跟韩国又松大学合作，培养软件人才、产品设计与开发人才，这是人才培养的具体体现。

我国老年人消费市场潜力大、前景广，但要想建立一个健康长久的老年用品消费市场，需要我们在服务、营销、产品、管理上不断创新，重视专业人才培养，只有这样，才能达成政府、企业及老年消费者共赢的局面。

结语

面对“银发经济”的新机遇，需要我们从现在开始未雨绸缪、顺势而为。在借鉴国外经验的基础上，抓住机会。就目前而言，中国大多数企业并没有将老年群体作为首要目标，在产品研发上忽视了老年群体的需求。面对“银发经济”的到来，企业要审时度势、更新观念，积极参与银发产业。企业在参与银发产业时要本着以人为本、服务的理念，针对老年群体，要在产品设计的细节、实用、便捷、数字化智能化大做文章，不断创新老年产品，占领老年用品市场，获得新的增长点，这才是企业在“银发经济”中的生存之道。

（作者：刘睿明　指导老师：李景）

老年产业发展的中韩比较研究

人口老龄化是世界人类人口再生产的必然趋势。目前，世界上各个国家和地区正在加快推动本国和本地区的老年产业的发展。我国已于2000年步入“老龄化社会”，并预计将于2025年步入“老龄社会”。我国的人口老龄化提前达到高峰，呈现出“未富先老”的发展态势。随着我国老龄化程度的日益加深，发展与之相关的老年产业势在必行。老年群体的不断扩大也使老年产业的市场内需和市场潜力发展巨大。十九大报告中提到，“为积极应对人口老龄化，在现阶段和今后数年应加快老龄事业和产业的快速发展。这体现了国家极大重视和极力推动老年产业的发展”。以上均表明目前我国发展老年产业已具备了良好的大众基础和成熟的社会条件。因此对老年产业的学术研究更具有价值和意义。

近年来，我国部分学者对中国老年产业发展中存在的相关问题进行了研究。社会目前存在着对老年产业的概念模糊，对其定义的理解存在偏差和争议。我国目前老年产业的发展水平无法满足国内的市场需求，供需矛盾一直存在。目前上市的老年产品种类单一，产业服务无法满足各个年龄层老人的需要。可见，我国目前的老年产业存在社会认知度低、市场供需不平衡、产品和服务不成熟完善等问题。为解决此类问题，本文对老年产业进行中韩两国的比较分析。中韩两国同属东亚邻国，在历史、社会文化等方面有诸多相似相通之处。韩国的老年产业和养老体系较之中国也更为成熟和完善。因此两国之间的比较更有价值和意义。鉴于此，本文着重比较中韩两国的老年产业发展，从产业的发展背景，休闲、居住、教育、政策等方面进行比较分析。结合韩国老年产业的发展经验，提出对中国老年产业未来发展的几点思考。

一、中韩两国老年产业的发展背景

中韩两国都是在老龄化程度日益加深的社会背景下推动老年产业的发展。我国早已于2000年进入“老龄化社会”，老龄化程度不断加深。数据显示，截止到2016年，我国65岁以上老年人口占总人口的10.8%。并且我国的人口老龄化提前达到高峰，与发达国家老龄化的“先富后老”的发展形势相比，我国则呈现出“未富先老”的发展态势。随着社会的发展，韩国的老龄化程度也日益严重。在2018年韩国已属于“老龄社会”，这意味着韩国65岁及以上的老年人占全国总人口比已超过14%。同时韩国老龄化的发展速度远高于OECD国家的平均水平。从“老龄化社会”步入到“老龄社会”，美国用了71年，日本用了24年相比，韩国仅仅了18年的时间。

我们发现，中韩两国的老龄化程度不仅日益加深，最突出的共性问题是老龄化的发展速度远高于世界平均水平。同时，随着老年人口的比重增加，两国的人口红利的优势也逐渐消失，人口老龄化带来的问题日益突显。如家庭养老、经济负担加重以及社会稳定等问题。因此如何更好地满足老年群体的需要，使得中韩两国对老年产业的发展产生了极为迫切的需求。

二、中韩两国老年产业的发展

目前中国的老年产业尚处于初步培育和发展阶段。该产业在国内起步较晚且大众的认识度较低，老年产业在中国正经历着初步摸索和发展阶段。在中国老年产业也被称为“朝阳产业”“养老产业”“老龄产业”，目前尚未有明确的定义和界限划分。韩国的老年产业较之中国则相对成熟。2005年，韩国政府将从发达国家引入的“银发产业”这一概念改为“老龄亲和产业”。“老龄亲和产业”则为以生理上的老化和社会、经济能力低下的老年人为对象，以保持和增进精神、身体健康，提供便利和安全保障为目的，民间部门依据市场竞争原理提供商品和服务的产业。通过定义可以看出，韩国老年产业在经过一段时间的发展之后，更加强调“老龄亲和”，即更加注重受众群体的精神层面的需求。从而使得韩国的老年产业有了新方向和升华。在老年产业一定程度的发展过程中，韩国的老龄产业有更为详细的划分。同时老年殡葬产业、服装产业、美妆产业、食品保健产业等新兴产业也有了较快的发展。现通过休闲产业、居住产业、教育产业以及产业政策来说明中韩之间的不同点。

（一）休闲产业

在韩国老年人日常休闲生活的场所主要是敬老堂、老年人福祉会馆、老年人教室。老年人教室主要是为老人提供有关个人爱好、健康保健、金融理财等的学习项目，从而满足老年人参与社会活动的需要。同时近几年韩国陆续出现了专门针对老年群体，对老年旅游进行策划和组织的旅游公司企业。该类企业根据老年客户群体的不同需要，结合客户的身体状况、经济实力，为老年客户量身定制丰富多样的旅游线路。

我国在《国民旅游休闲纲要（2013—2020年）》中多次提及针对促进老年群体休闲旅游需求的政策要求。中国老年人的休闲娱乐一部分是依据自身兴趣爱好和身体状况，自发性的以个人或小群体的形式进行活动。老年通常会通过种花、阅读、打太极拳、短途游玩等方式进行休闲娱乐活动。一部分依托于政府提供的非营利性场所，如社区中开设的老年人俱乐部、老年干部活动中心。

韩国供老年人休闲活动的场所分布范围广，可选择性多样化，并且重视老年人的精神教育和需求。较之于韩国，中国老年人的活动场所存在一些亟待解决的问题。老年活动场所的建设滞后，活动场所分布不均，室内的活动场所的面积狭小，设计不合理。活动场所内可供选择的内容比较单调，休闲项目的选择性小，丰富性差。因活动场所和活动内容无法对老年人形成吸引力，从而直接导致老年人的参与度和积极性降低。

（二）居住产业

韩国于1981年实施的《老年人福祉法》中，政府就对老年人的居住福祉提出了要求，规定“国家和地方自治团体需要制造适合老年人居住的住宅”。老年人居住保障设施主要有养老机构、老年人共生家庭、老年人福祉院三种类型。其中，养老机构主要是提供饮食和助于日常生活的方便。老年人共生家庭是向老年人提供如家庭式的居住环境，使得老年人不会因为居住环境的改变而有较大的排斥感。老年人福祉院是向有生活自理能力和想独居的60岁以上老人出售或者出租居住设施。同时，三星、现代等大型企业、休闲行业、社会福利法人、个人等民间力量也参与到老年人的居住产业中来。三星Nobel Country是韩国于2001年开始投入运营的首家持续照料退休社区（CCRC），具有居住、养生、休闲、体育等功能。社区内不仅以老年人为服务对象，其配套设施面向周边居民开放，并设有幼儿园，是可容纳三代人活动的新型养老社区模式。

通过中韩的居住产业比较发现，韩国老年人居住保障设施具有选择的多样性。开发的居住保障设施依据不同老年人的生活需求和身体健康情况进行详细的划分，老年人可以结合自身的实际情况和意愿进行自由选择。同时，韩国在老年居住产业发展的过程中，积极引进多方力量共同参与。不仅发挥政府作用，同时社会团体和大型企业也均有参与。中国的养老机构近几年的发展势头迅猛，但也存在着供求不对称、民办机构和国有机构发展不平衡、服务人员的专业性参差不齐等问题。

（三）教育产业

韩国老年教育的办学主体是以政府为主，多方力量共同参与的模式。韩国的老年教育机构主要有老年大学、老年福祉院、大学附属终身教育院等。韩国老年教育包括退休准备教育、死亡教育和社会融合教育等方面。韩国政府分别于1981年和1999年出台了《老年福祉法》和《终身教育法》。韩国的老年教育也重视专业人才的培养，培养对象包括现任教员、社会福祉指导师、终身教育师等。

2016年，国务院办公厅印发《关于老年教育发展规划（2016—2020年）》的通知。通知中指出，未来几年我国要扩大老年教育资源的有效供给。发展城乡社区老年教育。利用现有的社区教育机构等教育资源，依托城市文化宫、文化馆、乡镇文体中心、体育场等场所，开展老年教育活动。拓展老年教育发展路径，开展形式多样的老年教育。运用信息技术服务老年教育。开发适合老年人远程学习的数字化资源。创新老年教育发展机制，鼓励社会力量参与老年教育。充分激发市场活力，推进举办主体、资金筹措渠道的多元化。该政策在一定程度上对老年教育产业和事业的发展起到了支持和引导作用。

中韩两国政府均重视老年教育产业和事业的发展。但相比于我国的义务教育、高等教育，老年教育的发展起步较晚，大众的认知度、接受度和重视度较低。同时与韩国从事老年教育的专业人员相比，我国目前的专业人员存在着总量小，无法满足教育产业的发展等问题。除专业人才队伍建设外，教育场所未能合理利用和整合的问题也日益突显。

（四）产业政策

20世纪60年代初，韩国将“保证国民生存权和建设福利国家”写进宪法，并依据宪法出台了一系列法律。如，《国民福利养老金法》（1973年）、《老年人福利法》（1981年）、《国民养老保险法》（1988年）、《老年人照护保障体系试行案》（2004年）、《老龄亲和产业振兴法》（2006年）、《老年人长期照护保险法》（2007年）等。韩国于1980年代末，推行了国民养老计划，进入21世纪以来，先后制定了低生育率高龄社会《基本计划（2006—2010）》《基本计划（2011—2015）》《基本计划（2016—2020）》。其中，《老龄亲和产业振兴法》由韩国保健福利部和知识经济部于2006年12月制定，2007年6月实施。该法由总则、建设老龄产业基础、提高老龄产品质量、罚则四个部分组成，对推动和发展韩国老年产业具有重要意义。

我国由工信部、民政部、国家卫计委三部联合发布的《智慧健康养老产业发展行动计划》，积极推进智慧健康养老应用试点建设。智慧健康养老产业发展，是我国特色化的养老新型模式，依托于“互联网+”和智慧健康养老技术的发展，在提高养老产业的服务标准和养老产业的成熟化发展方面具有一定的现实意义。在老年产业当中的金融领域，国家相继出台了《关于金融支持养老服务业加快发展的指导意见》和《关于加快发展商业养老保险的若干意见》等相关性政策，面向老年的金融组织、产品、服务等做出了规范和要求。在老年产业的地产领域，《关于推进老年宜居环境建设的指导意见》《养老服务设施用地指导意见》提出了居住行业的标准。

韩国制定的与老年产业相关的法律法规具有覆盖范围广、涵盖内容多样、法规之间互相补充的特点，已经形成较为成熟的老年产业的法律体系。成熟的法律体系的建设和健全利于规范老年产业的发展和公平竞争。与韩国相比较，我国出台的与老年产业相关的政策多以条例、试行方案、意见等形式居多，而法律性文件较少，且产业的法律体系不够完善与互补。

三、思考和讨论

（一）加快和完善老年人居住和休闲设施建设

居住和休闲娱乐设施对老年这一群体来说尤为重要。老人在晚年生活如何获取幸福感和安全感，居住设施的成熟完善与否，将很大程度上决定老人是否能够居有所安、居有所乐。随着社会的发展和人民生活水平的提高，居住设施不能单纯浅显的定义为为老人提供一方安身之所。应当建设不同类型的居住设施，满足不同老人的生活和精神需求。在这之中，老人的经济情况、资金掌有率、身体状况、生活自理能力等因素都应综合考量。同时，应大力开发和创建新形式的休闲娱乐场所，做到项目多样、种类齐全，激发老年人社会活动的参与性和满足老年人日益增加的精神需求。

（二）实现老年教育办学主体的多元化

韩国老年教育的办学主要有政府、民间及宗教团体、高等教育机构等；

而我国目前的办学力量则是以政府为主，由政府出资兴建公立性的老年大学。实现办学主体的多元化，可减轻政府负担，并形成行业的竞争机制，提高老年教育产业的水平。我国应鼓励多种社会力量的参与，合理公平竞争，为老年教育的发展提供源源不断地新力量。

（三）制定法律法规，规范行业发展

相较于条例和试行方案，具有法律效力的文件更具有权威性和强制性，这直接影响和关系到老年产业的发展是否具有良好的社会和行业环境。在我国近几年出台的相关产业的试行方案和条例办法的基础上，应加快制定老年产业方面的相关法律文件，建立健全老年产业方面的法律体系，从而建设公平公正的产业环境。同时实施优惠的税费政策，对从事有关老年产业的中小型企业给予资金支持，实施贷款减息，减轻经济压力和负担。出台方便老人就医的政策，充分利用信息技术，为不方便行动的老人进行远程看病诊断。建立和完善养老产业机构管理制度，为养老产业营造良好的法制环境。

（四）加快相关产业领域的专业人才队伍建设

老年产业涉及住房、金融、教育、护理等多方面多领域的专业知识。只有完善相关专业的人才队伍建设，才可以规范行业发展，引导产业的良性发展。提高从业人员的福利待遇并实施适当的奖励制度和政策，才可以吸引优质的专业人才加入行业发展中来。同时，还应该在高校中开设相关的专业课程，形成与该产业相匹配的人才储备库，壮大人才力量，激活行业发展。

本文通过对中韩两国的老年产业的发展进行比较分析。两国人口老龄化程度加深的社会背景极大促进了人们对老年产业的发展需求。对比韩国老年产业的发展，我国目前产业的发展程度较低，产业的法律体系不够完善。因此在今后我国应当建立健全产业法律法规，为产业的发展提供良好的环境和机制。同时应加快人才队伍的建设，跟进产业的发展脚步。我国

在发展老年产业的过程中要根据我国的国情，结合社会实际，借鉴和学习先进的经验，不可盲目照搬他国发展模式。

（作者：李冰梓，指导老师：杨克）

第四章　老龄化与中韩老后设计、产品

韩国老后设计与中国老人养老方式

一、研究背景

（一）我国的养老方式现状

在老龄化已经发展成为世界性现象的21世纪，我国的老龄化问题也逐渐严重，引起了社会各界的广泛关注。根据联合国人口委员会的最新统计数据分析显示，中国不仅是目前世界上老年人口最多的国家，也是老龄化发展速度最快的国家之一。在此趋势下，预计到2050年，中国的老年人口数将超过3.7亿，约占总人口的比重超过27%，进入超高龄化社会。

中国的老龄化问题中最具代表性的是我们通俗所说的“未富先老”。即中国目前的老龄化程度相对于自身的经济发展水平以及公民的生活质量水平是超前的。并且，随着单位生活质量的改善，中国面临着与老龄化水平相对较高的国家相比，更多的老年人口数的增长。而这将导致我国政府和公民的养老负担日益加重，国民的养老方式的选择变得极其重要。

对于养老方式的分类有多重标准。一般从以下两个维度出发：一是从养老主体出发，即养老的支持资源是由谁来提供的。在此基础上，养老方式主要分为三种。第一，主要依靠来自家庭成员以及其他亲属给予的支持来养老，称为家庭养老；第二，主要依靠自己积蓄、投资和劳动收入支持养老，称为自我养老；第三，主要依靠来自社会提供的资源支持养老，称为社会养老。二是根据居住方式进行分类，即老年人与谁一起生活。在此基础上，居住在养老机构的，如敬老院、福利院、托老所或疗养院等，称为机构养老。居住在各自的家庭的，称为居家养老。

美国学者考吉尔（Cowgill）的现代化与老龄化理论认为，社会现代化与老年人的关系是一种双重性关系。一方面，社会现代化推动了人口老龄化以及老年人口数的增加；另一方面，又削弱了老年人的社会地位。随着社会现代化进程加快，西方国家老年人基于家庭地位、权威而建立的尊重、获得的支持逐渐下降，工业化造成传统的扩展家庭（由两对或两对以上的夫妇及其未婚子女组成的家庭）被核心家庭（由一对夫妻及其未成年或未婚子女组成的家庭）取代，老年人因丧失物质资源和家庭支持从而转向依赖社会支持。而发展中国家在逐渐现代化和老龄化的过程中，老年人的命运也会和西方国家的一样。随着经济社会发展、家庭结构核心化以及人口预期寿命的延长，传统家庭角色尤其是子女的养老照料功能明显减弱，老年人的养老支持方式逐渐由家庭支持养老向社会支持养老转变。

从目前我国的现实情况来看，当前大部分老年人主要的养老选择方式仍然是家庭养老和居家养老。但在社会的经济、思想环境迅速发展的影响下，机构养老以及社会养老的选择及需求在迅速增长，以家庭和子女支持为主的养老方式正在受到冲击，我国的养老方式正在经历一场前所未有的变革。

（二）影响养老方式选择的主要因素

老人在养老方式的选择上根据自身情况的不同存在着显著的差异。其中个体因素、家庭因素、政府因素等都是影响老年人养老方式选择的重要因素。

首先在个体因素方面，一般指老人的经济收入状况、身体健康状况、思想观念等。老人的经济收入状况对于其养老方式选择的多样性有决定性的作用。经济收入状况较好的老人有更为多样的养老方式可供选择，或者能够承担更加舒适自在的自我养老。而经济收入状况相对不乐观的老人，大都只能依靠家庭或者社会的救济来支持养老，其所能选择的养老方式被局限在特定范围之内。

在身体健康状况方面，身体健康状况则在一定程度上限制了养老方式的选择。依据日常生活能力量表ADL（洗澡、进食、上下床、穿衣、如厕、排便6个项目评估），对于老人的日常生活能力进行测评，分为可独立生活者和不可独立生活者。其中不可独立生活者大都选择疗养院和养老院等可提供医疗及日常生活辅助的养老机构进行养老。

在思想观念方面，人们的养老方式选择会受其对于养老相关问题的态度和看法的直接影响。我国受传统儒家思想的影响，一直秉承“侍奉在侧”的养老理念，这也是我国的养老方式一直以家庭养老为主的重要原因。20世纪的“父母抚养子女”“子女赡养父母”“养儿防老”的传统养老观，根植于人们的观念中，影响着人们的养老方式选择。在经济发展以及社会的进步开放的背景下，我国的传统养老观念受到冲击正在发生转变。当然也有研究发现，很多老年人并没有按照他们认为的最好的方式去养老，而是根据实际情况来选择养老方式。

家庭因素包含亲属关系和家庭环境等。与直系亲属的关系在很大程度上决定了老人是否会选择家庭养老。另外，一般子女数较多的老人，所收到的来自家庭的养老支持资源更丰富，而所能够承担的养老方式也更加多样。

政府因素主要指现今我国政府出台的各种养老服务以及优惠政策。当前所处的社会环境、政府出台的养老政策等因素，都对公众的养老方式选择产生影响。其中养老金制度的建立，它为老年人选择其他养老方式提供了重要的经济支持。而相关的银发服务产业的发展丰富了老年人的养老方式选择的多样性。

二、老后设计

（一）关于老后设计

当代银发相关产业的发展虽然很迅速，但大多侧重于养老方式的多样化以及促进养老相关服务产业丰富发展。随着人们对于老龄化认识的加深，中高年龄层人群对于获得养老方式选择相关指导的需求也开始引发社会的关注。另外，对于现今老龄化问题导致养老方式转变的过程中出现的新一代老年群体来说，对新时代的养老选择应持有怎样的态度，以及如何为自己的老年生活做合理的准备，都是我们必须予以重视的问题。对此，韩国在2010年提出了老后设计的概念。

老后设计是针对四十岁以上的中高年龄层的人们，通过咨询访谈的方式，收集服务对象的真实具体资料，通过分析整合后，为他们提出或制定适合他们自身情况的老年生活方案，并依照该方案为他们提供最为合适的养老服务。当然，老后设计不仅仅是针对的中高年龄层人群，对于必然会变老的每一个人来说都是必需的。

（二）关于韩国老后设计及服务项目——KB国民银行golden life的介绍

1.设立背景

在韩国人口的发展中，最令人担忧的问题是老龄化的速度。根据韩国人口统计厅的相关统计显示，韩国是目前世界上人口老龄化发展速度最快的国家之一。韩国2016年的65岁以上人口为657万人，占全体人口的13.2%。按此趋势发展下去，到2020年，高龄人口的比率将增至15.7%。到2030年为24.3%、2040年为32.3%、2050年为37.4%、2060年为40.1%。韩国从2000年进入老龄化社会（65岁以上人口占比7%以上）到2026年进入超级老龄社会（老龄人口占比21%以上）的快速老龄化过程，将仅用27年就完成。而与同时期的其他发达国家相比，法国从老龄化社会进入到超级老龄社会用了157年，英国用了100年，美国用了89年。虽说已经是百岁时代，但韩国的老龄化程度已经超越了高龄化社会，步入了超老龄化社会。

与此同时，韩国人口老龄化带来的问题也十分严重。根据韩国人口统计厅2015年的统计显示，没有进行养老准备的老人占总老龄人口的53.1%。在OECT（经济合作与发展组织Organization for Economic Co-operation and Development）国家中，韩国的老人贫困率以及老人自杀率均排在第一位。

针对韩国老龄化问题中最为严重的老人贫困问题，韩国在1988年1月1日开始以KB国民银行的年金公团为实施机构，实施了国民年金制度（相当于中国的养老金制度），是一项为了预防国民因年老无法从事生计或发生无法预料的伤残及死亡而支付保险费，在年老、伤残及死亡时，由国家实施的向本人或其遗属支付年金，为国民生活安定做出贡献的社会保障制度。国民年金是18岁以上的国民至少10年以上不间断的每年上交一定的年金。国民年金是低收入阶层结构，收入较高的人的年金百分比低于收入较少的人，平均金额为20年来的最低工资的约40%。加入者从65周岁开始享受福利待遇，每月领取一定的金额。其中具有代表性的年金养老金种类是于养老金、残疾人年金、遗嘱年金及一次性偿还金等四种。

为了应对老年人的护理需求，在2008年7月，韩国开始实施老人长期疗养保险制度。服务对象的范围界定为65岁及以上老人和不满65岁的脑出血、脑梗死、帕金森等老年性疾病患者。符合条件的申请人需要向国民健康保险公团提交等级判定申请，公团内部的等级判定委员会通过上门调查的方式，对申请者的护理等级进行判定，并决定申请者能否具有资格成为长期护理服务对象。调查内容主要包括身体机能、认知功能、行动变化、看护处置状况、残疾人障碍等5个领域共52个项目。依据申请人身心功能障碍程度，将长期护理认定合格者分为五个等级，根据等级划定以及相应的支援金额，等级越低支援金额越高。此外，长期护理的等级认定具有一定的有效期，距离有效期结束的30—90天内需要重新申请等级认定。这样可以使更多老年人享受到长期护理服务，也可以有效防止护理服务资源浪费现象的产生。

随后在2015年，因韩国国内养老产业的发展以及国民逐渐显现的相关养老需求，韩国政府在12月23日开始实施了《老后准备支援法》。该法案共有23小条，旨在为国民健康稳定的老年生活提供有关养老准备的事项。包含了国家提供老后准备的相关责任、相关的基本计划、老后准备支援事业、养老准备指标等23个法律规定。对于政府应提供的老后准备资源，养老准备支援机构的许可、运营、监督等方面作了明确的法律规定。随后国家设立相关机构，通过中央和地区中心提供相应的老后准备和老后设计咨询提供服务。根据法律的制定，中央退休准备和支持中心在总部设立。此外，全国共有107家分支机构被指定为区域退休准备和支持中心，在金融、健康、休闲、人际关系四个领域提供诊断、咨询、教育、专业机构联动的服务。

在国民年金制度、老人长期疗养保险制度以及老后支援法等三项制度的支持背景下，在韩国有2500万客户，占到了韩国人口的57%的韩国最大的商业银行——kb国民银行实施了golden life的项目。

2.项目介绍

基于韩国人民对养老准备的重要性和关心一直在增加，但现实中不知道该怎么做的事实，为了支持每个国民的系统和综合性的养老准备，国民银行年金公团以支持国民幸福的老年生活，节省高龄化社会费用为目的，创立了kb国民银行golden life项目。

kb国民银行golden life是一个以kb国民银行年金公团的投资为主，韩国江南大学银发产业学部教授进行指导，创建的一个集老后设计和养老服务功能于一体的服务机构。名字在中文中是黄金生活，寓意晚年生活也能舒适有魅力，如黄金般闪耀。另外golden life也主打“老年生活是我们的第二人生”的理念，致力于为国民创造幸福的老年生活。

golden life项目主要分为老后设计和黄金生活护理中心两大板块。老后设计方面，国民年金公团设立了中央养老准备中心及地区老年准备中心，以提供相应的养老准备服务。主要服务对象为加入国民年金的人员，通过商谈调查的方式了解服务对象目前的情况，提供财务、健康、休闲、人际关系领域的等四大领域的诊断、咨询、教育、关系机构联系、事后管理服务等。

老后设计的实施方式以商谈为主，分为网络商谈和访问商谈。网络商谈是指通过网络途径与服务对象进行联系进行的商谈。网络商谈的主要服务对象为40岁到60岁年龄层的人。其操作步骤分为三部分。第一部分为基本信息收集。服务对象登入老后设计商谈的官网，进行个人信息的注册，包括年龄、职业、收入等方面。第二部分为老后准备综合诊断。服务对象在第一部分完成信息注册后，会出现与财务、健康、休闲、人际关系四大方面相关的调查问卷。服务对象需要对相关问卷进行填写，进行自我老后准备的综合诊断。问卷调查结束后，系统会根据服务对象的调查问卷的回答情况，生成相应的诊断结果表格。表格中包含服务对象财务、健康、休闲、人际关系等四大方面的老后准备所得分数（1—100分）、老后准备水准（上、中、下三个等级）以及老后准备的相关类型（如大规模多层次型、健康实践型、低关注度消极的类型等）。最后一部分是给服务对象的相关养老准备建议。在经济方面，针对型的经济管理设计，提供工资、存款以及各种财富管理投资的相关信息。健康方面，提供健康管理、预防疾病、消除压力等健康实践信息。在休闲生活方面，老年旅行、老年教育、相关兴趣活动以及社会公益活动等相关信息的提供。在个人关系方面，健康的交流方法的教育，提供社区社会咨询机构等人际关系信息。

访问商谈是指老后设计商谈师通过与服务对象的面对面交流进行的商谈。服务对象一般为退休后年龄65岁以上的老人。访问商谈的服务对象需要登入老后设计官网或者通过电话来进行预约并录入自己进行商谈的合适的时间。预约成功后，老后设计商谈师会在服务对象预约的时间里进行上门访问。在与服务对象的直接交流中，了解服务对象的真实具体资料，给相应的老后设计建议。一个访谈项目进行的时间由一个月到三个月不等。

网络商谈和访问商谈两种商谈方式相比而言，网络商谈的老后设计更加方便快捷，具有耗时短、受众广、资源成本低的优点。但也存在获取服务对象信息狭隘、老后设计较为片面的缺点。访问商谈可以明确实际的了解服务对象的情况，为服务对象提供贴合实际的老后设计。但也相应的存在耗长、受众少、成本高的缺点。

三、对于养老方式的选择的借鉴意义及建议

（一）积极宣传老后设计相关概念，提高老后生活准备意识及水平

我国老龄化问题深刻的背景下，部分国人已经明显感受到了即将面对的老年生活的压力。面对这样的压力，大部分人的解决方式是先在经济方面做好养老准备。当然，这是正确的，但与此同时，其他方面的老后准备也是至关重要的。

因此，我们应该积极宣传老后设计的相关概念。一方面，使人们正确认识老后准备的定义以及老后准备的多方面性，不仅仅局限在经济上，在健康的维持上，人际关系的经营上，兴趣爱好的发展等多方面都要有所准备。另一方面，对于已经有老后准备意识的人来说，更加专业的指导可以使他们对自己的老后准备更加到位，在一定程度上减少面对老年生活的压力。

老后设计的宣传可以通过各种新闻媒介进行。如报纸、广告、社区老后设计准备讲座的开展等。相对于中国来说，韩国的国土面积小，人口数量少，经济水平相对发达，老后设计准备中的商谈是相对来说比较好实施的。而我国的国土面积广泛，人口数量庞大，且地区经济发展不平衡，老后设计准备想要一步就位、全面实施显然是不切实际的。因此可以在经济较为发达的城市，如北京、上海等一线城市开始逐步推行老后准备设计的商谈，然后逐渐发展推广到各地。

（二）推进老后准备设计发展，全方面做好老后准备

只有明确了自身的真实养老准备情况，对自己的老年生活有所规划，才能将面对老年生活的压力转换为动力。积极推进老后设计，让国人全方面做好老后准备。

在经济方面，对于即将步入老年生活的人群来说，首先要对自己的经济能力以及老后的经济来源有具体的了解和规划。对于四十岁以上还未退

休的人群来说，要对自己将来的养老有投资，可以购买相应的养老保险等经济产品。对于已经退休的老年人来说，可以选择老后再就业。随着年龄的增长成为老人之后，反而具有很多的再工作竞争优势。时间充裕、丰富的人生阅历、长时间就业所积累的职场人脉和工作经验，对于有能力、身体条件较好的老年人来说，再就业是一种极为值得考虑的选择。

在健康方面，要定期检查，保持良好的身心健康。在饮食上，要注重荤素搭配，不能暴饮暴食。在起居作息上，要有规律的作息习惯。在心理健康上，要学会排解不快，有适合自己的排解方式。当有过于严重的心理方面的问题时，可以去医院或者相关心理机构进行咨询，在专业指导下解决。在运动锻炼上，可以根据自身的身体状况以及兴趣爱好，进行适当的运动锻炼。

在休闲活动方面，退休进入老年时间后，相比上班时期会有大段的闲暇，这时候，休闲可以说是老年人的职业。要使这段时间丰富多彩地度过，就要明确和培养自己的爱好。可以参加相应的社团、组织等，与有相同爱好的人们一起，做自己喜欢且有意义的事情。另外，人际关系上，要有自己的交友圈子。在老年生活中有志同道合的朋友，会过得更加精彩有意义。要改变人际关系随缘的看法，用心经营人际关系，为自己的老后生活做好方方面面的准备。

（三）政府积极提供相关老后设计政策支持

在我国的养老问题逐渐突出的同时，政府应在做好养老经济政策支持的基础上，对即将迈入老年生活的中年人群加以重视，出台相应的政策引导观念，拓宽养老方式选择的视野及可信赖性，积极推动家庭养老为主向社会以及自我养老为主的转变。

韩国政府施行的《老后准备支援法》大大推动了韩国国民的老后准备思想观念的进步，以及老后准备设计相关产业的发展。中国也可以推行与其相似的政策，促进国民对老后准备的重视，支持相关老后设计产业以及银行金融相关的养老设计产品等。政府可以设立政策，推动相关机构的发展。例如，社区养老中心可以设立老后设计准备咨询所，对四十岁以上年龄层的人群提供心理咨询以及身体和精神健康方面的老化转变咨询等。倡导不要害怕老年，积极面对老年。在衰老过渡时期，人们的身体和心理会出现很多的问题，而这些问题的出现会促使人们看清自己的现状，对适合自己的养老方式进行深刻思考。在此基础上，加以有效的心理辅导，督促人们对自己的养老做出实际行动。

在老后准备设计的相关产业发展方面，政府可以出台政策加以鼓励支持。无论是民营还是国营的相关老后准备设计产业，都要为其提供良好的发展环境。也可以出台政策支持相应产业的跨国合作，在符合我国国情的同时，借鉴外国先进经验，促进我国老后准备设计产业的起步和发展。

在老后准备设计的教育以及人才培养方面，可以通过与在这方面发展较为成熟的外国高校进行国际合作，借鉴先进的制度以及经验，国内高校也可以建立相关专业学科，为老后设计方面培养优秀的人才。

结语

在老龄化不断发展、养老方式选择的结构发生转变的新时期，我们更应该重视国民的养老准备，从影响养老方式选择因素的各个方面满足国民的需求并予以支援。

我国相关的银发产业目前已经得到了关注及进一步的发展，国民的养老方式的选择有了更大的空间。但在老后生活的准备方面，专业的咨询以及指导现在面临重大的缺口。我们刻不容缓需要做的就是，将目光聚焦到老后生活的准备上，在老后生活准备问题真正的严重和扩大之前，早一步进行预防，避免事态的严重化。文中提到的韩国的老后设计是从2010年左右逐渐兴起，2015年真正通过立法实施，中间经历了五年的时间。对于我国基本国情来说，这个过程一定会更久。但是对于我国国民的老后准备支援也是必不可少的。目前来说，我们的国家社会对于我们的老后准备的支援是有限的，但也在不断发展中。相关政策的提出以及法律的制定需要国民的共同努力。对于老后准备尚处于空白时期的新一代即将步入老年的人群来说，我们应该加强自我老后准备意识，对自己所处的未来老年环境有所构思。同时，也要相信我们的国家和政府会在这个养老的转型时期给予我们有力的支持。

（作者：张佳佳　指导老师：许彦博）

韩国老年社工在银发产品研发中的作用研究

随着韩国社会工作的发展，老年社会工作不断完善，银发产业的产业结构也日趋完整。为了推动银发产业的进一步发展，促进银发产品的研发与创新，老年社会工作与银发产品的研发相结合起来。在银发产品的研发、信息反馈与创新中，老年社会工作扮演了重要的角色，在不断变更中为银发产品的研发提供了稳固的支持。

通过查阅相关的资料，了解老年社工与银发产业的现状，通过调研银发产品研发的相关部门，分析老年社工在银发产品研发中的参与模式，总结出老年社工在银发产品研发中的地位，研究老年社工在的作用。同时，结合我国国情与实际情况，将韩国老年社工在银发产品研发中的作用经验借鉴到我国，对我国的银发产业发展做出帮助。

绪论

（一）研究背景

韩国在21世纪初65岁以上人口占总人口的比重就超过了7%，进入“老龄化社会”；到2016年末超过了14%，进入“老龄社会”，是世界上老龄化速度最快的国家。在老龄化进展迅速的21世纪，韩国大力发展了银发产业与社会工作。

之前韩国普遍沿用日本等发达国家使用的“银发产业”（silver industry）一词。2006年，韩国出台《老龄亲和产业振兴法》，开始在正式法律和文件中使用“老龄亲和产业”（senior-friendly industry）一词。所谓老龄亲和，即注重老年人对便利性和安全性的需要，强调对此优先考虑。在大力发展银发产业的韩国，其产业的广度与深度日趋完善丰富，社会相关服务和基础设施为老人考虑周全，产品更贴合老人，更实用，对老年人经济市场的研究更加透彻。但在我国，老年人产业的发展相对缓慢，老年人市场没有完全打开，银发产品的开拓方面进展不大。

（二）研究意义

研究韩国老年社工在银发产品研发中的作用目的在于对银发产品开发的分析与研究。学习过了银发产业与社会工作后更加感觉两者有紧密的不可分的联系。银发产品需要紧贴老年人的生活与需求，紧跟当代老年人的生活需要，而老年社工时时刻刻的与老年人紧密联系，从生活习惯到生活需求，从老年生活到老年经济市场，老年社工的接触更全面更深刻。研究韩国老年社工在银发产品研发中的作用，可以分析出韩国银发产品研发过程中老年社工各方面的影响，从而对照我国银发产业的发展做出一些合理的建议和意见。对我国银发产业的发展及银发产品的研发做出正确的分析与推论。

（三）研究内容与思路想法

1.研究内容

通过调研韩国相关的银发企业，了解老年社工在银发产业的产品研发中的参与方式，在银发产品研发中承担的地位和职责。搜集相关的资料，以韩国老年社工与银发企业相结合的现状的相关信息为依托，研究分析韩国老年社工在产品研发中的作用，对我国的相关研究和发展起到借鉴作用。

2.研究思路与方法

运用文献研究法，通过知网等资源引擎收集关于老年社工与银发产业相结合的资料信息，探索老年社工在银发产品研发中的作用。采用调查法和观察法去相关企业与部门进行观察与收集资料。

3.创新点与不足

从多方面多角度研究老年社工与银发产业之间的联系，结合中韩两国的国情与实际情况得出结论与启发。但是因能力与实力有限，没有进行更深层次的实践调查与研究，只通过基本的资料与调查，分析了浅层的影响与作用。

一、相关研究及其研究现状

（一）韩国银发产业发展现状

1.韩国老龄化现状

2018年，韩国正式进入老龄社会，在2026年老龄人口将达到20%，进入超老龄社会，最终大约到2060年，韩国老龄化率（37.1%）超过日本成为世界最老的国家。从老龄社会到超老龄社会仅用8年时间，这是OECD国家中最快进入超老龄社会的国家。

韩国保健社会研究院（2017）的调研数据显示，1000名40岁以上的韩国人中有76.2%担心晚年生活，少子老龄化导致家庭户数由2015年的1901万户增至2045年的2232万户，单人家庭中的高龄家庭将由6.4%增至36.3%，其中65岁以上独居老人家庭将增至45.9%，占总单人家庭的50%。在韩国的老龄化程度不断加深的情况之下，老年人的生活问题对经济和社会发展提出极为严峻的挑战。为此韩国政府制订了一系列的《国民年金法》《老年人福祉法》《国民健康保险法》《老年人长期护理保险法》等各种法律法规应对老龄社会。总体来说，韩国人口老龄化出现在人均GDP为1万—2万美元的背景下，属于“先富后老”的类型，虽然在应对老龄化问题的物质条件方面有一定基础，但仍面临不小压力。

2.韩国银发产业现状

韩国老龄化及未来社会委员会提出了八个部门共19个项目作为银发产业发展的重点。这其中老龄亲和疗养产业、老龄亲和医药产业、老龄亲和食品产业、老龄亲和化妆品产业、老龄亲和医疗设备产业、老龄亲和用品产业、老龄亲和金融产业、老龄亲和住宅产业以及老龄亲和休闲产业是市场规模幅度最大的九大产业。

韩国大力发展老年人服务设施。老年养老从业人员与服务设施持续增加，韩国现在约有45万名长期护理者，2万多所居家机构，还有众多疾病治疗机构和临终护理院等为老人提供身心照顾服务。同时，老龄产品种类多样化，老人辅助用具、康复保健用品性能提升，申请老年生活安全援助专利技术的企业也由11年的41%增加到52%，老年用品的商品规模也不断扩大。其次，老年人的休闲文化活动日益增加，老年文化活动中，看电影和读书分别占比达到了35.8%和34.6%。据2015年数据统计，韩国有敬老堂64000多所，老人福利馆321所，其中近半数老人福利馆开设了300多个老年文化项目，238所文化院开设了老年学校。老龄金融也持续发展。自2014年政府对无收入来源的老人实行住房租赁补贴制度起，健康保险中老年人诊疗费占比38.8%，长期护理保险制度的实施，每年可为老年人节省8亿韩元的医疗费。自进入21世纪以来，韩国大力发展银发产业，颁布各种法令鼓励银发产业的发展与建设，政府介入推动着相关企业和产业的发展进步。

3.韩国银发产业政策

进入21世纪后，韩国政府陆续出台了三项扶持银发产业的法律。一是《低出生老龄社会基本法》，为银发产业发展奠定基础。二是《老龄亲和产业振兴法》，从供给层面促进银发产业发展。三是《老人长期护理保险法》，从需求层面促进银发产业发展。2006年颁布的《老龄亲和产业振兴法》，强调了法律要扶持银发产业发展，由国家介入推动产业发展，点明了构建产业培育体系的重要性。法律同时提到了两个部门，保健福利部和少子老龄社会政策局，负责具体的银发产业的相关事宜。2006年，政府建立了银发产品展示体验馆。2007年，实施了优秀老龄产品认证制度。2008年，实施了老年长期照护保险制度。2012年，制订《老年痴呆管理法》，强化老年照护资金扶持。2013年，规定60岁退休法制化。2014年，实施基础年金制度，保障老年人收入来源。

同时，韩国政府实施了“三次低出生老龄社会基本计划”。第一次为

2006年至2010年，政策目标是营造养育子女的良好环境，构筑应对老龄社会的基础。第二次为2011年至2015年，目标是阶段性恢复出生率，建立应对的老龄社会体系。第三次为2016年至2020年，目标为将出生率提高到OECD国家平均水平。目前，韩国处于第三次基本计划的最后一年，韩国养老政策目标是到2020年底，通过扩大内需及开拓全球市场，将老龄化产业发展成为可持续经济增长动力产业。其21世纪颁布的三项政策极大地促进了其养老产业的发展与进步。

（二）韩国社会工作的发展

1.韩国社会工作的现状

韩国社会福祉（社会工作）发展现状。"社会福祉运动"这一术语的定义是：为了改善社会福利制度和提升公民福祉而进行的一种运动。在韩国社会福祉运动发展的脉络中包括了对综合性市民运动—参与连带社会福祉委员会的社会福祉运动、根植于草根民主主义的地区社会福祉运动、立足于当事人主义的社会福祉运动。韩国社会工作制度中最完善的部分为社会保险制度，包括了老龄、医疗、产业灾害和失业等四大保险以及仿照日本实行的老人长期护理保险共五大保险制度。韩国的社会工作在此基础上展开，围绕着各种法律进行专业的社会工作，为各类人群提供专业支持。

2.韩国老年社工的现状

1979年的全斗焕政府制定了关于老年福利方面的《老年福利法》、敬老优待制度（1982年）及老人健康无偿诊断制度（1983年）。进入21世纪后，韩国政府对社会福利的发展由之前"先增长，后分配"转向"追求经济发展与分配相均衡"。为此，卢武铉总统在任期间，通过所得换算制（2003年）来扩大适用于供需贫困人群的数量。而针对老年福利，韩国制定了《少子、高龄社会基本法》和《基础老年年金法》。截至2018年，韩国社会福祉的从业人数达到了1017553人，其中50—60岁的社会福祉从业人员有161036名，60岁之上的从业人员为40438名。而在全国共20776家社会福祉设施中，关于老人的社会福祉设施多达9116家。由此可以看出，韩国社会福祉从业的设施类型向多样化发展，其专业性介入已渗透到各个社会阶层当中。此外，对老人的支援尤为突出，这与韩国现今社会的快速老龄化社会问题紧密相关。

3.韩国老年社工与银发产业的结合现状

韩国相关产业近些年发展相对成熟，银发产业越来越完善，产品种类性能多样化，老年社工的社会工作也越来越专业，老年社会工作渗透到老年人生活中。由此，银发产业与老年社工由于工作服务对象相近，逐渐开始结合。从2010年起，逐渐有老年社工机构与银发企业相结合，老年社工参与到银发产品的研发过程中。在最初的发展中，老年社工仅仅是参与其中，在信息方面提供自己的帮助。而近些年，老年社工逐渐展现出了专业性的一面，具备了其他部门所不具备的优势，逐渐在银发产品研发中形成了一套完整的体系。

二、韩国老年社工在银发产品研发中的作用

韩国如今已形成较成熟的老龄化应对体系，银发产业作为韩国政府、社会及企业关注和助推发展的产业部门，已成为韩国未来经济增长的新引擎。韩国银发产品的发展与更新换代紧贴当下时代需求与要求，从衣食住行到休闲金融，银发产品的研发顺应着时代的发展。在这其中，老年社工即老年社会福祉起到了极大的作用。老年社工与老龄人群密切接触，让老年社工更能接收到老龄人群的需求。

（一）老年人需求信息的收集

老年社工可以及时传递老龄人口的需求。韩国如今有接近八百万的老龄人口，不断发展的城市化让农村的老龄化愈发严重，到2010年就有接近115万的独居老人家庭。在韩国，这些人群对老年社工的接触远多于子女或亲属。因此，当社工介入老龄人群的时候，更容易接收到老人的需求。在韩国的独居老龄人群中，由于受20世纪韩国经济发展的影响，许多韩国老

人依然有着跟中国老人相似的“能省则省”的观念，生活节制，很多生活上对银发产品的需求没有提出来；同时很多老人本着不给子女添麻烦、增加负担的原则，不会轻易将生活中的问题告与子女亲属。这时，能够密切接触与沟通的社工很好地充当了媒介的作用。在与老龄人口的接触中，运用专业技巧，通过沟通交流，获得老人的信任，老人则会将自己真实的生活习惯与不便反映给社工的相关工作人员或机构。在与老人的社工介入中了解老龄人口的需求并将信息及时反馈给银发产业的相关部门。

因此，在银发产品的研发中，韩国老年社工承担了产品设计之初的信息收集的职责。只有获取足够的充分的老年人需求信息，才能在银发产品的研发中有相对应的设计基础，使整个产品设计更能符合需要。老年社工在进行社会工作时能更好地解读老龄人口的需求，然后将这些信息反馈给银发产品的相关部门，这将对银发产品的研发提供很多信息依据，使其产品更能迎合老龄市场。

（二）老年社工负责概念模型的构建

概念模型是一个物品的形式化的简化描述。在银发产品研发之前，构建概念模型十分有必要。老年人的认知能力较弱，学习能力不足，构建好概念模型能够使老年人更好地了解、使用银发产品，同时也能够推动设计者的想法与老年人的实际想法相一致。老年社工在与老年人的接触中，能够接触到足够的信息用于了解老年人需求，结合专业知识，能够在概念模型的构建中展现出更多的细节和易于被老年人接受的设计要素。因此，许多银发产品往往都是由老年社工负责提出构想，并构建概念模型，将老年人的需求和细节结合到某一种产品上，初步构建出符合老年人需求的产品的概念模型。只有一个产品的概念模型完整的、良好地呈现出来，才能对产品进行具体的产品设计。

（三）负责产品的改进完善

在与老年人接触的同时，老年社会工作还负责对产品使用人群进行观察，以此来了解产品的最终设计能否让老年人顺利的了解与使用。老年人在对产品的使用中出现疑惑时，有些老年人往往会对自身产生怀疑，认为自己的身体机能已经不适应这种产品，进而导致老年人放弃对此类产品的使用，也让这种银发产品难以推广与发展。此时，老年社工则能够根据概念模型与老年人的使用困难与想法将设计者的设计与老年人使用中的差异问题，完整系统的表述出来，从而进行产品的完善。

韩国城南老龄亲和产品综合体验馆是韩国位于城南市的一个老龄亲和产品展馆，在众多老龄亲和产品中有一种老年人洗浴浴缸便是由老年社工设计的概念模型。老年社工的概念模型是为了针对老年人手脚移动不便、洗浴困难而研发的辅助洗浴浴缸。在产品问世并投入试用后，老年社工通过观察发现，部分老人并不经常使用，原因是部分老人移动不便，很难进入这种浴缸，而浴缸设计初衷是为了让老人全方位地洗浴，因此浴缸边缘设计较高，而产品只在外围设计了一个小台阶，老年人进入浴缸中相对困难。社工对此进行了概念模型与设计者的想法的对比表述，设计者为此产品配置了可全自动操作的移动床，使使用者不用移动，躺在上面，就可以自动挪动到浴缸之内。产品更新换代后大大提升了性能与受众群体，产品也从难以销售变成热销产品。老年社工在银发产品研发中，对老年人产品使用情况的观察，进行总结并提出改进形成了一套相对完整的参与体系。

（四）推动银发产品的发展与推广

银发产业包含着本位产业、相关产业和衍生产业。因此银发产品也就不仅仅是和老年人相关的日常用品，包括了老年人的基础设施、休闲娱乐产品和投资理财的相关产品。但是相当一部分老年人不曾接触过一些当下的比较新鲜的老年人产品，比如说老年人的储蓄投资理财产品和老年融资资本市场等等。这使得这些银发产品的推广难以进行，受众面狭窄，从而使这部分银发产品研发缓慢或停滞。在韩国，大多数老年人都会有自己的工作或者资金来源，但是大都没有合理的安排处置自己的财产。不仅仅是因为一部分老年人不想去金融老年人资本市场或者购买理财产品，更多的是老年人没有接触过，不知道如何去操作。韩国很多社工都曾反映过老年人有关于老年理财产品的咨询，社工将会将老年人理财的相关信息传递给老年人，将老年人储蓄投资理财和老年融资资本市场等推广开来，使其受众面积更广，受众范围更大，从而带动着老年人金融产品的发展，促进老年人金融市场等银发产品的开发研制。

三、韩国老年社工在银发产品研发中的作用对我国发展的启发

我国国家标准化管理委员会、人力资源和社会保障部等27个部门于2012年联合发布《社会管理和公共服务标准化工作“十二五”行动纲要》，将社会工作标准体系建设列入“十二五”期间基本社会服务标准化建设名单之中。当前传统的银发产业发展与单一的社会保障机制都难以完全满足新时期老年人的养老需求，大力着重发展新型银发产业是将人口老龄化挑战转化为发展机遇的必要手段。现如今我国的老年社工正处于转型期，老年社工更讲究专业性，强调互动。社会工作者将专业的方法和技巧应用到与老年人发展息息相关的领域，以解决老年人工作为主，协助老年人解决一系列问题，使其老年生活变得充实而有价值。由此看来老年社工的发展方向与银发产业的推动方向一致，更加有必要将两者相结合。

韩国的社会情况与我国相似，在人口老龄化方面有诸多相似之处：两国均在世纪之交步入老龄化社会，人口老龄化形势严峻；家庭养老仍是主要的养老模式；市场化程度越来越高，银发产业都具有发展空间。由于我国的银发产业和社会工作发展相对较慢，两者相结合之处仍然较少，依然是两个相对平行的工作岗位，难以相互作用，因此需要借鉴韩国银发产业和社会工作发展的模式。

（一）学习韩国银发产品研发中老年社工所扮演的角色

韩国政府对发展银发产业极为重视，通过一系列政策、措施，引导银发产业稳步发展，积极推动社工与银发产业相结合。在银发产业的产品研

发中，老年社工扮演了非常重要的角色。在产品研发中，老年社工扮演了创作者的角色。老年社工在专业工作的基础上，更多更详细了解了老年人的需求。因此老年社工能将这些信息转化为产品研发的灵感，其提供的想法和信息在产品研发上有重要的作用。中国在发展银发产业时，同样要将老年社工积极的纳入银发产品的研发过程中，增加老年社工与银发产业产品研发的互动与影响，在产品研发初期看重老年社工的作用，在收集处理老年人需求信息上以老年社工为重心。

(二)学习老年社工在银发产品研发中的参与模式

韩国的老年社工通过在银发产品研发中的概念模型构建，在概念模型构建到产品使用情况的观察、反馈与改进中，逐渐形成了一套完整的研发、推广、收集信息、反馈和改进的体系。老年社工在银发产品研发的过程中，以专业的知识和角度参与了概念模型构建与产品设计，在社会工作中对老年人的银发产品使用情况进行观察，最后结合概念模型与设计者的想法进行改进与升级。老年社工与银发产业产品的研发相结合，有着一套完整系统，具有其他部门所不具备的优势。我国目前的银发产品研发中缺乏合适的完整的系统，因此韩国老年社工在银发产品研发中的参与模式对我国有极大的借鉴作用。我国在银发产品研发中，同样要根据我国的国情和老年社工发展状况配备完好的系统，学习其参与模式。

合理借鉴韩国发展银发产业的经验，应发挥政府在优化银发产业发展环境和完善政策方面的主导作用，积极引导社工与银发产业的互动和信息互通，放大社工在银发产品研发中的作用。学习在韩国银发产品研发过程中老年社工所扮演的角色和参与的方式，推动我国老年社工和银发产业的相互发展。

结语

韩国的银发产业和老年社工都处于飞速发展的阶段。老年社工越来越多，国家对于老年社会福祉越来越重视，在加大银发产业的发展力度大力投资的同时，积极推动着银发产业和老年社工的相结合，相互产生化学反应。在银发产品的研发过程中产生良好的互动，推动着银发产业的发展和进步。我国的银发产业和社会工作都处于起步阶段，因此韩国的发展模式对于我国的发展有极大的借鉴作用。此次研究就是对韩国银发产品研发的模式的研究分析了其中之一二，对中韩两国关于社会工作在银发产品的研发中的作用研究进行了一些剖析。希望韩国的社会工作和银发产业能继续发展，同时也展望中国的未来，在借鉴韩国发展模式的基础上，拥有更大的创造力和发展。

（作者：辛芃道　指导老师：许彦博）

我国老年用品的人性化设计问题探讨

进入21世纪，我国逐渐迈进一个长寿的时代、老龄化的时代。截至2017年底，我国60岁及以上的老年人口总数达2.41亿人，占总人口比重17.3%，中国已成为世界上老年人口总量最多的国家。预计2040年，我国60岁以上老人比例将达到30%，65岁以上老人比例将达到22%，进入到超级老龄化社会。由于老年人口比例增加，对老年用品的需求也日益加剧，使得老年产业展现出前所未有的发展机遇。

目前学术界在老年用品的研究上，研究视角主要在对老年用品消费市场的发展现状与趋势和老年用品设计的现状和发展趋势分析等方面进行了研究探讨，应该说是很好地掌握了老年用品消费市场的现状，为以后老年用品市场发展奠定好了一定的基础。然而，学术界从人性化的视角去研究老年用品设计等方面的研究并不多见。

一、当前我国老年用品的发展现状

老年用品是一个新兴的产品产业链，这个产业链包含的很广。它既包括了现有的产品行业（如轮椅、拐杖），更包括了服务行业，也包含了一些未来新兴的市场以及目前还没有开发到的产品与服务。1997年中国老龄委员会提出了老年用品产业概念，它涵盖了因老年人的特需要而产生的，涉及日常用品、运动品、保健品、化妆品、健身器材等等多个领域。当前市场上老年用品比重在不断增加，但是在总量上来说依然不够。根据国家老龄委提供的数据，当前老年用品市场的需求量在4000亿左右，但是市场供应量却不到16%，还有接近84%的老年人的需求没有得到满足。我国虽然有世界上最大的老年市场，但与发达国家相比，我国老年用品产业仍处于起步阶段，老年用品与服务开发并不足够。根据数据统计，在全世界六万多种的老年用品之中，中国的用品种类仅仅只有两千多种。这两千多种产品主要以拐杖、轮椅等简单的医疗器械和以保健为主的食品和药品等为主，并且这些产品的技术含量与质量不高。由于缺乏特色，很多产品积压滞销成为清仓产品。这显示出中国的老年用品种类完全不足，专门为老年人设计的产品还十分缺乏。反观日本，在老人用品开发方面已经十分成熟，日本制造产业根据老年人的不同层次、需求，生产出适合老年人使用的用品。如养老机器人，方便痴呆、瘫痪的老人吃饭的特制食器，洗澡专用的沐浴器以及大小便便池等；同时也会根据老人的特定需要开发各种新产品，比如老人眼镜、除皱器、化妆品等。日本拥有的老年用品种类多达4万种。除了日本，欧美国家的一些老年用品企业针对老年人的特征、生理、心理需求进行产品的设计与开发。如美国的一些巨头企业微软、西门子为了促进老年人产品的研发与设计，成立了专门针对老年人的技术服务中心。

在老年用品的生产与市场销售方面，根据中国老龄科学研究中心副主任党俊武的说法，目前中国经营老年用品的企业数量仅仅只有一千家左右，并且这些依旧走着“引进—模仿—生产”的模式，市场供应单一，缺乏个性化与自主创新。并且老年用品在开发与引进技术方面无人过问，大多为政府包办，老年人用品店铺更是凤毛麟角。当前中国老年用品出现最多的地方就是大型超市，与琳琅满目的母婴、女性产品相比，老年人用品种类少、款式少，为老年人服务的特色并不鲜明。相关数据表明，老年人用品的销售量仅仅占超市销售总额的一成，基本上呈现出无人问津的状态，因此一般超市里专门提供给老年用品的货架比较少。

对比中国的现状，欧美国家除了日常在超市、老年人用品店铺销售老年用品以外，这些国家还在努力将老年用品推向各个家庭。当前欧美日等国正在致力于开展一项名为家庭医疗保健工程HHCE（Home Health Care

Engineering）的项目。HHCE目的是让保健同医疗进入家庭的系列工程。

当前我国老年用品虽然产量很大，但是老年用品技术含量却很低，没有根据老年人的需求进行创新。因此在发展老年用品方面，我们要学习西方先进国家的技术与经验，并结合我国的国情进行创新。

二、当前我国老年用品设计存在的问题

老年用品的设计本质上来讲就是为了满足老年人的各种需求，研发、生产出他们真正需要的产品。相较于老年用品发达的西方国家来说，目前我国已有的老年用品在设计中还存在着一系列问题，具体表现在以下四个方面：

（一）科技含量低

由于起步较晚，我国老年用品并不发达，老年用品种类单一，质量低，科技含量总体较低，具有自主知识产权的产品更是少之又少，自主研发的产品主要停留在技术含量较低的拐杖、轮椅车等中低档产品上。例如，我国是世界上轮椅车生产量最大的国家，年产量在400万辆以上，但是生产的轮椅车性能单一，科技含量低。而韩国一家通信公司为了有效定位患有阿兹海默症的老年人的行踪，专门设计了一种GPS定位手机。韩国保健福利部2013年7月将阿兹海默症患者可以享受GPS定位服务，作为老年人长期疗养保险的一部分内容实施。只要老年人出门的时候戴上这个定位手机，家人便可借助卫星定位系统来测出老人的具体位置。这样就不怕老人走失了，而且根据老年人长期疗养保险制度，使用GPS服务的老年人只需要每个月负担2970韩元（人民币合18元）。这样低廉的价格既不会增加家庭的负担，也可以确保老年人的安全。

（二）产品操作方法烦琐

随着科学技术的发展，当前一些高科技产品在设计与开发上更多地考

虑了青年人的喜好，而没有考虑到老年人群体的特殊需求。以手机为例，现在的手机大多信息字符小、按键距离近、声音小、操作复杂。这些设计对于老年人来说都是不方便的、不实用的。在一些家电的操作界面和说明书上会出现英文。这些英文对于从小学习英语的年轻人来说并不算什么，但是对于老年人来说使用起来是非常困难的。相比之下，日本松下公司推出了一款老年洗衣机，为了方便老年人操作，洗衣机屏幕上的字体经过特别加大，所有参数显示老年人都可以简单易懂，便于操作。同时这款洗衣机比起普通的洗衣机提升了洗衣槽的高度，这样老年人不用弯腰就可以收放衣服。

（三）产品设计缺少人性化

随着年龄的增长，老年人在感知方面的机能已大不如前。视觉上，老年人呈现出视力下降出现老花眼的现象；听觉上，很多老年人出现重听，耳聋、耳背的现象；触觉上，由于老年人皮肤上敏感触觉点数量的下降，腺体萎缩，汗腺减少，皮肤对触觉刺激产生的感觉也在下降。因此在老年用品设计时，应该考虑到老年人感知方面的变化进行产品设计。

虽然一些家电在设计时为了弥补老年人视力的不足，而常常把重要的常用的按钮放在了明显的位置，并用鲜艳的颜色进行标记；但这样的设计也仅仅只是关注了老年人视觉能力的变化而没有想到其他方面。每位老年人的感知机能变化都是不一样的，有的老人听力很好但视力弱，有的老人听觉弱，但视觉和触觉灵敏度好。当前市场上出现的老年家电用品中，大部分的用品在设计时仅仅只考虑到了老年人视觉下降这一个方面，单纯地把按钮加大或者按钮颜色鲜艳化，但这样的设计却忽略了视力受损的那些老人。为了兼顾不同视觉的老人，美国一家视觉公司开发出一种自动变焦的电子眼镜，它能根据戴镜人视觉的远近，随时调整镜片的聚焦点。如此一来，上点年纪的人，就不必摘摘戴戴老花镜了，而且这种一镜多用的眼镜还能当遮阳镜。又如加拿大一个公司专门为老年人生产出一种装有自动按摩装置的床，使用时只要打开床上的开关，按摩装置就可以有规律的在老年人的背部、要不进行按摩。这样的按摩床使用起来既方便，又能减少老年人身体上的苦痛。

（四）产品安全性不足

老年人的各种生理机能的下降，如力气变小、腿脚不方便，对于产品的使用能力以及处理各种突发危险状况的能力下降。因此，在设计老年用品时一定要考虑到安全性的问题。以老年人最多使用的拐杖为例，目前我国市场上出现最多的拐杖是单脚拐杖。单脚拐杖由于稳定性不够强，一旦老年人出现重心不稳的问题时，就很容易摔倒。为了解决老年人的安全问题，瑞士一家公司专门为老年人研制出一种防撞服。这种防撞服是膨胀式的，老年人穿着这样的衣服，就算突然摔倒，也会受到防撞服的保护，不会受到伤害。

总之，目前我国的老年用品在设计上还存在着科技含量低、产品操作方法烦琐、产品设计缺乏人性化、产品安全性差等问题。这给老年人的生活及其他方面造成了极大的不便。因此，如何为老年人提供舒适安全的产品是我们要认真考虑的问题。

三、改进我国老年用品人性化设计的建议

人性化设计提倡平等的人文主义，关注弱势群体，特别是对儿童、老年人、残障人士和其他行为能力障碍者的关怀。尊重不同身份与地位、不同性别与年龄、不同地域与文化、不同生理条件的人群的生理和心理需求。老年用品的人性化设计就是以老年人为对象，在设计中充分的考虑老年人的生理、心理特征以及行为习惯，实现老年人物质上、精神上的统一。因此在老年用品的设计过程中应该考虑以下四个方面。

（一）产品的安全性

由于老年人各种生理机能的下降，对外界各种情况的反应力下降，更容易遭受到伤害。研究表明，由于老年人的平衡性下降，肌肉缺乏弹性和

骨骼脆性的提高，都会使得老年人很容易摔伤骨头，且长时间不容易恢复。因此在老年用品设计时应重视安全性。以浴缸为例，普通浴缸一般比较高，对于年轻人说进入浴缸比较容易；但对于腿脚不便的老年人来说进出浴缸则非常吃力，并且由于浴缸的表面十分光滑。所以有时一个不小心就会出现滑倒现象或者造成其他意外伤害。为了老年人使用浴缸方便，美国科勒公司设计的开门浴缸既是科技进步的结果，又是人性化设计的体现。开门浴缸进出都设有安全扶手，老年人抓着把手进出，很大程度上解决了进出浴缸难及减少因进出浴缸扭摔伤的概率。

（二）产品的感知性

虽然老年人的感知机能在不断下降，但是每个老年人所呈现出来的特征都是不一样的。有的老年人可能视力下降，有的老年人可能听力不好，有的老年人可能腿脚不方便。因此，在进行产品设计时不应该单单只考虑一个方面，而是应该考虑到各个方面，从而设计出能够满足老年人不同需求的用品。比如日本三菱集团设计的电梯就运用了多渠道感知的原则。它的电梯楼层数字按钮有单独光源，使得数字更加明亮、清晰。同时，按钮旁边有相对应的凸起楼层数字键，即使老人由于视觉模糊看不清字，也能通过手部触摸来按下想要去的楼层键。到了相应的楼层后，电梯还会利用声音播报楼层数字来提供听觉反馈，使得老人能正确判断是否到了想要去的楼层。

（三）产品的简易性

随着年龄的增长，老年人的记忆力逐渐衰退，使用操作烦琐的用品会显得力不从心，同时因为产品的难操作性会给老年人带来自信心的下降与失落感。因此设计人员在设计产品时不能够像设计年轻人产品时一样多功能化、花哨，要考虑产品使用的简易性。在产品的操作界面上一定要简洁，尽可能地保留最基本的按钮，减少不必要的功能。对于按钮的图形来说，一定要选择老年人容易理解的，符合老年人认知习惯的标识；同时按钮的大小以及颜色也要符合老年人的习惯。这样老年人在使用时一目了然、一学就会、可以简单快捷地操作。

（四）产品色彩人性化

由于视觉能力的下降以及老年人心理需要温暖的特点，在设计产品的时候，对颜色的选择就显得很重要。不同于儿童产品颜色的五彩缤纷，老年用品的颜色选择则要充分考虑老年人的接受能力与接受观念，色彩对比上不能太过鲜艳刺激，要尽量选择柔和温暖的颜色，同时也可以加以点缀，增加用品的个性化。

结语

虽然人们对老年用品的关注不断增加，但是我国老年用品设计依然处于初级阶段，存在着科技含量低、产品操作方法烦琐、产品设计缺乏人性化、产品安全性差等问题。为了更好发展老年用品，满足老年人的特殊需求，在设计老年用品时，要从老年人的角度出发，这样才能设计出适合老年人使用的、人性化的用品，解决因年老而带来的种种不便。

（作者：胡梦瑶　指导老师：李景）

第五章　老龄化与中韩老年细分产业

韩国老年理财产业的发展现状及启示分析

随着我国的社会经济的发展以及家庭观念的改变，人口老龄化的趋势也越来越严重。特别是进入21世纪后，日趋严重的人口老龄化成为每个国家都不能忽视的问题。以我国为例，预计在未来的二十年以内，老年人口总数能够超过5亿人，而老年群体所创造的经济财富也将预计达到110万亿元，相比2017年将增长100万亿元左右。面对老年群体将逐渐成为消费市场的中坚力量的这一现状，不少国家的养老理财产业都建立起了与国情相符的老年理财项目。而我国却因为老龄人口基数大，老年群体理财观念较为薄弱以及政府等对老年理财产业没有进行大力的宣传等原因，导致我国针对老年群体的理财产业大部分还在发展适应阶段。所以，为了促进我国养老理财产业的快速发展，我们应当正确面对我国老年市场的需求，吸取国外的先进经验；同时呼吁政府对我国理财产业的重视并提供政策保护以及大型企业对银发产业的资金扶持，共同促进我国老年理财产业的发展。

一、韩国老年理财产业的发展现状

（一）韩国老年理财产业的消费群体

据数据调查显示，目前韩国的老龄化现象正在快速发展。在20世纪90

年代韩国的老年人口数量只占人口总数的5%，而21世纪初即达到了达到7%，且60岁以上的老年人口每年增加1500万人。根据评定的标准，韩国已进入联合国规定的老龄化社会。据2001年韩国统计厅对未来人口的推测，预计2019年和2026年韩国将进入老龄社会和超老龄社会。

韩国人均GDP在亚洲国家处于发达水平，并随着老龄化社会的发展，高龄人群的经济水平也显示出了一定的增长规模。根据统计数据显示，具备购买力的20世纪50年代、60年代出生的老年群体正在逐渐成为新的消费阶层。随着在韩国经济的迅速发展，国民的受教育程度以及国民素质也相对于发展中国家相对普遍较高。由于老年群体中受教育者的比例增高，大部分老年人对于老年理财产业拥有较为正确的理财意识，能够接受老年理财产业的概念并且对此进行有序的投资。

韩国社会对老年理财产业的社会认可度较高。通过调查来看，大部分老年人有着对理财产品的购买欲望。针对韩国老年理财产业的旺盛需求，韩国大部分的保险企业也推出了多种针对老年人的保险理财产业。以韩国国民银行推出的针对老年人的老年基金来说，从2006年7月诞生，目前规模达620亿韩元。年利率2.6%的总报酬和90天以内利润的30%，30天以内利润的70%的回购手续费。且因为具备在基金内实行外汇对冲，以韩元进行投资，以韩元进行兑付等特点，吸引了众多老年人的参与购买。未来，越来越多的老年理财产品将走向消费市场，成为当代老年理财产业发展的良好开端。

(二)韩国老年理财产品

在韩国，老年理财产业主要银行定期存款、货币基金、信托、“以房养老”、个人保险理财等方式组成的。

第一种，银行定期存款的投资方式是指定期存款的利率是指存款人按照定期的形式将存款存放在银行，作为报酬，银行支付给存款人定期存款额的报酬率。这种老年理财方式具有门槛较低，且安全性较高的特点。即存了钱就可以开始进行最为安全的理财，但是因为理财风险性较少，银行的定期存款在收益明显较其他几种老年理财方式较少等特性。银行定期存款这种理财模式适合初步接触老年理财或者不能接受高风险的老年人群体。

第二种，是由投资货币基金形成的老年理财产业。即指退休后或即将退休的老年群体从自己的积蓄中划分出一部分作为投资基金，并将投资基金投放到金融机构等中介公司，由老年理财产业中专业的基金管理人进行少量风险性投资的一种理财方式。投资货币基金作为一种老年理财产业的投资方式，具有收益稳定、风险较小且流动性较强的特点，一直属于较为热门的老年理财产业。如今，随着时代的发展，选择投资货币基金作为老年理财方式的老年群体数量依旧在不断地持续增长之中。由于收益稳定，风险较小等特点，该老年理财方式受到越来越多的老年群体的青睐。根据问卷调查，能够接受投资货币基金作为一种理财模式的群体大多能接受一定的风险性投资。

第三种，老年理财产品即是通过信托的方式进行老年理财。信托不仅仅是一种双方建立在信任基础上的一种老年理财模式，同时信托业务也是具有法律效应下的一种正规金融理财产品。针对老年人的信托理财产品的交易模式如下：通常是由老年理财者作为委托人，将自己的一部分财产与本金以及处置财产的权利尽数交给被委托人，从而通过进行信用托付而实现收益。使用信托作为一种理财方式，风险性与收益性成正比关系。作为一种老年理财产品，信托依旧存在较大的投资风险性。虽然信托产品在法律层面上具有一定的保障，但是也同时具有多种风险性。例如，一旦市场监管不力，大量的虚假信托产品就会大量流入消费市场，就会造成一定程度上的市场混乱。同时，信托作为一种理财产品，相比之下投资的周期较长。通常以一年为期限，灵活性较小，使得该种理财方式不适合短期的投资者。但是对于信托产品来说，极高的收益率又使得它受到了少数老年群体的青睐。

第四种，即是“以房养老”作为主体的老年理财投资产品。以房养老，即根据老年群体所拥有的属于自己的房源，利用住房寿命周期和老年住户余下的生存周期的差异，对广大老年人拥有的巨大的房产资源价值，通过金融机构提前套现、变现，实现价值上的流动。即通过房地产金融机构对房屋进行一系列评估后，根据房屋的评定水平对参与“以房养老”的老年群体按月提供一定的生活保障费用，并根据合同，在老人过世后房屋即属于签署合同的银行机构。以房养老作为一种理财方式所受到的牵制性较大且要求较高，即参加以房养老的老年人必须拥有独立的房产权，拥有对所居住房产进行处置的独立资格，减少因处置不好房屋产权而与子女的摩擦。其次，为了避免矛盾，参与以房养老的老年人最好为独居状态，能够拥有一定的经济来源，不会对经济的需求出现大幅度的波动，即以房养老是作为一种生活保障而不是生活的主要来源。随着韩国老年人投资趋势的不断发展，大部分老年人也对此种投资方式持肯定的态度，所以此类投资为主的理财方式也逐渐成为不断壮大的老年理财投资模式。

第五种，即老年人保险的购买。在韩国，大部分的老年人退休后的个人生活方式较为单一，所以大部分针对老年人的保险由医疗层面出发。随着老年群体年龄的增长，大部分的老年人不可避免地会经历一些慢性或急性疾病，但是由于在韩国老年群体的收入水平拥有较大差异等特点，并不是所有老年人在疾病发生时都能够迅速进行治疗。所以，将投资医疗保险作为保障老年生生活的一种理财方式是韩国老年群体的大部分选择。根据韩国统计局的数据统计，在退休生活中，有30%的老年人曾经遇到到过突发性的重大疾病，而75%的老年人拥有购买老年医疗保险的意愿，有25%的老年人因为资金问题的原因并未购买医疗保险，同时有56%的老年人由子女或者自己购买了有关慢性或重大疾病的医疗保险。由此可以得出，在资金充足的情况下，大部分的老年人对生命保险有着强烈的购买意愿。针对老年人的医疗保险产业，近年来也得到了迅速的发展。

通过以上几种老年理财方式的发展，大部分老年人都有了对于养老金的管理的方式了解，并且通过自己的实际情况进行投资后，能够在晚年生活中更好地进行资金管理，对经济社会的有序发展贡献出了自己的力量。

（三）韩国理财产业发展的相关政策

随着市场需求的增加，以老年理财产业为例，以政府机关及大型企业为主导扶持的养老理财产业占据了大部分理财产品的市场。其中政府与大型企业在积极鼓励或支持民营企业参与融资这一领域作为一种激励政策，目的在于能够快速促进实现老年理财产业的政策转型，使得老年理财产业逐步扩大了消费市场。

对理财产业实行激励政策的同时，韩国对于老年产业也颁布了与之呼应的税收政策。理财项目资金低息融资，确保在政策上的支持，在税收上给予优惠，并在针对理财资金投放方面给予特殊支持。同时，韩国政府还在老龄化程度不断发展的情况之下出台了多个针对老年理财产业发展的政策。韩国政府2017年对此产业的财政支援额度较2016年增加了5万亿韩元，总额达到85万亿韩元。为鼓励企业对此产业加大投资力度，韩国政府规定理财新产业领域的研发最多可使企业享受30%的税收优惠，鼓励企业根据老年理财产业的需求，不断创造适合老年理财产业的社会环境，能够使得老年理财产业在近几年中不断地快速发展。

面对韩国老年理财产业的迅速发展，韩国政府还针对老年理财产业制定了大量的相关保护政策。例如，韩国老龄产业在2005年制定的《低出生老龄社会基本法》、2006年制定的《老龄亲和产业振兴法》及2007年制定的《老人长期护理保险法》。韩国政府除了强调经济上的扶植政策外，在法律层面也对老年理财产业的发展进行了宽容的约束，促进理财产业的定型发展，逐步提高老龄生活阶级的质量。

韩国通过对老年理财产业制定的政策，促进了老年理财产业的发展，放宽了对老年理财产业的经济束缚，能够使得该产业在较为宽容的经济条件以及政府的保护下进行发展，方便更多的老年人对理财产业进行投资。

（四）韩国老年群体理财意识的培养

随着韩国经济水平的不断发展，国民受教育程度也得到了普遍提高。根据韩国统计局2018年对2000名老年人进行的关于树立金钱观的调查问卷中上显示，有近八成的老年人认为投资老年理财产品前最重要的先决条件就是有正确的理财意识；接近七成的老年人表示能够正确的选择与自身财务实际状况相符且稳定的投资理财方式；且接近五成的老年人表示参加过关于树立正确的理财意识方面的讲座。同时，韩国作为一个重视教育的发达国家，各种金融机构以及社会群体都十分重视老年群体理财意识的培养。在充分考虑老年人存在的各种需求与特点后，经常由各种金融机构中的老年理财公司从形式到内容进行合理安排，并通过公益性质的教育讲座的形式，帮助老年群体培养正确的理财意识。针对老年人的现有资产进行多项评估评估，由专业人员义务评定出最适合本人的理财投资模式，使老年群体更加详细的了解适合自己的理财方式。最终能够做到在进行老年理财产业投资时首先确立好自己的理财意识，不盲目的追求高收益，选择与自身财务相符的理财模式，在理财过程中不要私自做决定，谨防上当受骗。同时，金融机构或者社会群体以自发组织的关于老年人树立正确的理财意识的公益讲座性质为载体开展的多种活动，也能从另一个方面更好的宣传老年理财产业，促进老年理财产业的发展。

（五）韩国老年理财产业存在的不足

虽然韩国老年理财产业在韩国已经具有一定的发展规模，但是依旧存在投资方式较为烦琐等的一些弊端。不能够更加简单迅速地对理财产品进行投资，缺乏一定的效率，且灵活性较差。面对科技发展迅速的今天，本文认为韩国老年理财产业的发展，应当顺应历史的潮流，积极利用互联网快速便利安全性高的优势，将理财方式与互联网相结合。以互联网为载体，能够大大增加老年理财的便利性，从而开阔老年理财产业的线上市场，加快促进老年理财产业的发展。

二、韩国老年理财产业发展的启示

（一）发展以互联网为载体的老年理财产业

随着时代的发展，韩国的老年群体早已是顺应社会潮流发展的一代群体，所以对老年理财产业的发展有了更多的要求。面对传统的理财方式，老年群体认为依旧存在灵活性便利性以及风险率与收益率的不平衡等的诟病。面对这些老年理财产业发展中出现的问题的问题，具有创新意识的韩国老年理财产业没有坐视不理，而是开始积极地寻求改进的方法。部分老年理财产业已经将互联网作为载体进行新的老年理财模式的创新，在灵活性与便利性上不断改善老年投资市场的环境。

（二）正确面对老年理财市场的需求

正确面对老年理财市场的需求，发展多种模式的养老理财产业。随着经济不断发展，老年群体的储蓄越来越多，很多老年人金融观念日益强化，开始改变过去“重积累、轻消费、轻投资”的观念，财富保值、增值的意识不断增强。我国老年理财产业的发展如今主要面临以下几个问题。随着我国老年人口呈快速增长趋势，逐渐增长的老龄人口为投资市场提供了庞大的消费潜力。根据国家统计局的统计，预计在2060年左右我国老年人口将会突破5亿，面对老年人口的持续而迅速的增长，加快多种关于老年产业的开发即成为重中之重。同时随着经济快速的发展以及人均GDP的不断提高，老年人口的消费潜力也随之增强，越来越成为推动老年理财产业发展的中坚力量。同时随着老年人消费潜力的不断增强，大部分老年群体拥有了不同的消费观念。将理财产品的投资作为一种越来越能够接受的理财方式，同时对老年理财产品的需求也不断提高，有力地推动者老年理财市场的不断创新与发展。我国应当正确面对老年群体对老年理财产品多样化的需求，有必要扩大我国的养老理财产品的模式或渠道。通过对养老理财产品的推陈出新，不断扩大老年人的消费市场，更好地推动我国经济的发展，同时保障更多老年人的晚年生活。

（三）国家制定相应的政策

无论是企业的发展还是产业的兴起，好的政策应当是推动产业进步的重要动力之一。面对我国的养老理财产业的发展，首先应当从一定范围内，由国家把老年理财产业加入进我国经济社会发展的总体规划，并由国家出台贴合老年理财产业发展的具体福利政策，结合企业的资金投入，大力扶持老年理财产业在我国的发展。同时应当针对我国养老理财产业的发展制定相关的配套政策，使得养老理财产业不断向着规范化、法制化发展。

政府针对老年理财产业发挥相应的职能为保护老年人免受高风险理财产品伤害，需要从三方面入手筑起安全屏障：一是加强对民间投资理财机构的规范化管理。政府应当针对部分老年理财产业存在造假欺诈等行为积极地发挥市场监管的职能，对虚假的老年理财产业进行严重打击严肃处理，通过净化老年理财市场保证理财市场的运行畅通、保证公平竞争和公平交易、增加老年群体对老年理财产业的投资意愿。同时，政府也应当积极发展教育的职能。通过增加我国在高校内开设的银发产业等专业以及课程，为老年金融理财产业等的银发产业的各个领域开发提供高素质的优秀人才。

（四）培养老年群体正确的理财意识

随着老年群体的数量增多，养老问题逐渐成为社会热点。但是，老年群体在进行投资活动中，由于缺乏专业的理财知识和技能，他们经常由于投资理财产品而受到诈骗从而对我国的养老理财产品失去信心。针对这种情况，我们应当帮助老年群培养正确的理财意识。老年群体首先要做到不要投资不熟悉的理财产品。面对老年理财产业的迅速发展，越来越多的理财产品将投入市场，而面对这些眼花缭乱的理财产品，老年人通常会因为认知水平下降而投资消费市场上收益率较高但自己并不熟悉的理财产品。由于老年人理财意识较为模糊，容易将理财产品的预期收益以及实际收益混淆，将预期收益错认为实际收益，并在情绪的带动作用下自愿地将大量的养老金投资理财市场，最后却落得本利无归的下场。所以在开阔老年理财市场的同时，应当培养老年群体正确的理财意识理性看待金钱，不要有急功近利的心理，且不要盲目追求高收益，更不要因为高收益而选择不正规的理财基金。面对日益广阔的老年理财市场，更多的老年人应当摆平心态，对自己的收入水平能够正确的认识并且进行合理的规划。能够在符合自己的经济水平下选择适合自己的理财投资方式，不能同时要求高收益与高回报。老年群体在投资过程中应对自己的经济状况有正确的分析，且能够合理投资金钱，是理财产品成为自己未来生活的保障而不是生活的全部。同时，老年人在投资理财的活动中一定要注意不要一个人进行重大的决策，在投资理财的过程中应当积极听取别人的意见，面对多种理财方式能够做到合理的分析，找出适合自己的理财方式方法。从多种渠道获取信息，谨防不法分子利用老年群体认知逐渐低下的特点对老年人进行理财欺诈。避免高风险的投资，以稳健性的投资为主，防止上当受骗的情况发生，同时政府应当积极发挥职能，联合公安部门对不正当的老年理财机构进行打压，净化老年理财产品的市场环境，使老年群体能够放心的投资。

（五）加大对养老理财产业的宣传力度

在我国，由于受教育程度以及生活方式的不同，同时因为依旧有庞大的老年群体没有树立正确的金钱观等的原因，更有部分老年人因对老年理财产业没有进行深入了解与正确的认识从而对此产生怀疑的态度。据此我认为应当做好养老理财产业的舆论宣传，促使加快转变养老理财产业的观念。首先应当加大对老龄产业的不断宣传，积极推广正规老年理财产业。在国家与政府的支持帮助下联合公安部门大力打击存在欺诈行为的不正规的老年理财产业。同时面对所有社会成员对养老理财产业进行有效的科普与宣传，帮助老年群体获得能够更多针对养老理财产业的信息，提高老年群体对理财产业的需求，以此达到刺激老年理财产业的不断发展。

总结

面对全球老龄化水平的持续增长，如何提高老年群体的生活消费水平则成为每个国家都要面对的问题。而韩国在面对老龄化程度不断发展的趋势下，借助国家和政府的政策扶持，重视老年消费市场的开拓以及老年理财意识的培养并开展了由银行定期存款、货币基金、信托、以房养房、个人保险理财等方式为主体的理财产业。这对我国老年理财产业的发展模式有借鉴意义。同时我国也应该避免韩国老年理财产业发展中遇到的各种问题，积极顺应时代发展的潮流，不断开发以互联网为载体的老年理财投资方式，重视培养老年人正确的理财意识，积极寻求政府帮助，净化老年消费市场的环境，为老年理财产业的有序投资提供良好的消费环境。

（作者：王姝旻　指导老师：杨克）

我国老年旅游产业发展现状及对策分析

随着社会的不断发展，中国开始进入老龄化社会，养老已经成为社会、家庭等多方社会问题。目前的中国面临着前所未有的养老挑战，传统的“养老院”与“敬老院”也已经满足不了经济基础和身体条件较好的热爱旅游的“活力老人”，更无法满足老年人养生、养老、丰富生活和灵魂涵养等深层次需求。于是，全新的养老模式——旅游养老应运而生。事实上，根据当下状况来说，老年旅游产业的主要商机来自老龄化。这是一个综合性的社会工程，要想发展好该产业，政府起主导作用。需要政府制定一系列相关政策，相关部门和人员积极参与配合，将交通、购物、住宿等基本设施完善，完善老年群体旅游产业，形成一条完整的产业链。旅游产业链发展完善能为当地经济发展带来巨大的推动，让老年人生活更丰富多彩，满足人们生活，增强幸福感，推动银发产业在我国的迅速发展。老年旅游产业是包括政府管理部门、旅行社、酒店、景区、旅游用品企业、机构、旅游地产企业、旅游信息及媒体传播企业等一系列产业链。同时老年旅游产业作为银发产业的相关产业，对促进银发产业有着不小的作用。开发老年旅游产业，扩大内需、加快经济增长，对老年人自身以及带动旅游市场和银发产业的整体发展意义都非常重大。随着我国逐渐步入老龄化社会，国内在该方面还没有完善，发展老年旅游产业具有良好的发展前景。

一、我国老年旅游产业的发展现状

目前社会现有的产业和消费不足以满足该群体的需求。老年人相关产业链的发展有相当大的发展前景，发展潜力巨大。但是国内许多企业和相关政府并没有了解到该方面的潜力，老年产业链多年来被忽视发展。

（一）高市场增长率，强地域集中性

长时间以来，我国的高龄游客逐渐上涨。据国家旅游局相关数据显示，至今为止中国的国际游客中，接近三分之一的都是51岁以上的游客，而65岁以上的游客占到5.8%，且该数据每年都是上涨。据相关数据显示，环渤海、长三角、珠三角都具有较高的老年人口比例。照目前趋势来看，国内老龄化现象会在2040年达到高峰。随着当前生活水平和经济的高速发展，旅游业发展前景广阔，老年旅游市场成为旅游行业涉足的主要方向，相应的市场需求也在日益激增。事实上，我国老年旅游市场占据旅游行业大部分比重已经达到整个旅游市场五分之一。

（二）旅游时间自由，较高的购买潜力

在20世纪90年代后，我国的很多家庭中的相处方式发生了比较大的变化。老年人和自己的成年子女分开居住。若要同时进行旅游，需要具有共有的较长的空闲时间以及和更多的随意支配收入。满足这两个条件就是俗称的“有钱又有闲”。据相关数据表示，老年人口普遍有了养老金，再加之子女的一些赠予，全国老人一年总收入在3000亿元—4000亿元人民币；实际上，预计从2025年到2050年二十五年间，老年人潜在消费能力会持续上涨，达到5万亿元左右的人民币。老年人开始有意识为自己做打算，花钱买健康、花钱买舒心成为现代老人的时尚追求。

（三）供求关系不平衡，产业发展不完善

我国老年人旅游市场于20世纪80年代开始。初期准备不足，许多旅游企业缺少该方面的专业素养，旅行社并没有专门针对老年人的项目，产业发展相当不足。对于已有的产品和旅游项目难以吸引老年人群体导致供求关系不平衡。另一方面，老年人的旅游管理混乱，一些虚假消息和极低价

格的旅行团，会在旅途中突然增加自费项目，让旅客不得不被迫消费。许多游客被旅行社蒙骗，导致整个行业失信，正常的旅游市场秩序被打乱，导致旅游产业断裂。老年人旅游中经常出现交通不便或者路程时间过长导致老人身体不适的状况，没有良好的方式或者产业来解决老人对于旅游过程中的需求。旅游项目过于散漫，没有针对性，无法根据老年人的消费需求进行针对性的服务，导致产业发展不完善。

（四）政府管理不到位

政府对老年人旅游产业忽视，没有充分的政策和充足资金投入，导致我国在老年旅游产业上的政策福利不到位。由于政府监管不到位以及其他原因，老年旅游市场上出现很多带有欺骗性的老年旅游项目，使得老年消费者对老年旅游产出抗拒和抵触，导致老年旅游市场的混乱和老年旅游产业的滞后。

二、目前我国老年旅游产业发展面临的困境

不管是传统的“敬养老院”还是新兴的“地产式”养老，考虑到安全、健康等因素，不少养老机构实质上阻碍了老年人的出行。尽管这些机构的服务和设施也较为完善，但老人在旅游休闲、心理健康、自由活动等方面仍有诸多问题。

（一）老年旅游业起步晚

我国旅游业相较于西方国家种类单一且发展起步较晚。在20世纪80年代后期才形成了初具规模的产业发展，而针对老人的旅游更是长时间没有得到关注。因此，老年旅游业开发的更晚且开发力度较小。近年来，我国的老龄化程度越来越高，针对老人的出行旅游在社会各界的关注度越来越高。但是老人出行旅游具有消费水平较低，对安全要求较高的特点。因此各旅行社的收益相对较低，一般只是在普通产品上稍加一部分针对老人旅

游的内容，但实际上和普通的旅游产品区别不大。

（二）老年人出游安全性偏低

随着年龄的增长，老人群体的身体机能出现下降，更是患有不同程度的疾病，比如常见的高血压、高血脂、高血糖等疾病，对老年人的身体行动产生了较大的阻碍。也因为这些原因，老年人对旅游途中的服务质量以及安全方面的要求更高。不同于年轻人行动快、自我保护能力强的特点，老年人对旅途中的舒适度也要求更高，包括在饮食、住宿以及交通上。旅游过程中可能还需医生随时处理突发情况。到目前为止，大多数旅行社对这些要求不达标。这些现象也令老年人在初次体验或者遇到一些突发情况后对旅游产生担忧，甚至是失去兴趣。

（三）老年旅游产业利润低

据相关数据显示，目前国内老年人消费较低，在心理方面倾向于节约不浪费，主要会选择经济旅游，也不会在旅游地购买过多的物品，更看重的是商品实用性。他们往往不会像普通旅游者那样购买旅游纪念品，更不会说在吃穿玩上消费较多。这种情况直接导致了一些旅游企业的购物弥补方式失效，旅行社难以得到足够的利润。在旅游过程中，为避免一部分老年人身体状况突发，需要旅行社有随行医生，这也是必要的花费支出，导致许多旅行社在老年旅游项目上过多犹豫。

（四）老年旅游市场管理不够规范

老年人因为有固定的收入、空闲时间也比较多，因此在旅游市场的受欢迎程度较高。但是老年人受到身体状况的限制，又给相应的产业带来了不小的风险，能够带来的消费和利润也比较小等等。旅游行业在该方面需要投入更大的精力，需要更综合详细的去规划设计，在多方面满足更高的要求。近年来，老年人市场受到关注，旅游企业开始开始开发该市场，但是投入的资金不够。且策划相关项目不足，导致部分企业的旅游服务满意度极低。还会出现许多不规范的商业行为，导致老年人旅游行业质量严重下滑，产业链混乱。

民政部门等联合下发《关于加快发展养老服务业的意见》，对于当前养老服务以及老年旅游服务的兴办提供相关优惠政策。有了资金鼓励，大批的企业开始有了更全面的项目规划，服务质量大幅度提升，老年旅游市场有了全新的力量，各地旅居养老产业发展迅速。传统旅游方式节奏快、费用高，而旅游养老的时间安排相对宽松舒适，很适合老年人。在此背景下，成立于2011年的汉唐华盛深耕旅居养老模式，打造出符合现代老年人群崭新生活方式，开启新思路、打造新品牌、占领新高地、满足新需求，优化养老产业资源结构，以多元化综合发展为方向，立足养老，服务养老，发展养老，大力推动养老与旅游、文化、康养等多业态融合发展，创建一种集旅、居、康、养四位一体的高品质旅居养老新方式，引领旅居养老产业发展行业新高度。

三、促进发展我国老年旅游产业的对策分析

作为早已进入人口老龄化社会的韩国，在老年旅游产业发展上有着较好的优势，对于如何促进老年旅游产业有着丰富的经验。通过对比中韩两国的老年旅游产业，探索寻找属于我国的适合我国国情的老年旅游产业发展对策。

（一）构建具有区域特色的健康旅游

韩国旅游大多以保健旅游为主。保健旅游是指以增进健康和治疗为目的，利用韩医医药资源，提供旅游项目、服务、设施的保健旅游。韩医旅游采取韩医与旅游资源相结合的形式。韩医旅游资源分为韩医医疗服务等无形资源，韩药饮料、韩药材等商品资源、草药、药用动物的天然资源和韩医学博物馆等参观资源。通过韩医保健旅游从而达到治疗和增进健康的目的。2000年，韩国将高水平医疗服务资源和固有文化资源商品化，推进

海内外市场共赢的保健旅游事业，组建协商团，开展保健旅游资源调研发掘，指定4家保健旅游企业。

中国的老年旅游产业的不完善导致老年旅游项目带有滞后性和欺骗性。绝大多数的旅游项目都只是冠上了“夕阳红”的名称而已，但其中的旅游服务不完善。无论是服务还是老年人的需要不能被满足，该产业发展也随之受阻。

老年旅游市场潜力比较大。根据老年人消费特点，有针对性地为老年群体开发出特色旅游产品。在老年旅游产业中，主要的旅游产地要具备环境优美，空气清新，不必过奇但要保证行程缓慢；本着“短、精、缓”的原则，专门考虑到老年人的身体状况；除了食宿外安排相应的景点游玩项目，比如“坐船游”“庙游”等等。另外准备一些传统的文化项目，对老年人舒缓心情，开阔视野都有益的项目。可以故地重游，让老年人重新体验当年的环境和生活，对曾经生活的怀念都会让老年人乐于参与。除此之外，为老年人身体着想可以组织到一些度假村、温泉疗养地区体验修养，保证参与的老年人都可以找到适合自己的项目，提升老年人在旅游中的幸福感，也为年轻人减轻了许多负担。

（二）改善消费观念，提高消费水平

在消费观念方面，韩国的老年旅游者更享受舒适度。他们往往不在乎价格的高低，只追求感官的舒适和精神上的满足。当然这也和他们的消费水平有关。韩国是一个发达国家，其经济水平要比发展中的中国要好一些。对比发现，中国的老年旅游者往往集中于北上广等相对发达的城市。据相关数据显示，老年人消费能力较低，在心理方面倾向于解决不浪费，主要会选择经济旅游，也不会在旅游地购买过多的物品；更看重的是商品实用性，他们往往不会像普通旅游者那样购买旅游纪念品，更不会说在吃穿玩上有过多的消费。我国经济正在飞速发展，消费水平也在不断提高，慢慢地一些小城市中也开始出现老年旅游项目。这种消费观念是需要长时间的潜移默化才能有所改变。

（三）注重产业发展基础设施和专业人才的培养

旅游指南设施、便利设施及改善旅游区域设施是老年旅游中尤为重要的事情。在这一方面，韩国有着优势。韩国在老年旅游产业基础设施要求格外严格，更多的是因为老年旅游群体的特殊性。大部分的老年人都有不同程度的身体机能老化以及心脑血管疾病，在旅游中不能像年轻人一样行动便捷。所以旅游产业中设施便利性就变得格外重要。为了促使老年旅游产业的发展，韩国还专门制定了专业人才培养制度，以满足老年消费者的各种需求。韩国的扶持银色旅游专业人才培养政策《高龄化亲和产业振兴法》第6条，培育“银色产业相关人才培养及教育机构”。为了搞活银色旅游产业，“高龄者的休闲生活、文化生活、管理及健康运动支援领域”和相关的银色旅游专门人才制度化及培养政策是非常必要的。

中国在设施基础和专业人才培养方面则处于弱势。由于我国老年旅游产业还处于摸索发展过程中，因而在这一方面具有明显的不足。因此我国想要发展好老年旅游产业，应当建设好基础旅游设施，满足老年旅游者的基本便利需求。老年旅游本身就是具有一定风险度的活动，所以就格外需要一些专业素质过硬的人才来处理老年旅游过程中的突发情况。加强专业人才培养制度也是势在必行的。

（四）加大政府政策福利支持

韩国政府大力支持建立度假区、老年人疗养园区。所谓老年人疗养园区，是指在人文、自然环境良好的地区，具备针对老年人阶层的医疗疗养、休闲设施等各种便利设施的老人专门疗养设施。韩国文化观光部根据旅游开发基本计划，作为社会福利旅游相关政策，为支援老人疗养设施建设事业，推进了“社会福利旅游活性化计划”的开发。

中国在政府政策上面处于一个相对弱势的位置。政策福利方面还不能有效促进老年旅游产业的发展；但随着社会的发展，我国也相继推出了相关政策福利以推动产业发展。在《旅行社老年旅游服务规范》中，政府首次对银发游的各方面提出明确要求标准，让老年游正式有法可依，必将推动老年旅游市场现状的发展。老年人口的快速增长，为老年产业带来成长动力，相关法规的推行让老年游有法可依，将推动市场走上合规竞争、快速发展道路，促进推动老年旅游产业发展。

韩国较早的进入人口老龄化，而中国则正在进入人口老龄化社会，且中国人口基数大，未来将要面对庞大的老龄人口。所以政府应当在政策福利上对老年旅游市场进行推广发展。近几年，为促进发展老年产业的发展，中韩两国举办过多次中韩国际老年产业博览会。这个平台将充分发挥资源优势，将以中韩自贸区建设为契机，加强老年旅游产业领域合作，共同为改善和提高老年旅游产业，支持和促进中国老年旅游产业健康发展而努力。我们可以通过交流借鉴韩国在老年旅游产业方面的发展经验，根据国内当下情况，制定相应政策推动产业链发展。

韩国的KBS新闻报道上说，去年访韩的中国游客在所有年龄层都有所增加，但其中61岁以上的游客的增加率最高。记者还建议说，韩国贸易投资振兴公社应该关注其中的“老年游客”。韩国旅游发展局表示，在中国旅游平台和旅行社网站上经常可以看到意为老年人专用旅游套餐的“夕阳红旅游”项目。在中国最大的旅行社“CITS”中，“老年人旅游”也被称为热门关键词。像中国老年旅行联合这样的老年人旅行专门网站也很红火。从而我们可以发现中韩两国有望通过相互借鉴学习促进彼此的老年旅游市场发展。

结论

进入老龄化社会，应该将养老视为社会课题，而不是个人问题。特别是独生子女政策的作用下，我国老年人口比率急剧增长。这就预示着大规模的老年消费市场的形成，老年旅游产业也迎来了蓬勃发展的春天。我国正在为将老年消费培育成新一代增长产业做准备，促进我国经济可持续发展，使得老有所养、老有所乐。老年旅游作为老年人休闲活动中最积极的一种形式，也是老年人最喜爱的休闲活动之一。最终为了确保老年人的生活质量，应系统的可持续地加以激活和促进。社会文明的进步包括了老年人的幸福感，老年人民能够幸福安稳的生活也是社会发展进步的标志。老年旅游产业为老年人安度晚年，改善娱乐生活，解决养老问题，提供了一种方式。同时这也是尊崇敬老传统，用实际行动来呼吁社会关注老年人生活的一种行动，推动老年旅游产业发展促进老年人生活质量，真正满足人民群众日益增长的美好生活需要。

（作者：朱莉莉　指导教师：包海英）

参考文献

[1] 李辉，张泉.福利导向抑或市场导向——居家养老发展道路的国际类型与中国选择 [J].理论学刊，2018(04).

[2] 李佳琦，吕红.社区居家养老服务多元化供给主体构建 [J].劳动保障世界，2019(29).

[3] 曲绍旭，郑英龙.服务资源整合视角下城市居家养老服务供需平衡路径的优化 [J].河海大学学报(哲学社会科学版)，2020(01).

[4] 崔桂莲，刘文.韩国老龄亲和产业的经验与不足及对中国的启示 [J].社会保障研究，2017(03).

[5] 田逸娇.英、美、日三国社区养老服务的经验及启示 [J].劳动保障世界:理论版，2013(01).

[6] 彭进.社区居家养老服务发展的国际视野及启示 [J].现代营销:下旬刊，2019(10).

[7] 打造72万亿韩元的老龄市场——花样爷爷奶奶将成为流通业的大帮手 [EB/OL].http://asiatoday.co.kr/view.php? key=20170124010011543O，http://www.newsis.com/view/? id=NISX20170124_001466146&cID=10408&pID=13000.

[8] 刘文，黄艳华.韩国养老产业发展及中韩养老产业合作发展研究 [J].当代韩国，2017(04).

[9] 符晓辉.城市社区居家养老服务的实践与思考 [J].学习月刊，2010(12).

[10] 田杨.韩国老龄产业发展现状与国家政策 [J].中国民政，2015(13).

[11] 韩家新.有关建立健全社会养老服务体系的探讨 [J].中国集体经济，2011(03).

[12] Franchesca Hwang，Sri Ram Pentakota，Nina E. Glass et al.. Older Patients With Severe Traumatic Brain Injury: National Variability in Palliative Care [J]. Journal of Surgical Research，2020.

[13] 武萍，周卉.社会养老服务多元化供给的改革与借鉴 [J].辽宁大学学报:哲学社会科学版，2018(01).

[14] [韩] Soosuk sohn、Donggeum Han、Chongwoong King.韩国老龄亲和产品供给者及流通特性与改善方案 [J].经济研究，2014(4).

[15] 崔桂莲，刘文.韩国老龄亲和产业的经验与不足及对中国的启示 [J].社会保障研究，2017(03).

[16] 2050年“一人户”家庭占比达35%韩国老龄化问题挑战重重 [EB]. http://world.huanqiu.com/hot/2017-01/9931154.html.

[17] 丁英顺.日韩两国居家养老服务比较及启示 [J].日本问题研究，2013(04).

[18] [韩] 保健福祉部.第三次低出生、老龄社会基本计划 [R].政府报告，2016.

[19] 王佳.人口老龄化背景下的养老服务产业发展对策研究 [J].科技创业月刊，2011(05).

[20] 郭竞成.居家养老模式的国际比较与借鉴 [J].社会保障研究，2010(01).

[21] Ciaran S. Phibbs，Jon-Erik C. Holty，Mary K. Goldstein，Alan M. Garber，Yajie Wang，John R. Feussner，Harvey J. Cohen. The Effect of Geriatrics Evaluation and Management on Nursing Home Use and Health Care Costs: Results From a Randomized Trial [J]. *Medical Care*,

2006(1).

[22] 林闽钢，王锴.国际比较视角下老年社会服务体制的多样性——兼论中国老年社会服务体制的新结构化［J］.经济社会体制比较，2020(01).

[23] 周燕珉，林婧怡.我国养老社区的发展现状与规划原则探析［J］.社城市规划，2012(1).

[24] 张旭，王露蓉.困境与出路:我国社区居家养老模式探析［J］.法制与社会，2018(34).

[25] 穆光宗.我国机构养老发展的困境与对策［J］.华中师范大学学报:人文社会科学版，2012(02).

[26] 周奕.关于发展CCRC养老社区的几点思考.北方经贸，2015(5).

[27] 黄颂，黄琳.关于中国传统孝文化内涵特征及其功能的思考［J］.滨州学院学报，2009(2).

[28] 周鹏飞，吴继煜.活跃老化的意涵及政策借鉴——以台湾为例［J］.西北人口，2013(4).

[29] 中共中央国务院.国家积极应对人口老龄化中长期规划.2019(11).

[30] 黄淑娴，杨芷玥，黄翰，黄婷.美国社区居家养老典型模式对我国医养结合养老服务发展的启示［J］.劳动保障世界，2017(17).

[31] 坚持以人民为中心，积极应对人口老龄化［N］.人民日报，2019-11-22(010).

[32] 蔡慧，王哲.以大学为依托的养老社区模式分析——美国大学养老社区经验借鉴［J］.建筑学报，2017(4).

[33] 谷莘.高校校园附属型社区养老服务研究——以中国人民大学校园社区为例［J］.老龄科学研究，2017(10).

[34] 曹阳.新型高端养老社区运营模式方案设计［D］.首都经济贸易大学，2016.

[35] 周燕珉，林婧怡.我国养老社区的发展现状与规划原则探析［J］.城市规划，2012，36(1).

［36］何立羽.中美养老社区规划对比研究［D］.北京建筑工程学院，2012.

［37］谢妍.高校社区居家养老服务浅谈［J］.经营管理者，2015(30).

［38］穆光宗.中国都市社会的养老问题:以北京为个案［J］.中国人民大学学报，2002(2).

［39］腾翀，高飞，尚红.国外社区养老服务现状与启示［J］.沈阳师范大学学报:社会科学版，2012(5).

［40］Pastalan，L.A. And Schwarz，B. Eds，*Universitylinked Retirement Communities: Student Visions of Eldercare*［M］. Vol. 11.New York: The HaworthPress，1994.

［41］Klein B，Cook G. *Emotional Robotics In Elder Care A Comparison of Findings in the UK And Germany*［M］// Social Robotics. Springer Berlin Heidelberg，2012:108-117.

［42］Carle A. University-based Retirement Communities: Criteria for Success［J］. *Nursing Homes Long Term Care Management*，2006(9).

［43］Erin Kate Smith，Ellen K. Rozek，Keith Diaz Moore. Creating SPOTs for Successful Aging: Strengthening the Case for Developing University-Based Retirement Communities Using Social-Physical Place Over Time Theory［J］. *Journal of Housing for the Elderly*，2014(1).

［44］Erekson T L，Lundy L L. Supply Demand for Industrial Education University Faculty Based on Retirement Projections: Implications for Industrial Teacher Education，Research and Leadership Development.［J］. *College Facgulty*，1986，16.

［45］新华社.关于推进社区医疗卫生与养老服务相结合的指导意见［Z］.中央政府门户网站www.gov.cn，2015.

［46］许思涛，陈岚，刘科宇.探索健康养老的最后一公里——中国医养结合趋势展望［J］.德勤中国，2018.

［47］郑志永.有关老年人福利设施服务的分配结构的研究—以韩国和日本的养老收费设施标准为中心［J］.韩国地区社区发展协会地方社会发展学

会论文集2015(2).

[48] 成基月.免费养老，疗养设施看护［J］.韩国社会看护协会集.2015(3).

[49] 崔恩景，权昭贤，金爱珍，朴俊祥，朴再秀，李胜男.城市社区老人们的健康情况与养护水平之间的关联性［J］.大韩医疗学会集，2013(1).

[50] 高虹.城市“医养结合”养老机构的资金保障问题研究［D］硕士论文，吉林大学，2017.

[51] 冯麒婷.国外长期照护保险计划比较分析—以日本、德国为例［D］.硕士论文，中国社会科学院研究生院，2012.

[52] 赵金库，赵志.瑞典养老服务的做法及启示［J］.人口与计划生育，2009(2).

[53] Campbel and Kegami.Japan's Radical Reform of Long-term care［J］.*Social Policy and Administration*，2003(37).

[54] 许思涛，陈岚，刘科宇.探索健康养老的最后一公里——中国医养结合趋势展望［J］.德勤中国，2018(21).

[55] 叶先宝.构建社区医养结合养老模式［J］.行政与法，2016(8).

[56] 王冰燕.中国构建长期照护保险研究［D］.重庆大学，2014.

[57] 赵晓芳.健康老龄化背景下“医养结合”养老服务模式研究［J］.中国农村卫生事业管理，2017(7).

[58] 唐晓东，吴效耘.养老300问［M］.杭州:浙江大学出版社，2013.

[59] 国务院办公厅.关于推进医疗卫生与养老服务相结合的指导意见［Z］.中央政府门户网站www.gov.cn.2015:23.

[60] 李依儒.社区“医养结合”养老服务研究［D］.福建师范大学，2017.

[61] 王浩.医养结合养老模式的产业化发展研究［D］.南昌大学，2014.

[62] 张阳.医养结合机构养老服务探究［D］.福建师范大学，2017.

[63] 国务院.关于加快发展养老服务行业的若干意见［Z］.中央政府门户网站www.gov.cn，2013.

[64] Jiyoung Kim，Narae Heo:护士对老龄亲和产业的认识和参与度研究——基于综合研究方法［J］.韩国老年社会福利杂志，2015 (12).

[65] 梅琼.湖市养老产业研究[D].安徽工程大学.2015.

[66] 金泰坤.中国社会保险制度的研究-养老保险的改善过程及问题点分析[D].韩国东北亚学会，韩国东北亚论丛.2015.

[67] 周颖颖.泰安市医养结合型机构养老服务发展研究[D].山东农业大学，2017(04).

[68] 穆光宗.银发中国:从全面二孩到成功老龄化[M].北京:中国民主法治出版社.2016.

[69] Abel E K. Adult Daughters and Care for the Elderly [M]. Feminist Studies, 1986(3).

[70] 张阳.医养结合机构养老服务研究:以大连市A养护院为例[D].大连海事大学，2017.

[71] Connie Evashwick.*The Continuum of Long-term Care* [M].Boston:Cengage Learning，2015.

[72] 朴贞浩，黄娜美，尹顺宁.家庭·访问护理事业的壮大和长期发展方案[J].汉城:韩国保健社会研究院.2002.

[73] 朴朱慧，权浩坤，金白一，崔崇浩，崔央惠.养老院的免费居住——基础生活保障对老年人口腔健康状况[J].大韩口腔保健学会集，2002(4).

[74] 黄娜美，赵才国，金仪淑.医院所属家庭护理事务模型开发和制度化方案[M].汉城:保健福利部.1999.

[75] SeokJoWon，KeunHongLee.站在十字路口的中国民间养老设施:摸索实际状况与出路[J].老人福祉研究.2015(68).

[76] 金花中，尹顺宁.社区护理学第5版[M].汉城:寿文社，1995.

[77] 吴英姬，金钟民.老人疗养设施的现况分析和政策课题[D].保健福利Forum.2001.

[78] 尹顺宁.社区所属的家庭护理事业[J].大韩护理，1993(4).

[79] 李硕.城市“医养结合”养老模式研究[D].郑州大学，2015.

[80] 费秦茹.合肥市公立医院推进医养结合的问题和对策研究[D].安徽大

学，2015.

[81] 张文范.更新观念，制定政策，多渠道兴办新型老年公寓市场与人日分析，1999(1).

[82] EhrlichP，EhrlichI，WoehlkeP.CongregateHousing for the Elderly:Thirteen Years Later [J] .*The Gerontoloist*，1982(4).

[83] 马丽丽，陈娜，汤少梁.医养结合养老机构养老服务发展政策研究 [J] .医学与社会，2016，29(4).

[84] 曲文勇.孝道文化传承与养老方式变迁 [J] .学理论，2008(4).

[85] 王悦.中国人口老龄化现状及其影响 [J] .知音励志，2016(22).

[86] 宋萍萍，许英.我国“以房养老”发展现状 [J] .合作经济与科技，2017(18).

[87] 秦怡红.论“以房养老”制度的完善 [D] .长春理工大学，2014.

[88] 邹广天.日本老年公寓的规划与设计 [J] .世界建筑，1999(4).

[89] 이종균.9월입주앞둔한국형실버타운고창타워 [N] .SENIORSTIMES，2007，07(3).

[90] 田杨.韩国老龄产业发展现状与国家政策 [J] .中国民政，2015(13).

[91] 오덕만.서울시니어스타워소개 [N] .The Care Company，2010，04(3).

[92] 冯石岗，王正阳，崔浩鸣.我国社会工作者队伍建设存在的问题与对策 [J] .湖北函授大学学报，2014，27(19).

[93] 张欣.新时代“医养结合”养老模式分析 [J] .合作经济技，2018(06).

[94] 王菁.国外老年公寓的发展及借鉴 [D] .湖北大学，2001.

[95] 闫洁.老年住宅走进房地产世界 [J] .城市发展研究，2000(3).

[96] 艾永前.老年公寓项目投资方案优选研究 [D] .西安建筑科技大学，2009.

[97] 张永岳.四层面推进老年公寓发展 [J] .城市住宅，2008(7).

[98] 刘韬.老年公寓运营模式浅析 [J] .北京房地产，2004(11).

[99] 2019年中国城市养老消费洞察报告 [EB/OL] .http://admin.fangchan.com/uploadfile/uploadfile/annex/2/1409/5df727fa64430.df.

[100] 楼正渊.服务标准化趋势下养老机构老年人需求研究[D].杭州师范大学，2017.

[101] 余杰，Mark W.Rosenberg，程杨.北京市老年人居家养老满意度与机构养老意愿研究[J].地理科学进展，2015，34(12).

[102] 崔树义，田杨.养老机构发展“瓶颈”及其破解——基于山东省45家养老机构的调查[J].中国人口科学，2017(02).

[103] 芮昌熙.韩国老龄化现状、问题与对策研究[D].吉林大学，2017.

[104] 詹小洪.韩国艰难应对低出生率及人口老龄化[J].领导文萃，2015(01).

[105] 三星Noble County[EB/OL].http://samsungnc.com/? page_id=318.

[106] 王彦军，张佳睿.日韩应对人口老龄化对策的经验及启示[J].人口学刊，2015，37(06).

[107] 陆继锋，陈偲.韩国养老机构建设与运营经验[N/OL].学习时报，2018-09-17(002).

[108] 刘文，黄艳华.韩国养老产业发展及中韩养老产业合作发展研究[J].当代韩国，2017(04).

[109] 李硕.城市“医养结合”养老模式研究[D].郑州大学，2015.

[110] 张晓杰.医养结合养老创新的逻辑、瓶颈与政策选择[J].西北人口，2016，37(01).

[111] 任春玲.运用PPP模式推进我国“医养融合”养老机构建设[J].长春金融高等专科学校学报，2016(05).

[112] 李玉虎，陈哲.我国机构养老服务提供模式探索[J].重庆交通大学学报:社会科学版，2017，17(04).

[113] 宋悦，吕康银，王丽娜.新常态下我国养老模式的创新[J].税务与经济，2019(02).

[114] 张帆.人口老龄化对制造业转型影响的实证研究[J].工业技术经济，2019.

[115] 杨立雄，余舟.养老服务产业:概念界定与理论构建[J].湖湘论坛，

2019(01).

[116] 睢党臣，张婷.人口老龄化背景下发展银发经济的探讨［J］.石家庄经济学院学报，2016(1).

[117] 张雯雯，霍春晓.基于家庭养老模式的老年人产品设计研究［J］.美与时代(上)，2019(8).

[118] 晏露蓉.银发社区:可供移植的新型商业养老模式——台湾长庚养老文化村考察探秘［J］.福建金融，2014，(01).

[119] 高萍，吴珍.发展银发产业打造养老胜地［J］.新东方，2011(01).

[120] 王勇，周涵.人口老龄化对城镇家庭消费水平影响研究［J］.上海经济研究，2019(5).

[121] ILRs:InstitutesforLearninginRetirement/LLIs:LifelongLearningInstitutes［EB/OL］.http://www.roadscholar.org/n/institute-network-lifelonglearning.

[122] 张同功，我国老龄产业融资支持体系研究［D］，中国社会科学院研究生院，2012.

[123] 刘祖云，田北海.老年社会福利的香港模式解析［J］.社会，2008，(01).

[124] Older Adult Service and Information Systems［EB/OL］.http://www.oasisnet.org.

[125] Elderhostel Roadscholar .［EB/OL］.http://www.roadscholar.org.

[126] 李树艳.人口老龄化对我国经济发展的影响研究［J］.中国经贸导刊(中)，2019(9).

[127] 李浩.浅谈养老机构应该注意的几个问题［J］.中国民政，2007(04).

[128] 林娟娟."银发产业"发展的"新钻石模型"分析［J］.商，2015(17).

[129] 庞欢.银发产业发展研究综述［J］.湖北函授大学学报，2015(17).

[130] PLATO(Partnersin Learning Activity Teaching Ourselves)Society［EB/OL］.http://www.theplatosociety.org.

[131] 高吉星.中日韩三国人口老龄化对经济增长影响的比较研究及启示［D］.山东大学，2015.

[132] 张彭.我国人口老龄化与社会发展的思考［D］.山西师范大学，2016.

[133] 田香兰.韩国老龄产业的政策措施 [N].中国社会报，2015(08).

[134] 刘文，黄艳华.韩国养老产业发展及中韩养老产业合作发展研究 [J].当代韩国，2017(04).

[135] 夏思萌，魏玉娟.中国人口老龄化背景下的银发产业——基于中日两国的比较研究 [J].农家参谋，2017(12).

[136] 田香兰.日韩两国发展老龄产业的经验及对我国的启示 [J].南开日本研究，2013(02).

[137] 林娟娟."银发产业"发展的"新钻石模型"分析 [J].商，2015(17).

[138] 江全.银发产业健康发展需政府开"药方" [N].中国老年报，2015(04).

[139] 庞欢.银发产业发展研究综述 [J].湖北函授大学学报，2015(17).

[140] 邓宇，周佳，刘培慧，张蓁芫.银发产业前景及对策分析 [J].商场现代化，2014(17).

[141] 叶奕.借鉴国外成熟经验、发展中国银发产业 [J].科技智囊，2014(06).

[142] 朱玲.银发经济:夕阳群体，朝阳产业 [J].金融经济，2014(05).

[143] 赵新江.银发产业大有作为 [J].理财，2014(03).

[144] 高枫.台湾地区银发产业发展的经验与启示 [J].现代经济信息，2015(11).

[145] 罗莉.人口老龄化背景下的"银发经济"探析 [J].学习月刊，2012(04).

[146] 罗莉.人口老龄化背景下的"银发经济"探析 [J].学习月刊，2012(2).

[147] Baksh G S，Chen Z. Baby boom，population aging，and capital markets [J]. The Journal Of Business，1994.67(2).

[148] 刘馨蔚.下一个待掘金矿——中国"银发"市场 [J].中国对外贸易，2016(6).

[149] 孙水英，曾慧，张丽平.对我国人口老龄化现状与护理对策［J］.护理学杂志，2006(21).

[150] 李珺.我国老年产业发展状况及制约因素分析［J］.黑河学刊，2016(04).

[151] 张芳燕.浅谈老年用品消费市场的发展现状与趋势［J］.中国商贸，2015(03).

[152] 田杨.韩国老龄产业发展现状与国家政策［J］.中国民政，2015(13).

[153] 张雪娥.中国人口老龄化问题的特点及对策思考［J］.市场论坛，2013(11).

[154] 高枫.台湾地区银发产业发展的经验与启示［J］.现代经济信息，2015(11).

[155] 崔桂莲，刘文.韩国老龄亲和产业的经验与不足及对中国的启示［J］.社会保障研究，2017(03).

[156] 陈叔红.养老服务与产业发展［M］.长沙:湖南人民出版社，2007.

[157] 张广利.社会保障理论教程［M］.上海:华东理工大学出版社，2008.

[158] 박근수.고령친화산업대중국진출방안연구한국통상정보학회［J］.통상정보연구，14(4)，2012.12.

[159] 崔桂莲，刘文.韩国老龄亲和产业的经验与不足及对中国的启示［J］.社会保障研究，2017(3).

[160] 田香兰.日韩两国发展老龄产业的经验及对我国的启示［J］.南开日本研究 2013(2).

[161] 曹永敏.韩国人口老龄化与韩国经济关系研究［D］.吉林大学，2009.

[162] (韩)保健福祉部.第3次低出生、老龄社会基本计划［Z］.2016.

[163] 艾慧.中国老龄产业研究现状与展望［J］.经济纵横，2007(2).

[164] 陈叔红.养老服务与产业发展长沙［M］.长沙:湖南人民出版社，2007.

[165] 麻凤利.中国老龄产业发展的机遇与挑战［M］.北京:中国社会出版社，2010.

[166] 杨宏，谭博.西方发达国家老龄产业的发展经验及启示［J］.经济纵横 2006(11).
[167] 吴玉韶.对我国老龄产业几个基本问题的认识［J］.老龄科学研究，2014(1).
[168] 张纯元.中国人口老化与未来市场［J］.市场与人口分析，1994(12).
[169] 张京城.中国人口老龄化与老龄产业的发展［J］.市场与人口分析，1999(3)
[170] 张红蕊，朱小敏.借鉴日本银发产业三维产业链理论拓宽我省养老产业融资渠道［J］.工业技术与职业教育，2018(01).
[171] Liuwen Liao，Hualou Long，Xiaolu Gao，Enpu Ma. Effects of land use transitions and rural aging on agricultural production in China's farming area: A perspective from changing labor employing quantity in the planting industry［J］. *Land Use Policy*，2019,88.
[172] Arantxa González-de-Heredia，Daniel Justel，Ion Iriarte，Amaia Beitia，Jesús Hernández-Galán. Analysis of the pilot survey INKLUGI about aging and disabilities to promote Inclusive Design in industry［J］. *The Design Journal*，2019,22(sup1).
[173] 郭金华.中国老龄化的全球定位和中国老龄化研究的问题与出路［J］.学术研究，2016(2).
[174] 陆杰华，张莉.中国老年人的照料需求模式及其影响因素研究——基于中国老年社会追踪调查数据的验证［J］.人口学刊，2018(2).
[175] 朱火云，魏丹.我国养老方式选择的变化及其影响因素分析［J］.福建行政学院学报，2015(6).
[176] 王思斌.社会工作概论［M］.北京:高等教育出版社，2003.
[177] 罗亚萍，史文静，肖阳.城市居民养老方式的变化趋势、存在问题及对策研究——基于对西安市居民养老方式的调查［D］.陕西:西安交通大学，2013.
[178] 朱海龙，欧阳盼.中国人养老观念的转变与思考［J］.湖南师范大学

社会科学学报，2015(1).
[179] 邓颖，李宁秀，刘朝杰等.老年人养老模式选择的影响因素研究[J].中国公共卫生，2003(6).
[180] 薛凯.现阶段家庭养老影响因素及其对策分析[D].西北大学，2012.
[181] 朴东洙.韩国老人护理保障制度政策过程研究[D].首尔大学，2005.
[182] 詹军.韩国老年人长期护理保险制度[D].北华大学，2013.
[183] 乔钰涵.韩国的人口老龄化与社会养老政策[D].东北师范大学，2017.
[184] 刘文，黄艳华.韩国养老产业发展及中韩养老产业合作发展研究[J].当代韩国，2017.
[185] United Nations.*World Economic and Social Survey 2007:Development in an Ageing World*[M]. NewYork: Department of Economic and Social Affairs.2007.
[186] 崔桂莲，刘文.韩国银发产业的经验与不足及对中国的启示[J].社会保障研究，2017(8).
[187] 詹军，乔钰涵.韩国的人口老龄化与社会养老政策[J].世界地理研究，2017(8).
[188] 대한민국정부.제2차저출산노령사회기본계획[S].2010.
[189] 田香兰.韩国银发产业制度安排及扶持体系研究[J].韩国研究论丛，2016(7).
[190] 喻传洋，吴世友.韩国社会福利(社会工作)及教育的发展[J].社会与公益，2019(4).
[191] Kyunjick Lee.Current Status and Prospect of Aging Affinity Industry[J].*Applied Economy*，2012(2).
[192] 詹军，乔钰涵.韩国的人口老龄化与社会养老政策[J].世界地理研究，2017(8).
[193] 赵怀娟，刘瑶.我国社会工作标准化：现状、争议与思考[J].汉江大学学报，2019(9).

[194] 王磊.促进我国老年社工发展的路径选择[J].黑龙江工业学院学报，2018(7).

[195] 田杨.韩国发展银发产业的经验借鉴与启示[J].社会福利，2015(4).

[196] 新华网:我国60岁及以上老年人口数量达2.41亿占总人口17.3%[N].2018.2.26.http://www.xinhuanet.com/politics/2018-02/26/c_1122456862.htm.

[197] 赵昭.未来中国老年用品市场走向分析[J].市场论坛，2015(10).

[198] 朱建春.基于生理机能特征的老年产品设计研究[J].齐齐哈尔大学学报:哲学社会科学版，2016(07).

[199] 王俊涛，肖慧，高冲.为老年人而设计[C].北京:2005年工业设计国际会议论文集，2005.

[200] 单自勉.老年产品人性化设计探究[J].山东工业技术，2018(3).

[201] 李晓珊，张明.面向高龄用户的可穿戴产品设计研究[J].装饰，2015(07).

[202] 李晨晨，单海娟.探究老年人生活用品中的人性化设计[J].现代装饰(理论)，2016(6).

[203] (美)戴维.波普诺.社会学[M].李强等译.北京:中国人民大学出版社，1999.

[204] 郑杭生.社会学概论新修(第四版)[M].北京:中国人民大学出版社，2013.

[205] 滕依林，沈杰.成功老龄化视角下“新老年”产品设计趋势研究[J].北京:设计，2018(1).

[206] 정진택.노인장기요양보험과 고령친화용품산업 활성화에 관한 연구 : 복지용구 중심으로[D].서울:경희대학교.2015년.

[207] 황동철.고령친화용품산업의 육성방안에 관한 연구[D].부산:부산대학교.2016년.

[208] 장채민.고령친화용품에 관한 소비자만족도의 결정요인[D].서울:한양대학교.2015년.

[209] 王艺婉，中国人口老龄化与可持续发展[J].当代经济，2009(06).

[210] 贾清显，中国长期护理保险制度构建研究——基于老龄化背景下护理风险深度分析[J].市场论坛，2010(12).

[211] 杨喜鹏，开发老年旅游市场的研究[J].经管营销，2010(02).

[212] 何建民.旅游发展的理念与模式研究:兼论全域旅游发展的理念与模式[J].旅游学刊，2016(12)

[213] 宋欢，杨美霞.养老旅游的概念与本质[J].三峡大学学报(人文社会科学版)，2016(06).

[214] 曲景慧.中国文化产业与旅游产业融合发展的时空变动分析[J].生态经济，2016(09).

[215] 司玲南宇.产业融合视角下会展旅游发展对策研究[J].资源开发与市场，2016(08).

[216] 刘丽君.浅谈老年旅游市场存在的问题及开发对策[J].商业经济，2009(18).

[217] 赵风云，贾金萍.老年人旅游消费心理及其市场营销对策研究[J].沧州师范专科学校学报，2011(02).

[218] 黄璜.国外养老旅游研究进展与我国借鉴[J].旅游科学，2013(06).

[219] 周刚，曹威，邓小海.老年旅游者主观年龄同实足年龄差异及其与旅游动机的关系研究[J].重庆师范大学学报(自然科学版)，2016(04).

[220] 刘佳，张俊飞.旅游城市养老地产发展适宜性评价研究——以青岛市为例[J].青岛科技大学学报(社会科学版)，2016(02).

[221] 赖坤.理解旅游哲学:基于融合创新路径[J].旅游学刊，2016(04).

[222] 张蕊.国旅游业与养老业耦合协调发展研究[J].浙江国际海运职业技术学院学报.2017(03).

[223] 颜廷利.中国茶文化旅游行业互联网思维经营策略[J].福建茶叶，2017(10).

[224] 刘桂春，张斌轶.产业关联视角下辽宁省文化与旅游产业融合发展研究[J].生产力研究.2017(10).

[225] 陈力.中医药养生旅游发展战略研究[J].洛阳师范学院学报，2017(09).

[226] 김원숙.저소득 남성 독거노인의 삶 연구 : 지역사회복지관 이용자를 중심으로.2017.

[227] 이준우.고령화사회에서의노인복지이해와실천.2013.

附　录

《老后准备支援法》

（笔者根据相关韩语法律内容进行的翻译）

[施行于2015.12.23.][第13365号法律，于2015.6.22.制定]

第一条(目的)

该法案旨在为国民健康稳定的老年生活提供有关老后准备的事项。

第二条(定义)

此法律使用的用语定义如下。

1.“老后准备”指的是对于老年生活中可能发生的贫穷、疾病、无为、孤独的事前应对。

2.“老后准备服务”指的是在财务、健康、休闲、人际关系等各领域，提供适当的老后准备的诊断、咨询、教育、联系相关的机构以及事后管理等。

第三条(国家责任)

1.国家和地方自治团体为支援老后准备，必须要制定和完善相应的法律、制度等。

2.事业主应积极协助为了老后准备支援的国家和地方自治团体的政策，并努力支援所属职员的老后生活准备。

第四条（与其他法律的关系）

对于老后准备支援，除了其他法律有特别规定的情况以外，所有事项按照此法律的规定。

第五条（基本计划的建立）

1.保健福祉部要与有关中央行政机关商议，每五年都要建立有关老后准备支援的基本计划（以下为“基本计划”）

2.基本计划要包括以下各项条款。

（1）关于老后准备支援政策的基本方向。

（2）为支援老后准备，建立老后准备支援中心等基础设施的事项。

（3）对健康、人际关系、休闲、财务等不同领域的老后准备支援所需的应用程序的开发和普及等相关事项。

（4）此外，为支援老后准备而制定总统令的事项。

3.若保健福祉部因为制定基本计划而需要有关资料，可以要求有关行政机关或公共团体提供相关资料，如果接到要求的机关没有特别的理由，就应予以回应。

4.制定基本计划和实施所需事项将被定为总统令。

第六条（老后准备支援事业）

保健福祉部要为国民做好老后准备，实施下列各项事项：

1.提高对老后准备的认识。

2.对老后准备实态的调查、研究、教育及统计分析。

3.提供老后准备服务，开发相关应用程序。

4.中央老后准备支援中心及地区老后准备支援中心的指定和评价。

5.老后准备服务提供者的培训及管理。

6.为提供老后准备服务，构建及运营必要的信息系统等。

7.对老后准备服务的宣传和国际合作。

8.除此之外，对保健福祉部所认为的对国民健康稳定的老后准备所必需的事业给予认证。

第七条（老后准备指标）

1.保健福祉部必须开发推广对整体老后准备的程度能够评估和检查的评价基准（以下为“老后准备指标”）。

2.至于老后准备指标的开发及普及所需的事项，将被定为保健福祉令。

第八条（国家老后准备委员会）

1.为了审查老后准备支援相关事项，在保健福祉部设立国家老后准备委员会。

2.国家老后准备委员会审议以下事项。

（1）基本计划。

（2）老后准备指标。

（3）政府和民间的角色分工以及政策调整。

（4）关于提供老后准备服务的事项。

（5）中央老后准备支援中心及地区老后准备支援中心的相关事项。

（6）除此之外，因老后准备相关事项委员长决定举行会议的事项。

3.国家老后准备委员会包括委员长在内，由15名以内的委员组成。保健福祉部部长在符合以下条件的委员中指名委任保健福祉部副部长。

（1）老后准备或者社会福祉的专家。

（2）属于有关行政机关的高级公务员团的工作人员。

（3）属于中央老后准备支援中心。

（4）另外，在老后准备方面有丰富知识和经验的人。

4.国家老后准备委员会的组成和运作所需的事项由总统令决定。

第九条（中央老后准备支援中心）

保健福祉部为了实现好国民的老后准备以及有效施行以下各项内容，根据制定“国民年金法”的国民年金公团的要求指定和运营中央老后准备支援中心（以下称为中央中心）。

1.老后准备服务提供者的培训及管理。

2.与老后准备服务相关的调查、研究以及教育。

3.老后准备服务相关的宣传和国际合作。

4.老后准备服务程序及教育课程的公开、普及。

5.地区老后准备服务中心的评价。

6.此外，总统令指定的老后准备支援所需的事业。

(1)中央中心部长每年都要得到保健福祉部的对于事业计划、预算以及结算的批准，并定期报告工作业绩。

(2)国家可以负担中央中心的事业执行所需的经费的全部或一部分。

(3)中央中心的指定和运营等需要的事项由总统领规定。

第十条

1.对于提供老后准备服务的《公共机关运营的相关法律》的公共机构应向保健福祉部申请，被指定后成为地区老后准备支援中心(以下为“地区中心”)。

2.地区中心将执行下列各项内容。

(1)提供老后准备服务。

(2)宣传老后准备服务以及提高老后准备认识。

(3)总统令指定的老后准备支援所需的事业。

3.区域中心将以市、郡、区划分为原则，如果有必要，可以把2个以上的市、郡、区合并在一起，指定为圈域。

4.如果地区中心的负责人中断或废除地区中心的运营，就要提前向保健福祉部申报。

5.保健福祉部可以评价地区服务中心提供的老后准备服务的适当性等，并可以公开其结果。

6.国家及地方自治团体可以承担地区中心工作所需费用的全部或一部分。

7.此外，地区中心的申请程序及指定基准步骤，评估方法 ，废除、中止、重新启动程序等必需的事项由总统令规定。

第十一条(老后准备服务提供者)

1.保健福祉部应实施培养老后准备服务者的教育。

2.老后准备服务提供者应在第1项上接受教育，并定期接受进修教育。

3.根据“高等教育法”第2条第1款和第4款的规定，保健福祉部可以在以上第1款和第2款规定的基础上，将这些课程委托给总统令指定的相关机构或组织，如大学和大专院校。

4.根据第1项及第2项规定，教育的对象、时间、内容、方法以及程序由保健福祉令规定。

第十二条（不合格事由）

1.下列事项中，满足任何一项都不能成为老后准备服务的提供者。

（1）未成年者。

（2）成年监护人或有限监护人.

（3）已经被判处破产并没有得到重新认证的人。

（4）法院宣判其无期徒刑或者较重刑罚的未完全执行或者免除的人。

（5）根据法院的判定丧失或暂停资格的人。

（6）《毒品类管理相关法律》第2条第1款规定的吸毒者。

2.保健福祉部可以要求有关行政机构提交第（1）款所述事实核实需要的数据或资料，而接到要求的机关没有特别的理由，应提交相关资料。

第十三条（禁止行为）

老后准备服务提供者在履行职责过程中不得从事以下活动：

1.为了自己的利益或任何第三方的利益，引入保险公司或管理人员（《保险业法》第2条规定的保险设计师、保险代理店、保险中介公司）的行为。

2.介绍特定公司的金融商品，或者征求、帮助服务对象购买此类产品。

第十四条（禁止信息泄露）

中央中心及地区中心从业人员或从事工作的人员，不得无缘无故地泄露在工作过程中获知的信息。

第十五条（老后准备综合信息系统的构建及运营）

1.为了有效处理和管理支持老后准备工作所需的相关数据和信息，保健福祉部可以按照总统令的规定建立和运行老后准备综合信息系统。

2.保健福祉部为了构建老后准备综合信息系统，可以向中央行政机关、地方自治团体以及《公共机关运营的法律》中规定的有关公共机关要求提供健康、休闲信息等总统令所规定的材料。在这种情况下，被要求的机构等应积极的予以回应。

第十六条（提供年金保险信息等）

1.保健福祉部在老后准备综合情报系统运营需要的情况下，可以在申请人书面同意的情况下，要求相关财务公司的负责人提供申请人的保险信息（转换为电子形式）。包括申请人的是否有购买《保险法》第四幕第1项第1号的国家年金保险业务、《所得税法》第20条第3期的退休金储蓄账户以及退休年金账户收入现状等相关的总统令所规定的相关信息（以下简称“养老保险信息”）。

2.根据第1项规定，书面同意材料由本人亲自填写，除此之外，具体制定方法由总统令规定。

3.根据第1项规定，要求提供年金保险信息的金融公司依据《金融实名交易及秘密保障相关法律》第4条的规定，提供申请人真实名义上的养老金保险信息。

4.根据第3项规定，提供年金保险信息的金融公司依据《金融实名交易及秘密保障相关法律》第四条的第二项的第一小项的规定，可以不告知申请人提供年金保险信息的事实。但是，如果申请人要求时，须告知申请人提供年金保险信息的事实。

5.根据第1项和第3项的规定，年金保险情报的提供要求以及提供方式要依据《信息通信网的利用促进及信息保护》等相关法律的规定，必须使用信息通信网。但是，信息通信网损坏的情况除外。

6.此外，年金保险信息的提供要求及所需事项由总统令规定。

第十七条（信息利用的限制）

1.保健福祉部通过提供老后准备服务而得到的信息，不得用于除下列目的以外的任何目的。

（1）制定国民年金等老后准备支援政策及相关统计数据。

（2）旨在改善老后准备服务及评价的研究。

2.根据第1项老后准备服务的信息限制，要对相关信息保密，以免侵犯私生活。

3.保健福祉部根据法律规定，在接收到的老后准备服务信息中，除了提供老后准备服务所必需的信息以外，其他信息不能保留超过五年。在此情况下，如果过了老后准备服务信息的拥有期限，就要无条件地删除。

第十八条（报告及检查）

1.保健福祉部部长可以对中央中心及地区中心下达的相关业务报告或资料，让所属公务员进行现场检查或书面检查。

2.根据第1项规定，进行出入检查的相关公务员必须向相关人士展示标明其权限的证件。

第十九条（修正命令）

如果任何当地中心有下列情况之一，卫生福利部长可以在指定的时间内发布纠正命令。

1.未达到第10条第7项规定标准时。

2.未履行第18条第1项的提交报告或材料的命令时。

3.除此之外，不遵守此法律规定的情况时。

第二十条（相关指定的取消）

1.如果任何地区中心出现下列情况之一，保健福祉部可以下达撤销其机构或者六个月内其机构禁止提供老后准备服务的命令。但是，属于第一项的情况下，必须取消指定，撤销其机构。

（1）因虚假或其他的不正当方法而获得指定者。

（2）如果地区中心在没有正当理由的情况下不进行一个月或更长时间的服务活动。

（3）第10条第5项规定的评估结果未达标、拒绝评估或伪造业绩者。

（4）根据第19条规定，即使接到改正命令，也不履行这一规定者。

2.保健福祉部根据第1项规定，取消地区中心的指定或下达停止业务的命令时，必须进行听证会。

3.根据第1项规定，取消指定和停止业务处分的具体标准由总统令规定。

4.根据第1项规定，被取消地区中心的指定者从指定之日起2年内不得再被指定为地区中心。

第二十一条(禁止使用类似名称)

1.不能使用第9条和第10条中的中央老后准备支援中心及地区老后准备支援中心(以下简称“老后准备支援中心”)等老后准备支援中心或类似的名称。

2.除了老后准备支持中心以外，任何人不得放置可能会误导人们认为其已被指定为老后准备服务中心的标记或广告。

第二十二条(处罚)

对符合下列任何一项的人判处五年一下监禁劳动或五千万韩元以下罚款:

1.违反第十三条规定，实施违禁行为的人。

2.违反第十四条规定，泄露信息的人。

第二十三条(渎职)

1.符合下列任何一项的人判处500万韩元以下的罚款。

(1)第十六条第3项拒绝提供信息者。

(2)第十八条第1项现场检查及书面检查的妨碍者。

(3)违反地二十一条实施违禁行为者。

2.根据第1项及总统令规定，罚款由保健福祉部征收。